Child 아동상담
Counseling

머리말

아이들의 웃는 모습에서 우리 사회의 건강한 미래를 볼 수 있지 않을까 생각한다. 그러나 시간이 갈수록 아이들의 얼굴에서 웃음이 사라지고, 행복감을 느끼지 못하는 아이들이 늘고 있다. 안타까운 것은 지난 10여 년간 우리나라 아동 및 청소년의 행복지수가 최하위권에 속해 있다는 것이다. 그러나 아동은 사고나 언어적 제한이 있어, 스스로 힘들다고 하여 "저 누군가의 도움이 필요해요."라는 언어적 표현을 하기는 어렵다. 아동의 문제를 예방하고 치료하며, 자신의 잠재력을 스스로 발휘하도록 하기 위해서는 아동 개인뿐만 아니라 부모, 교사, 지역사회가 함께 했을 때 가능한 일이다.

이 책은 전 생애발달에서 성장기에 속한 영아기에서 청소년기 아동의 건강한 성장과 발달을 위해 공부하는 상담사들에게 도움이 되고자 하며, 더불어 아동을 양육하고 교육하는 부모, 교사 및 복지사들에게도 도움이 되고자 한다.

이 책의 구성은 총 4부 11장으로 구성되어 있다. 먼저 제1부는 아동상담의 기초로 제1장은 상담의 이해, 제2장은 아동상담의 이해로 구성된다. 제1장은 아동상담의 기초를 다루기 전 일반상담에 대한 원론적 이해와 기초지식이 필요하므로 상담의 정의와 목적, 부적응의 정의와 진단 기준 및 기본원리 등의 내용을 다룬다. 제2장에서는 아동상담의 개념과 필요성, 목표, 아동상담에서 다루는 문제, 아동상담자의 자질, 아동상담의 윤리와 원칙 등의 내용을 통해, 아동을 대상으로 한 상담에서 고려해야 할 점이나 상담자의 인간적 · 전문적 · 윤리적 자질을 생각해 볼 수 있도록 하였다.

제2부 아동상담의 이론은 3~5장으로, 제3장은 정신분석상담, 제4장은 개인심리학적 상담, 제5장은 인지행동상담, 제6장은 사람중심상담으로 구성된다. 각 장에서는 이론의 발달 배경, 인간관, 주요 개념, 상담의 과정 및 기법 등을 다루고 있으며, 아동상담에서의 접근방법과 연계될 수 있도록 구성하였다. 특히, 정신분석상담에서의 이론과 구체적인 사례 및 실제적인 내용은 관련 분야를 공부하고자 하는 이들에게 큰 도움이 될 것으로 기대한다.

제3부는 아동상담의 과정과 평가로, 제7장은 아동상담의 과정과 사례개념화, 제8장은 심리평가로 구성된다. 아동상담의 의뢰를 시작으로 준비, 초기, 중기, 말기의 과정과 더불어 사례개념화는 상담현장에서 가장 실제적인 내용이 될 것이다. 더불어 제8장은 상담과정과 사례개념화에 중요한 관찰, 면담 및 주요 심리검사를 통한 심리평가에 대해 기술하였다.

제4부 아동상담의 주요 기법과 실제는 총 3개의 장으로, 제9장은 아동중심적 놀이치료, 제10장은 부모-자녀관계치료(CPRT), 제11장은 아동상담에서의 부모상담으로 구성된다. 아동상담의 기법은 다양하지만, 본 책에서는 아동상담의 근간이 될 수 있는 아동중심적 놀이치료의 이론과 실제적인 내용을 구체적으로 다루고자 하였다. 부모가 아동 삶의 치료적 대행자로서 역할을 할 수 있도록 도와주는 것이 가장 효율적이라는 측면에서 부모-자녀관계치료를 다루었고, CPRT의 10회기 내용을 구체적으로 담았다. 아동중심 놀이치료, 부모-자녀 관계치료 및 부모상담은 보육, 상담 및 복지 분야 등 다양한 현장에서도 활용될 수 있을 것으로 기대한다.

장별 구성은 세 명의 집필진이 뜻을 함께하여 구성하였고, 1, 2, 3, 6장은 충청대학교의 박선영 교수가, 4, 5, 7, 8장은 남서울대학교 강향숙 교수가, 7, 9, 10, 11장은 남서울대학교 김민정 교수가 담당하였다. 집필진은 그동안의 이론과 실무적인 경험을 토대로 구성하려고 노력하였고, 본문에서 강조하고자 하는 내용은 굵은 글씨체로 표시하여 독자들이 편하게 읽을 수 있도록 하였다. 이 책은 상담사가 되기 위해 공부하는 학생들뿐 아니라, 부모나 교사 등 아동에 대한 이해를 필요로 하는 이들에게도 도움이 될 것으로 기대한다.

끝으로 이 책의 출간을 위해 애써주신 파워북 측과 한없는 응원으로 기다려주신 김재광 상무님께도 깊은 감사를 드린다.

2017년 8월

집필자 일동

차례

PART 3 아동상담의 과정과 평가

PART 4 아동상담의 주요 기법과 실제

PART

1

아동상담의 기초

사회구조와 기능 및 가치관의 변화, 가족해체와 다양한 대안가족의 출현, 사회경제적 문제 등은 남녀노소를 막론하고 우리 사회에서 여러 정신병리와 문제들을 초래하고 있다. 상담은 이에 대한 적절한 개입과 예방의 차원에서 더욱 주목받고 있다. 아동상담은 그러한 상담의 한 분야로서 아동이라는 발달적 특수성을 염두에 두고 접근해야 한다. 구체적으로 아동상담의 기초를 다루기 전 일반상담에 대한 원론적 이해와 기초지식이 필요하므로, 먼저 일반 상담의 기초에 대해 살펴보고자 한다. 이어서 아동상담의 필요성과 목적, 전반적인 특징들을 살펴본다.

C H A P T E R

01

상담의 이해

1. 상담의 정의 | 2. 상담의 전제 | 3. 부적응의 정의와 진단 기준 |
4. 상담의 목적 | 5. 상담의 기본원리

1. 상담의 정의

현대사회 속 인간의 삶에서 '상담'이라는 단어는 낯설지 않다. 그 만큼 인간과 관련해 상담은 많은 영역에서 다양한 목적을 가지고 진행된다. 우리에게 발생하는 많은 문제와 증상들은 결과적으로 상담에 대한 욕구를 발생시킨다. **상담**counseling**은 전문적 지식을 갖춘 상담자가 내담자로 하여금 태도와 행동의 변화를 통한 문제해결을 이루고, 더 나아가 자기 이해와 수용을 촉진시키며 잠재적 가능성을 강화하려는 목적**을 갖는다. 이는 내담자가 처한 현재의 문제를 더 효과적으로 해결할 수 있도록 도움을 주고 내담자의 통찰을 심화시키는 전문적인 행위이다. 이러한 상담활동을 수행하는 상담자는 상담이론에 대한 지식을 갖추고 임상훈련을 통한 실무 역량을 겸비한 전문가이다. 상담의 치유적 목표를 이루기 위해 상담자와 내담자는 서로 연합해 소통하고 작업한다. 상담을 통해 내담자는 정서적 고통에서 벗어나고 자신의 삶에 대한 새로운 통찰을 갖게 된다. 좁은 의미의 문제와 증상을 해결하는 차원을 넘어 내담자는 건강한 인간관계를 회복하고 내적으로 윤택한 삶을 계획할 수 있다.

상담과 혼용되어 흔히 쓰이는 용어들 중에는 **심리치료**psychotherapy와 **생활지도**guidance가 있다. 생활지도는 학교 안에서 교과교육과 더불어 학생지도의 두 축을 형

표 1-1 상담과 심리치료, 생활지도

구분	내용
상담	• 일상생활에서의 어려움이 상담의 주요 대상임 • 병리의 수준이 깊지 않고 심리치료의 경우보다 비교적 가벼움 • 생활지도보다는 치료적이고 심리치료보다는 예방적임
심리치료	• 깊은 수준의 병리가 치료의 대상임. 고질적이고 심층적인 심리내적 문제에 초점을 둠. 문제해결적이면서도 통찰 지향적임 • 비교적 장기간에 걸쳐 이루어짐 • 주로 정신분석이론을 배경에 두고 있음 • 상담자는 더욱 전문적이고 체계적인 지식습득과 훈련이 요구됨
생활지도	• 교육적 배경에서 발달했고 주로 학교에서 전체 학생들을 대상으로 함 • 전문상담교사뿐 아니라 모든 교사가 상담자의 역할을 함 • 특정한 문제영역보다는 교육, 진로, 인성, 건강, 여가 등 학생의 모든 생활영역이 상담의 주제임 • 상담과 심리치료가 치료와 개선에 초점을 둔다면 생활지도는 조기발견과 예방, 훈육을 중시함

성하는 것으로, 좁은 의미의 문제나 임상에 초점을 두지 않는다. 즉, 모든 교사가 모든 학생들을 대상으로 전반적 영역에서 훈육하고 지도하는 데 중점을 둔다. 심리치료는 상담과 엄밀하게 구분이 되지만 경계설정이 모호하며 국내에서는 대체로 혼용되어 사용되는 실정이다. 일반상담보다는 더 깊은 병리와 부적응적 증상의 치료를 목표로 하며, '치료'라는 단어로 인해 상담보다는 낙인효과가 생기기 쉽다.

2. 상담의 전제

다음에 나오는 내용들은 상담의 근간이 되는 기본 전제들이다.

- 상담은 두 주체 간의 만남 속에서 이루어진다. 상담은 내담자와 상담자가 동시에 존재할 때 성립된다.
- 상담자는 인격적 자질과 함께 전문가적 자격을 갖추어야 한다.
- 상담은 내담자가 자신의 문제를 통찰하여 현명하게 선택하고 결정해 나가는 과정이다. 상담자는 이러한 내담자의 자기결정적 행위를 조력할 수 있어야 한다.
- 상담은 일방적 관계가 아니라 내담자와 상담자가 상호협력하는 역동적 관계이다.
- 상담에서는 내담자의 프라이버시가 보장된다. 상담자는 특별한 예외 상황을 제외하고는 이에 대한 윤리적 지침을 고수해야 한다.
- 상담은 당면한 문제해결을 넘어 궁극적으로 내담자의 자기성장과 발전, 내적 통찰을 지향한다.
- 좁은 의미의 심리치료가 아닌 일반상담은 정상 범주 안에서 크게 일탈하지 않는 사람들을 대상으로, 비교적 보편적인 발달과업의 문제나 적응문제를 주로 다룬다. 심리치료와 비교해 일반상담에서는 성장과 적응이 더 강조된다.

3. 부적응의 정의와 진단 기준

심리적 부적응psychological maladaption이란 한 개인이 가지고 있는 사고, 정서, 행동 양식이 왜곡되거나 부적절해서 개인의 사회적 적응에 문제가 발생하는 상태, 그리고 여러 가지 외적 요인과 환경적 결핍으로 인해 적응상의 어려움이 발생한 상태를 말한다. 인간의 사고나 감정, 행동은 복잡하고 단일 차원으로 해명하기 힘들기 때문에 개인의 심리적 부적응의 여부와 정도를 정확히 판단하는 것은 쉽지 않다. 부적응 행동을 바라보는 다양한 관점에 의거해 판별 기준은 각각 나름대로의 타당성을 가지고 있다. 그러므로 하나의 기준이 아니라 **다차원적 접근에서 여러 가지 맥락과 관점**을 고려해야 한다.

1) 통계적 관점

정상normal 혹은 적응적adaptive 행동이란 대부분의 사람들에게 빈번하게 일어나는 행동을 의미한다. 한편, **이상**abnormal **혹은 부적응**maladaptive **행동이란 소수를 제외하고 대부분의 사람들에게는 드물게 나타나는 행동**을 의미한다. 인간의 행동을 양적으로 측정해서 분포를 나타내 보면, 대개 평균을 중심으로 중앙에 몰려 있고 양쪽 극단으로 갈수록 그 빈도가 줄어드는 분포곡선을 이루게 된다. 이런 정상분포곡선에서 중앙에 몰려 있는 다수를 정상으로 범주화하고, 양쪽의 극단을 비정상, 이상 또는 부적응으로 범주화하는 것이 통계적 관점에서의 적응과 부적응에 대한 판단기준이다. 평균 이하와 평균 이상에 대한 관점이 사회마다 다르므로 통계적 기준은 임의성을 지닌다. 예컨대, 이러한 통계적 관점에서 정신지체mental retardation의 범주는 지능이 평균보다 심하게 일탈된 경우에 해당된다.

2) 정신의학적 관점

의학에서는 증상과 질병이 없는 상태를 정상normal으로 간주하며, **이상**abnormal**은 정상상태가 파괴되고 증상이 나타나는 상태**를 말한다. 이 기준에서 이상이란 어떤 증후가 현저하게 나타날 때 개체가 저변에 깔려 있는 장애로 인해 고통을 겪고 있음을 뜻한다. 이에 부적응 행동을 정의하는 것뿐 아니라 부적응 행동을 분류하고 체계화하는 진단 기준표가 필요하게 되었다. 미국정신의학회에서는 질병의 유목을 공식적으로 체계화해 놓고 있는데, 그것이 오늘날 임상장면에서 널리 사용되고 있는 **'정신장애의 진단 및 통계 요강**Diagnostic and Statistical Manual of Mental Disorders : DSM'이다. 국내 임상심리나 정신의학 분야에서도 주로 이 DSM을 사용한다. 심리나 정신, 행동 분야의 정상과 비정상은 사회문화적 가치관과 시대적 변화를 고려해야 하므로, 필요시 DSM의 진단 기준도 변화할 수밖에 없다. 1952년 최초로 DSM-Ⅰ에서 108개의 장애가 소개된 이후 지금까지 여러 차례 개정이 되어 왔으며, 2013년에는 DSM-5의 진단 기준이 확정되어 사용되고 있다.

3) 사회문화적 관점

사회적 관점에서는 한 개인이 주어진 환경과 성공적으로 상호작용하면서 잘 지낼 수 있는가의 정도에 따라 그의 정상성normality을 판단하게 된다. 즉, **행동의 사회적 적응성 여부가 중요한 기준**이 된다. **사회적 규범을 어기고 타인의 복지와 안전을 위협할 때 부적응**으로 간주한다. 사회적 규범과 규율은 개인에게 기대되고 요구되는 표준과 행동지침이다. 그러므로 사회적 규범을 어기고 타인의 복지와 안전에 위해를 미치는 행위는 부적응으로 간주될 수 있다. 물론 이 기준은 절대적인 것이 아니며 개인이 속해 있는 집단의 사회문화적 관점에 따라 상대적이다.

4) 주관적 관점

한 개인이 심리적 불편과 고통을 주관적으로 느끼는 정도가 적응과 부적응 여부를 판단하는 기준이 된다. 개인이 자신의 정서나 행동, 생활에 대해 어떻게 느끼고 지각하느냐가 관건인 것이다. 외관상 특별히 비정상적이거나 부적응적인 행동이 나타나지 않는다 하더라도, 스스로 불편하고 고통스럽게 느낀다면 이는 부적응의 범주에 포함될 수 있다. 그러나 심리적 고통을 경험한다고 모두 이상 범주로 간주할 수는 없으며, 반대로 외관상 부적응적 모습을 보이더라도 주관적으로 고통과 불편함을 느끼거나 호소하지 않는 경우도 있으므로 적응 여부를 판단하는 데 신중해야 한다.

4. 상담의 목적

상담은 증상을 호소하고 도움을 필요로 하는 내담자와, 전문지식과 기술을 소유한 상담자가 만나면서 이루어진다. 상담은 무엇보다 내담자의 복지를 우선적으로 고려하면서 **내담자가 호소하는 증상을 감소시키고 문제해결을 도모**한다. 조지와 크리스티아니(George & Cristiani, 1995)는 상담의 주요 목적을 5가지로 정리하고 있다.

- 행동 변화 촉진facilitating behavior change : 내담자의 바람직한 행동 변화를 유발
- 대처 기술 강화enhancing coping skills : 문제 상황에 대한 적응과 대처 기술을 습득하고 강화
- 의사결정 촉진promoting decision making : 삶에서의 자기결정성과 책임성을 고취
- 관계 향상improving relationship : 다양한 사회적 관계 속에서 적응을 도모하고 관계의 질을 제고
- 잠재성 촉진facilitating the client's potential : 내담자의 잠재능력과 힘을 일깨우고 고취

이 외에도 보다 구체적으로 증상의 완화와 감소, 문제해결방안의 탐색 등을 상담의 중요한 목표로 규정할 수 있다.

표 1-2 상담의 유형

구분	내용
내담자의 발달연령	아동상담, 청소년상담, 성인상담, 노인상담
내담자의 구성인원	개인상담, 집단상담
내담자의 조력욕구	문제예방상담, 문제해결상담, 발달과 성장상담 등
내담자의 문제 내용	정신건강상담, 진로상담, 학습상담, 성상담, 가족상담, 위기상담, 문제행동상담 등
도구적 접근	놀이치료, 미술치료, 음악치료, 독서치료, 예술치료, 연극치료 등

5. 상담의 기본원리

상담은 개인이 가진 문제를 해결하고 적응성을 증진시킴으로써 건강한 자아 형성을 통한 성장을 돕는 데 목적을 둔다. 이를 위해 상담 진행 시 상담자가 고려해야 할 기본원리들은 다음과 같다.

1) 주체적 개별화

상담자는 개인의 개성과 개인차를 인정하는 범위 내에서 상담을 전개한다. 인간은 모두 **각자의 고유성과 독자성을 지닌 개별적 주체**이다. 이 원리는 다음과 같은 사항을 염두에 두어야 한다.

- 내담자에 대해 편견이나 선입견을 갖지 않는다.
- 인간의 다양한 유형과 모습에 대한 지식과 이해를 갖춘다.
- 내담자의 욕구와 문제, 특성을 배려한다.
- 내담자의 감정 변화를 민감하게 포착한다.
- 내담자와 견해차가 있을 때 적절한 조율을 이끌어 낸다.
- 상담자의 입장과 견해를 강요하지 않는다.

2) 적극적이고 의도적인 감정표현

사람은 누구나 자신의 긍정적 · 부정적 감정을 적극적으로 표현할 수 있어야 한다. 상담자는 내담자로 하여금 자유롭게 의도적인 표현이 가능하도록 온화한 분위기를 조성할 필요가 있다. 그러므로 내담자의 감정표현을 비난하거나 낙심시켜서는 안 된다. 내담자의 정서 변화에 민감하게 반응하고 인내심을 갖고 경청함으로써 내담자가 느끼는 사회적 · 심리적 압력과 긴장을 덜어준다.

3) 억제된 정서에의 몰입과 표출

내담자의 감정에 대한 상담자의 민감성, 그 감정이 의미하는 것에 대한 이해, 그리고 내담자에 대한 상담자의 의도적이고도 적당한 반응을 통해, 내담자는 억제된 정서에 몰입하고 이를 적절하게 표출할 수 있다. 때로 **정서의 정화**catharsis만으로도 상담의 효과를 높일 수 있다.

4) 적극적 수용과 온정적 태도

내담자를 수용한다는 말은 내담자를 인격체로 존중한다는 의미이다. 상담자는 내담자에게 따뜻하고 친절하며 수용적이어야 한다. 내담자의 의견에 동의하지 못하는 일이 있더라도, 동의하지 않는다는 사실을 분명히 전달하되 그 표현이나 자세는 온화하고 따뜻한 태도를 취한다. 내담자의 장단점, 긍정적 정서와 부정적 정서, 건설적 태도와 파괴적 태도 등을 있는 그대로 이해하고 인정하도록 한다.

5) 비판적 태도 배제

내담자는 죄책감, 소외, 좌절, 열등감, 불만, 고독감 등을 가지고 있는 경우가 많으며 타인의 시선에 예민할 수 있다. 그는 자신의 잘못이나 행동, 문제에 대해 비난받거나 질책당하는 것을 두려워하고, 이에 자신을 방어하고 안전을 추구하려는 모습을 보이기도 한다. 그러므로 상담자는 내담자를 수용하는 동시에 비판적인 입장을 배제하도록 한다.

6) 내담자의 자기결정성

상담은 상담자가 내담자 개인의 가치와 존엄성을 존중하고 내담자 자신의 힘으로 문제를 해결해 나아갈 수 있다고 믿는 신념에서 시작되어야 한다. 상담자의 조언과 개입이 있을 수 있지만 **최종 결정을 내리는 사람은 내담자 자신**이다. 내담자는 자신의 삶의 주인공으로서 자기책임과 자기결정성을 갖고 삶의 방향과 태도를 결정한다.

7) 비밀 보장

상담자는 내담자와 상담과정에서 나눈 내용을 비밀 보장하며 사생활을 보호하고 존중해야 한다. 상담은 내담자가 상담자를 신뢰하고 믿는 데서 이루어진다. 특별한 예외 상황을 제외하고는 어떠한 경우라도 내담자의 비밀은 지켜져야 한다. 내담자의 명예훼손이나 심리적 고통, 물질적 손해를 끼치는 상황을 만들어서는 안 된다.

CHAPTER

02

아동상담의 이해

1. 아동상담의 개념과 필요성 | 2. 아동상담의 목표 | 3. 아동상담에서 다루는 문제 | 4. 아동상담자의 자질과 역할 | 5. 아동상담의 윤리와 원칙

1. 아동상담의 개념과 필요성

아동상담은 앞에서 살펴본 일반상담과 유사한 개념과 원칙 및 전제를 갖는다. 먼저 아동상담은 대상이 아동이라는 연령층에 한정된다. 일반적으로 아동의 연령 정의는 아동복지법에 근거해 **출생부터 만 18세까지의 아동**을 의미하며, 이 연령 범주는 청소년기를 포함한다. 영유아기와 학령기, 청소년기 아동의 상담은 발달적 특성을 고려해 그들에게 가장 적절하다고 여겨지는 방식으로 접근한다. 대개 **아동상담 현장에서 만나게 되는 아동은 영유아기와 학령기 아동이 많다**. 본 서에서도 이를 고려해 아동상담의 대상을 주로 영유아기와 학령기 아동에 초점을 두고 살펴보고자 한다.

발달적 특성상 아동은 자신의 문제를 가지고 자발적으로 상담자를 찾지 않으며, 어려움과 호소문제를 언어로 적확하게 표현하는 것이 종종 힘들다. 많은 경우 아이들은 부모나 다른 성인의 손에 이끌려 상담실을 방문하며 자신의 증상을 적극적으로 풀어내지 못한다. 그러므로 아동상담은 성인상담과 동일한 원리와 전제를 갖는다 하더라도 구체적인 상담방식과 접근은 다르게 진행된다.

아동은 성인과 달리 발달이 진행 중에 있으므로 **치료적 개입**뿐 아니라 앞으로의 건강한 발달을 위한 **예방적 차원에서도 상담은 더욱 필요**하다. 아동기에 특징적으로 나타나는 문제들이 있으므로, 아동의 발달적 맥락과 다층적 요인들을 고려해 적절한 상담적 접근을 하도록 한다.

2. 아동상담의 목표

아동상담은 앞에서 말한 일반상담과 유사한 목적을 갖지만, 발달시기를 고려할 때 상담의 목표를 더욱 신중하게 구조화하도록 한다. 일반적으로 아동상담은 **아동과 부모, 상담자의 삼자관계 속**에서 이루어진다. 그러므로 구체적인 상담 목표는 이 세 주체의 요구와 기대를 모두 반영한다. 이때 부모나 주변 환경의 요구, 상담자의 기대가 아동의 요구를 간과한 채 그대로 상담의 목표가 되어서는 안 된다. 또한 아동을 환경에 순응시키는 것이 곧 문제해결이라 여겨서도 안 된다.

아동상담의 목적은 궁극적으로 당면한 문제해결과 아동의 행복을 증진시키는 것이다. 그러나 구체적 목표는 상담이 필요한 이유, 아동이 상담 상황에 가져온 문제, 아동이 처한 상황 그리고 아동 개인의 성격과 역량에 따라 달라진다. 대체적으로 아동상담에 적용될 수 있는 기본 목표는 다음과 같다.

- 정서적 고통과 증상의 감소
- 자신의 강점과 약점, 능력과 한계의 인식
- 문제 행동 감소와 행동 변화
- 원만한 대인관계 형성
- 발달단계에서 요구하는 발달과업의 성취
- 긍정적 자아상 확립

3. 아동상담에서 다루는 문제

아동은 성인과 비슷한 문제와 증상을 보이기도 하지만, 아동기에서 특징적으로 나타나는 발달적 결핍과 정서문제, 행동장애 등으로 상담실을 찾는다. 아동은 부모를 포함한 주위 환경과의 밀접한 연계 속에서 존재하고, 아동이 보여 주는 행동과

알아두기

| 아동상담 시 같이 살펴봐야 할 외적 요인들 |

- 가족환경(부모, 조부모, 형제자매 관계)
- 또래관계, 교사와의 관계
- 물리적 환경(생활환경 등)
- 대중매체(TV, 인터넷, 게임 등)
- 학교환경, 어린이집 및 유치원 환경
- 기타 아동과 가까운 모든 근접환경

증상들은 환경과의 상호작용 속에서 파악할 수밖에 없다. 그러므로 상담의 주요 대상은 아동이지만, **부모와 가족을 포함해 아동을 둘러싼 여러 미시환경과 맥락들이 모두 상담적 접근의 대상**이 될 수 있다.

알아두기

| 상담이 도움이 될 수 있는 아동기 모습 |

- 도벽과 거짓말
- 식습관
- 틱, 유뇨증, 유분증
- 떼쓰기, 고집부리기
- 또래관계에서의 어려움
- 공격성, 폭력성
- 불안정 애착
- 우울과 불안, 행동억제
- 언어발달 지체와 부적절한 언어 사용
- 자폐적 성향
- 게임 및 인터넷 중독
- 주의산만, 과잉 행동
- 학습문제

4. 아동상담자의 자질과 역할

아동상담은 사적인 관계에서 이루어지는 대화가 아니라 공식적이고 체계화된 세팅 안에서 이루어지는 것인 만큼, 상담자는 그에 맞는 상담자로서의 자질을 갖추어야 한다. **인간적 자질과 전문가로서의 자질이** 그것이다. 이 둘은 타고나는 자질 외에도 상담자의 부단한 자기계발과 공부, 노력으로 무장되는 것이다. 아직 미숙한 아동은 상담환경과 상담자 개인의 영향을 받기 쉬우므로, 상담자는 아동의 발달 상황과 특수성을 염두에 두고 다가가야 한다. 아동상담뿐 아니라 다른 일반상담의 장에서도 해당되는 상담자의 자질은 다음과 같다.

1) 인간적 자질

내담자와 진실하면서도 치료적인 관계를 형성하기 위해 상담자에게 필요한 인간적 자질을 고른다면, 특히 사람중심상담에서 중요하게 여기는 **공감적 이해**, **무조건적 · 긍정적 존중**, **진정성**을 말할 수 있다(Raskin & Rogers, 1989 ; Rogers, 1957). 이 외에도 **인간에 대한 긍정적 호기심과 관심**, **타인의 삶에 대한 부드러운 시선과 개방적 자세**, **건강한 가치관과 정신**은 필수적인 항목이다.

(1) 인간과 사회에 대한 민감성

사람과 사회를 민감하게 조망하는 것은 내담자의 세계 속에 들어가기 위한 첫 번째 조건이다. 언어적 표현이 미숙하고 자신을 제대로 드러내는 것이 쉽지 않은 아이들과의 만남에서 상담자의 민감성은 매우 필요하다. 아동의 정서와 감정 변화를 빠르고 적확하게 포착하는 것은 아동과의 소통을 촉진시킨다. 아동의 표면상 욕구뿐 아니라 잘 드러나지 않는 **심층적 욕구를 인식**하는 것은 문제해결뿐 아니라 상담의 효과를 높인다.

(2) 공감적 이해

상담자가 내담자의 입장이 되어 그의 주관적 세계를 이해하며, **내담자의 내적 준거체계를 가지고 그의 생각과 정서를 체험하며 느낄 수 있을 때** 공감적 소통이 가능하다. 상담자가 내담자를 공감적으로 이해하고 있음이 전달되었는지의 여부는 내담자의 반응을 통해 확인할 수 있다. 상담자가 아동이 털어놓는 이야기의 내용뿐만 아니라 의미를 정확하게 공감하고 있음을 전달했을 때 아동은 종종 놀라움이나 안도의 반응을 보여 주곤 한다. "네, 그래요. 바로 그게 내가 느끼는 거예요.", "맞아요, 그런 것 같아요."와 같은 아동의 반응은 상담자의 공감적 전달이 잘 이루어졌음을 보여준다.

PART 1 아동상담의 기초

(3) 무조건적 긍정적 존중과 수용

상담자는 내담자를 하나의 인격체로 조건 없이 존중하고, 있는 그대로의 모습을 따뜻하게 받아들인다. **아동의 감정, 사고, 행동 등에 대해 어떠한 판단이나 평가도 하지 않는 태도를 '수용**acceptance'이라고도 한다. 로저스(Rogers, 1957)는 무조건적 긍정적 존중이란 내담자의 행동, 태도, 지위, 외모 등과 같은 외적인 요소를 고려하지 않고, 내담자를 존엄성과 선천적인 가치를 가진 인간으로 간주하는 것이라고 정의한다. 아동의 경우 아직 미숙하고 어리다는 이유로 그의 생각과 감정, 태도는 존중받지 못하는 경우가 많다. 부모를 포함한 어른과의 관계에서 아동은 더욱 위축되기 쉽다. 그러므로 아동내담자의 경우 상담자의 존중과 수용의 자세는 꼭 필요한 자질이다.

(4) 진정성

상담자가 내담자에 대해 진심으로 관심을 가지며 아울러 순수하고 투명하게 자신을 열고 대하려는 자세를 말한다. 로저스는 상담관계의 필요충분조건으로 공감적 이해, 무조건적 긍정적 존중수용, 진정성을 들고 있는데, 특히 다른 두 가지 조건의 필수 전제라고 할 정도로 진정성을 중시한다. 자기방어와 보호막이 약한 아동은 상담 상황에서 당황하고 불안을 느끼기 쉽다. 이때 아동에 대한 상담자의 진정성 있는 태도는 상담과정에서 아동의 거부감을 해소시킬 수 있다.

(5) 정서적 안정과 자기통제

상담은 사람과 사람이 만나는 관계이므로 간혹 상담자 개인의 정서와 태도가 역전이countertransference를 통해 상담 상황에서 원하지 않는 영향력을 만들어 낼 수 있다. 그러므로 상담자는 자신의 정서와 개인적 욕구를 제대로 인식하고 통제해야 하며, 이를 위해서는 부단한 노력과 분석이 필요하다. 어떤 상황에서도 상담자는 **상담과정에 자신의 감정과 사고를 개입시키지 않아야 하며, 동시에 자신도 상담 상황의 영향을 받지 않도록 주의**해야 한다.

2) 전문적 자질

상담자는 한 인간으로서 자신의 문제와 태도, 성격, 행동, 사고, 가치 등에 대해서도 끊임없이 자각하고 깨어 있어야 한다. 자신에 대한 깊은 자각이 충분히 이루어져야만 타인에 대한 피상적이지 않은 이해가 가능하다. 상담자의 자기숙고와 통찰은 상담 상황에서 윤리적 딜레마에 노출되었을 때 중요한 버팀목이 될 수 있다. 이를 위해서는 **슈퍼비전**supervision**과 자신에 대한 교육 분석이 수반**되어야 한다.

(1) 전문지식의 습득

상담자는 관련 지식과 학위, 자격, 수련과정 등을 갖추어야 한다. 인간발달 및 상담과 직·간접적으로 관련된 여러 학문 분야에서 체계적으로 과정을 이수하며, 제도권의 정규학제 내에서 관련 교과목들을 충분히 공부해야 한다. 정상발달과 이상발달, 상담이론과 기술, 심리측정과 평가, 그 외 다양한 매체상담에 대한 전문지식을 갖추는 것이 좋다. 또한 아동상담의 경우 아동발달에 대한 지식이 부수적으로 더 요구된다.

(2) 지식의 폭넓은 확장

상담은 인간을 대상으로 한 전문 분야인 만큼 상담이론과 방법에 대한 전문지식 외에도, 인간이 처한 미시적·거시적 맥락과 환경을 분석하고 이해할 수 있는 역량이 필요하다. 내담자가 가지고 오는 문제는 그들의 배경만큼이나 다양하다. 문제해결을 위한 일상적인 상식 외에도 **다양한 사회관계와 환경을 조망하고 분석할 수 있는 식견이 요구**된다. 또한 앞에서 말했듯이 아동은 부모 및 가족환경과 분리할 수 없는 존재인 만큼, 부모와 가족관계에 접근하고 분석할 수 있는 지식적 차원이 필요하다.

(3) 현장훈련

상담은 언제나 현장을 기반으로 한다. 그러므로 상담자는 이론과 지식을 갖추고 현장에서 다양한 사례를 경험하는 것이 필요하다. 상담자는 현장수련을 통해 상담실무를 익히고 이를 통해 전문가로서 상담자의 직업적 역량을 신장시킨다. 또한 자신의 상담사례뿐 아니라 다른 상담자의 사례를 공부하고 분석하는 것은 역량강화에 큰 도움이 될 수 있다.

(4) 교육 분석

상담자는 늘 최선을 다하려고 애쓰지만 완벽할 수는 없다. 때로는 만족스럽지 못한 상담이 진행될 수도 있으며 상담의 결과가 항상 좋은 것만은 아니다. 그러므로 상담자는 자신의 상담 내용을 스스로도 돌아볼 뿐 아니라 슈퍼비전을 통해 자신의 상담을 최대한 객관적으로 분석해야 할 필요가 있다. 또한 상담과정뿐 아니라 상담자 자신에 대한 교육 분석을 통해 **인간적 성숙을 도모하며, 상담에 부정적 영향을 미치기 쉬운 역전이를 통제**하도록 한다.

알아두기

| 상담자에게 필요한 특성과 자질 |

로저스 이외에도 위트머와 스위니(Witmer & Sweeney, 1992), 피터슨과 니센홀즈(Peterson & Nisenholz, 1995)도 몇 가지 상담자 자질을 이야기하였다. 이러한 학자들이 강조한 성격적 특성과 자질들을 참조하여, 유능한 상담자가 지닌 특성을 정리하면 다음과 같다.

- **정신성**(spirituality) : 인간의 존엄성과 권리, 삶에 대한 존중감을 충분히 자각한다. 삶을 가치롭게 하고 증진시키는 바람직한 신념을 고수한다. 심리내적 평화와 삶의 전체성, 총체성에 대한 욕구를 지닌다.
- **자기통제**(self-regulation) : 건강한 상담자는 자기통제가 기반이 된 자기가치감과 자기효능감을 갖는다. 현실적 신념, 정서적 반응성, 지적 자극, 문제해결, 창조성, 유머감각, 자기통제, 건강한 습관 등은 상담자의 내적 통제감에 바람직한 영향을 미친다.
- **우정**(friendship) : 친구, 가족, 배우자 등 사회적 제 관계 속에서 우정을 지킨다. 사회적 관심사와 사회적 감정, 공동체감 등이 높다.
- **사랑**(love) : 친밀감, 신뢰, 자기노출, 협동, 헌신 등의 속성을 지닌다. 인간에 대한 폭넓은 관심과 몰입을 보인다.
- **개인적 에너지**(level of personal energy) : 상담과정은 심리적 · 신체적 에너지의

소비가 높고 때로 많은 긴장감을 유발한다. 상담자는 심리적으로나 신체적으로 건강하고 에너지 수준이 높으며 역동적이다.

- **위험감수능력**(risk-taking ability) : 상담과정에서 예기치 못한 여러 가지 문제가 발생할 때 상담자는 이를 두려워하거나 회피하지 않는다. 가령, 내담자에게 거부되는 것을 포함해 적절히 대처하기 힘든 문제에 직면할 때도, 상담자는 이를 직시하고 대면한다.
- **모호함을 견딜 수 있는 능력**(tolerance of ambiguity) : 내담자와의 신뢰로운 관계가 형성되고 문제탐색이 충분히 이루어지기 전에 내담자의 욕구와 문제를 정확히 지각하는 것은 쉬운 일이 아니다. 건강한 상담자는 이러한 불확실한 과정을 직면하고 몰입한다. 이로써 내담자가 진정 원하는 것이 무엇인지 정확히 알지 못하는 불명확하고 모호한 과정을 감당하고 인내할 수 있다. 이러한 역량이 상담과정에서 상담자의 효과적인 반응을 만들어 낼 수 있다.
- **친밀감에 대한 역량**(capacity for intimacy) : 친밀감은 내담자에 대한 비판단적 수용과 따뜻한 태도를 만들어 낸다. 이런 친밀감 역량을 가지고 상담자는 내담자의 개인적 사고와 감정, 비밀을 깊은 수준에서 공감하고 소통할 수 있다. 친밀감 역량이 부족할 경우 상담자는 내담자로부터 거부되는 것과 자신의 취약함이 드러나는 것을 두려워하게 되고, 이로써 자신감을 잃기 쉽다. 이는 자칫 내담자와의 과도한 정서적 거리를 유발하며, 내담자에게 취해야 하는 직면이나 도전을 회피하게 만든다.

5. 아동상담의 윤리와 원칙

상담은 그 특수성을 고려할 때 윤리적인 측면이 더욱 부각된다. 상담자는 내담자의 내밀한 생활과 심리세계에 들어가는 만큼 비밀 유지는 매우 중요하다. 특히, 아동상담에서 아동은 여러 가지 면에서 약자로 존재한다. 아동의 생각과 입장은 종종 부모의 입장에 가려지고 아동의 욕구는 부모의 욕구로 채워지게 된다. 그러므로 상담자는 언제나 **아동의 안위와 행복을 최우선적으로 고려**해야 한다. 상담자가 지켜야 할 윤리와 관련된 주요 내용을 살펴보면 다음과 같다.

1) 비밀 유지의 준수

상담을 하는 데 있어서 주요 윤리적 문제의 하나는 비밀 유지의 문제이다. **비밀 유지는 법적 · 윤리적 문제**이다. 내담자가 상담자의 사생활 보호를 신뢰하지 못하는 한, 진정한 상담관계는 이루어질 수 없다. 그러므로 내담자의 사생활과 비밀을 지켜주고 보호해 주는 것은 상담자의 중요한 책무이다. 특히, 아동상담 진행 시 아동은 자신이 상담자와 나누는 것들이 부모에게 전달되는 것을 꺼려하고 이에 불안해할 수 있다. 아동상담 시 부모와의 병행상담이 이루어지고 부모와 상담자의 의사소통이 중요한 만큼, 이에 대해 아동이 갖는 걱정과 불신을 해소시켜주는 것도 중요하다. 뿐만 아니라 아동상담은 미술치료, 놀이치료 등과 같이 여러 매체를 활용하는 과정에서 아동이 수행한 결과물을 남기게 된다. 이때 상담자는 아동이 남긴 결과물을 상담자의 개인적 목적으로 공개하거나 활용해서는 안 된다.

Box 2-1

비밀 보장의 예외사항

상담자가 법적으로 상담 내용을 보고해야 할 때가 있다.

- 아동이 타인이나 자신을 해칠 가능성이 있을 때
- 아동이 학대, 강간, 근친상간, 기타 다른 범죄와 관련되어 있을 때
- 아동이 보호자로부터 분리되거나 입원할 필요가 있다고 판단될 때
- 법정의 요구가 있을 때

2) 전문적 한계의 수용

상담자는 전문적 지식과 기술을 갖춘 후 아동을 만난다. 그러나 자신이 만나는 모든 아동의 문제를 상담하고 해결할 수 있는 것은 아니다. 아이들이 호소하는 문제와 증상이 다양하듯이, 그에 적합한 이론과 치료매체, 방식이 존재한다. 또한 상담자가 과도하게 많은 사례를 다루거나 기타 다른 이유로 상담자 개인의 에너지가 소진되면서, 아동에게 충분히 몰입하지 못하는 경우도 있다. 그러므로 **상담자는 자신**

의 전문 분야와 지식의 한계를 인정하고 자신의 역량을 벗어나는 사례의 경우에는 다른 전문가에게 아동을 의뢰하는 것이 바람직하다.

3) 이중관계 및 개인적 관계 금지

상담자와 내담자의 적절한 관계 유지는 치료의 성공 여부를 좌우할 수 있는 문제이다. **이중관계는 상담자가 내담자에게 두 가지 혹은 그 이상의 역할을 동시에 수행할 때 발생**한다. 이중관계의 예로는 슈퍼바이저supervisor와 상담자의 역할, 친구와 상담자의 역할, 친인척과 상담자의 역할 등을 동시에 수행하는 경우에서 찾아볼 수 있다. 이러한 경우에는 이중관계가 상담에 영향을 줄 수 있기 때문에 내담자를 가급적 다른 상담자에게 의뢰하는 것이 바람직하다. 아동상담의 경우에도 상담자가 자신과 친인척관계에 있는 아동을 상담하는 것은 이중관계에 해당된다. 또한 상담자는 훈육의 역할을 하는 부모나 교사와는 다르므로, 상담 이외 환경에서 생활지도와 교육을 병행하는 것은 바람직하지 않다. 그리고 상담 회기 이외에 아동과 개인적 친분관계를 갖지 않아야 않다. 자칫 **이중 및 사적 관계가 상담의 본질을 흐리고, 아동의 불필요한 전이**transference**와 투사**projection **및 상담자의 역전이**countertransference**를 초래**할 수 있다.

4) 아동의 복지와 이익 우선

상담자는 아동의 복지와 이익을 최우선시해야 한다. 상담자는 아동을 불리한 입장에 놓이게 해서는 안 되며 상담 상황을 이용하여 자신의 이익을 추구해서도 안 된다. 어떤 상황에서도 아이의 욕구와 요구, 소망, 심리가 우선시되어야 한다.

5) 아동의 차별 금지

상담자는 아동의 성별, 연령, 학력, 사회경제적 배경 등에 따라 선입관을 가지거나 차별을 두어서는 안 된다. 아동뿐 아니라 아동의 부모와 관련해서도 그들의 조건에 따라 편견을 갖지 않도록 한다.

6) 아동의 권리와 자유 존중

아동은 상담계획에 참여할 권리가 있고 상담서비스를 거부할 수도 있으며 상담자를 선택할 자유의지를 가지고 있다. 상담자는 아동에게 이러한 전반적인 사항에 대해 충분히 설명해 주도록 한다. 상담자 자신의 가치와 계획, 사고를 내담자에게 강요하지 않는다. 아동상담은 주로 보호자가 아동을 동반하는 만큼, 보호자의 생각과 입장이 아동의 생각과 의사표현을 방해할 수 있음을 인식해야 한다.

7) 심리검사 활용에서의 윤리적 문제

상담의 초기 면접에서 좀 더 객관적인 정보와 진단을 위해 심리검사를 활용하는 경우가 많다. 그런데 진단 위주의 과도한 심리검사의 활용은 비용도 문제가 되지만, 다른 맥락을 충분히 고려하지 않은 채 검사 결과에 지나치게 얽매이게 될 경우 아동과 부모에게 의도치 않은 문제와 고민을 가중시킬 수 있다. 그러므로 상담자는 내담자에게 꼭 필요하다고 판단되는 경우에만 **내담자의 동의를 얻어 필요한 심리검사를 실시**한다.

Box 2-2

윤리적 상담을 위한 5가지 원칙

- **자율성 존중**(respect of autonomy) : 내담자는 자신의 행동을 스스로 결정하고 처리할 수 있는 자율적인 존재임
- **비유해성**(nonmaleficence) : 상담자는 다른 사람에게 손해를 주거나 해를 입히거나 위험에 빠뜨리지 않아야 함
- **선의**(beneficence) : 상담자는 내담자를 포함한 타인에게 선의를 가지고 행동해야 함
- **공정성**(justice) : 상담자는 인종, 성별, 종교를 이유로 내담자를 차별하지 않음
- **충실성**(fidelity) : 상담자는 내담자를 돕는 일에 열정을 가지고 충실하게 임하며, 약속을 준수함

출처 : Kitchner(1984).

Box 2-3

상담 상황에서 심리검사 활용 시 주의해야 할 점

상담자가 지향하는 이론마다 다르지만 일부 상담자들은 상담 상황에서 내담자에 대한 여러 가지 검사도구를 활용한다. 특히, 아동상담에서는 지능검사와 성격검사, 발달검사를 비롯해서 다양한 종류의 표준화 검사 및 비표준화 검사가 쓰인다. 아동에 대한 보다 정확한 지식과 진단을 위해 검사를 실시하지만, 일부에서는 큰 필요가 없음에도 무조건적으로 실시하는 경우가 있어 자칫 **과도한 검사 위주의 접근이 문제**가 되기도 한다. 상담을 받으러 온 아동과 부모는 많은 경우 좌절과 고통을 경험하고 무기력한 상태이다. 이들은 상담관계에서 자신은 비전문가라고 생각하기 때문에 대부분 상담자가 권하는 검사 실시 여부를 주체적으로 결정하지 못하고 그대로 따르게 된다. 특히, 대부분 검사가 상담 초기 과정에서 이루어지는 만큼 상담자의 조언과 요구에 대해 아동과 부모는 별다른 숙고 없이 이에 응한다. 비용 자체도 부담이 되지만 심리검사를 받는다는 것 자체가 아동의 정서와 심리에 영향을 미칠 수 있다. 그러므로 상담자는 **윤리적 태도에 입각해 꼭 필요하다고 생각되는 경우에만 적절한 검사를 실시**한다. 또한 훈련받은 전문가가 검사의 실시나 절차, 해석, 진단과정에 개입해서 세심한 주의를 기울여 진행해야 한다. **검사는 어디까지나 상담의 보조적 매체로서의 가치**를 지니며, 여기에 지나치게 의존할 경우 오히려 상담 상황에서 중요한 본질을 놓칠 수 있다. 아동과 보호자에게 검사 결과를 설명하는 과정에서도 그들이 과도한 걱정이나 불안을 갖지 않도록 다른 추가적 정보를 가지고 포괄적인 맥락에서 설명하는 것이 필요하다. 아동의 검사 결과는 비밀보장에 입각해 함부로 공개되어서는 안 되고 기록과 보관 여부에 신경을 써야 한다.

Box 2-4

상담자가 가지기 쉬운 자신의 문제들

- **불안 수준이 높음** : 자신이 완벽해야 하고 실수를 해서는 안 된다는 압박감이 불안을 자극한다. 경험이 많지 않다는 사실을 아동이 알까 두렵다. 아동의 침묵과 예기치 않은 반응 앞에서 매우 불안해한다. 과도한 불안으로 아동에게 적절한 반응을 보여 주기가 어렵고 자칫 역전이를 초래할 수 있다.
- **의욕은 넘치나 이에 부응하는 기술과 태도는 미숙함** : 상담과정에서 부적절한 반응을 하기 쉽다. 상담에 대한 치료적 효과나 반응을 곧바로 아동에게서 찾으려 하며, 기대하는 바가 나타나지 않으면 불안해하고 자책하기 쉽다.
- **경직되고 고정된 접근을 취함** : 아동과 상황에 따라 융통성 있게 상담을 구조화해야 하나 그렇지 못한다. 아동의 특성과 문제에 따라 가변적으로 접근하기보다는 상담자 자신이 지향된 이론적 접근을 과도하게 고수한다. 제한설정을 잘하지 못하고 아동의 부적절한 요구를 수용하기 쉽다.
- **역전이** : 아동에게 상담자 자신의 문제를 투사하고 역전이를 하기 쉽다. 또한 아동의 전이를 제대로 이끌어 내지 못하고 효율적으로 처리하지 못한다.
- **과도한 폐쇄적 질문하기** : 아동에 대한 정보 수집과 문제 파악에 얽매여 마치 상담자의 개인적 호기심을 충족시키는 것인양 질문을 한다.
- **내담의 침묵을 견디기 어려움** : 아동의 침묵은 때로 아동이 무언가를 압박감 없이 말하도록 하는 유용한 것일 수 있다. 이때 아동은 자신의 감정과 사고에 몰입하고 자신에게 보다 더 집중하는 시간이기 쉽다. 또한 정신분석적 입장에서는 치료와 상담자에 대한 저항의 표식일 수 있다. 그러나 어떤 상담자는 아동의 침묵이 불편하게 느껴지고 이런 과정에서 침묵이 길어지면 섣불리 아동의 침묵을 깨뜨리게 될 수 있다.
- **부적절한 주의집중과 경청** : 상담자는 간혹 여러 가지 이유로 아동에게 집중하지 못하고 제대로 경청하지 못한다. 상담자가 자신의 생각에 과도하게 빠져 있거나 혹은 자신의 관점에서 아동을 바라보게 될 때 아동의 내면세계와 접촉하기 힘들다.
- **성급한 개입과 조언하기** : 문제해결이 상담의 주요 목적이기는 하지만 때로 상담자는 자신이 빠른 시간 내 해결책을 내놔야 한다는 생각에 사로잡히기도 한다. 이런 경우 상담자는 문제해결에 필요한 방안을 섣불리 먼저 제시하거나 해결책을 결정하려고 한다. 이는 아동의 저항을 초래할 수도 있고 아동의 자기책임과 결정권을 고려하지 않는 것이다.

이 외에도 상담자의 지나친 자기개방, 아동의 격렬한 감정표현에 대한 제지, 과도한 해석, 단선적인 병인론 추측의 문제 등이 있을 수 있다.

PART

2

아동상담의 이론

이론은 어떤 현상에 대한 개념적 체계화를 가능하게 한다. 상담이론은 상담의 전 과정 동안 진행되고 나타나는 모든 현상적 실체를 분석하고 해명해주는 기본 준거 틀이다. 본 장에서는 모든 상담과 인간이해의 모태를 제공해주는 정신분석상담을 비롯해서, 특히 아동청소년상담에서 유용하게 적용될 수 있는 개인심리학상담, 인지행동상담, 그리고 사람중심상담의 이론에 대해 간단하게 살펴보기로 한다.

CHAPTER

03

정신분석상담

1. 이론의 발달 배경 | 2. 인간관 | 3. 주요 개념 | 4. 멜라니 클라인
5. 도날드 위니캇 | 6. 상담의 진행 | 7. 상담의 기법 | 8. 아동상담에의 적용

1. 이론의 발달 배경

정신분석psychoanalysis은 인간이 자신과 타자, 세계를 조망하고 그 안에서 겪는 다양한 경험들을 체계적으로 해명하고 이론화하는 과정에서 탄생했다. 지그문트 프로이트Sigmund Freud, 1856~1939는 정신과 의사로 출발했지만 임상치료를 수행하는 과정에서 기존의 정신의학적 개념으로는 설명할 수 없는 히스테리 내담자를 경험하게 된다. 프로이트는 이를 단순히 육체적·생리학적 결함이 아니라 심리적 문제로 파악하고, 브로이어J. Breue, 1842~1925와 《히스테리 연구》1895를 공동 저술하면서 본격적으로 정신분석의 세기를 창시한다.

현재 정신분석은 좁은 의미의 임상과 치료의 영역을 넘어 철학, 문학, 예술, 사회학, 정치, 심리학, 여성학 등의 다양한 인문사회학의 주도적 패러다임으로 존재한다. 그러나 한국사회에 정신분석의 유입은 임상보다는 주로 이러한 인접 학문에서의 차용을 통해 이루어져 왔다. 인문사회학적 토대에서 정신분석의 담론은 최근 들어 더욱 활발해지고 확고한 지적 지형을 형성하고 있음에도 불구하고, 정작 인간의 심리와 발달을 연구하는 심리학이나 임상 분야에서는 아직도 취약하다. 또 미국 중심의 실용적·현실적 학풍이 지배적인 한국사회에서 오랜 고전과 역사를 토대로 유럽 중심으로 발달되어온 정신분석은 지지적 기반이 협소할 수밖에 없다. 이러한 시류에도 불구하고 **정신분석은 인간의 심리와 성격, 발달, 이상발달과 정상발달, 병리의 해명과 분석, 더 나아가 사회문화적 현상의 이해에서 근원적 토대를 제공**한다. 본 장에서 프로이트 정신분석의 이론과 개념을 제대로 설명하는 것은 어려운 일로서, 여기에서는 가

그림 3-1 지그문트 프로이트

장 기초적이면서 일반화된 몇몇 개념들을 제한적으로나마 소개하고자 한다.

2. 인간관

1) 결핍되고 불완전한 존재

인간은 본질적으로 결핍된 존재로서 완전하고 완벽한 존재가 아니다. 분열되고 결핍된 존재이므로 인간은 끊임없이 무언가를 추구하고 자신의 삶을 채우려고 노력한다. 정신분석은 인간의 불완전함을 드러내주지만 동시에 역설적으로 인간이 가지고 있는 **자기성찰과 자기반성의 능력 및 가치**를 가장 잘 보여 준다. 불완전성에 대한 지각을 통해 인간은 결핍을 채우고자 끊임없이 사유하는 주체가 된다.

2) 비이성적이고 비합리적 존재

무의식의 발견은 인간 이성의 한계를 잘 보여 준다. 의식 안으로 포섭되지 않는 무의식은 인간의 행위와 사고가 온전히 합리적이거나 도덕적일 수 없다는 사실을 입증한다. 인간은 불완전한 존재인 동시에 합리적이지도 않으며 이성적이지도 않다. 그러므로 인간은 자신의 불완전함을 깨닫고, 자신과 타자 및 사회에 대한 진지한 통찰을 하게 된다.

3) 무의식적 갈등과 심리적 역동 속에 있는 존재

인간은 이드id, 자아ego, 초자아superego의 역동, 그리고 의식과 무의식의 역동 속에 놓여 있다. 다양한 충동 속에 존재하는 인간은 불완전하고 비이성적 존재이므로 여러 내·외적 갈등과 마주하게 된다. 인간은 이런 이유로 근원적 불안에 노출되기 쉽다.

3. 주요 개념

1) 지형학적 접근topographical approach

프로이트는 이론 초기에 심리를 설명하는 데 지형학적 이론topographical theory을 취했다. 이에 따르면 인간의 심리는 의식, 전前의식, 무의식으로 구성된다. 가령, 인간의 정신을 빙산에 비유해 본다면, 물 위에 떠 있는 작은 부분은 의식, 물속에 잠겨 있는 상당히 큰 부분은 무의식, 파도에 의해 물 표면으로 나타나기도 하고 잠기기도 하는 부분은 전의식으로 비유된다.

(1) 의식

의식consciousness이란 우리가 주의를 기울이는 순간에 곧 알아차릴 수 있는 정신의 부분으로서, 정신생활의 극히 일부분만이 의식의 범주 안에 포함된다. 프로이트는 정신활동의 매우 제한된 부분만이 특정 순간에 의식으로 나타난다고 강조한다.

(2) 무의식

무의식unconsciousness은 인간 정신의 심층부에 위치하며 가장 큰 비중을 차지한다. 프로이트는 이러한 무의식이 의식적 사고와 행동을 통제하는 힘이라고 생각한다. 무의식에는 의식으로부터 배제되고 억압된 충동과 소망이 들어 있으며, 이는 상당한 노력과 분석을 통해서 의식화될 수 있는 정신적 요소들이다. **정신분석은 일차적으로 무의식을 의식화**하는 것이다.

(3) 전의식

전의식preconsciousness은 현재는 의식화되지 않았지만 주의를 기울인다면 의식으로 드러날 수 있는 내용들을 담고 있는 장소이다. 가령, 어떤 순간에 의식되는 생각은 그 특정 순간 이전에는 전의식적인 것이다. 무의식처럼 의식의 외부에 있지만 의식과 마찬가지로 합리적 사고의 영역에 있다.

알아두기

| 무의식의 특징 |

- **무시간성 · 불변성** : 무의식의 과정은 비시간적으로, 시간 안에서 정리되지 않으며 시간의 흐름에 따라 변화하지 않는다. 시간과는 관계가 없다. 무의식 속에서는 늘 현재이다.
- **비논리성 · 비현실성** : 논리적으로 해명할 수 없는 일들이 무의식 안에서 벌어진다.
- **무모순성** : 무의식에는 현실과 달리 모순적인 것이 없다. 불가능한 것들이 가능해지고 실현된다.
- **타자성** : 어떤 사고, 정서 등이 억압되어 무의식으로 들어가는 순간, 의식은 더 이상 이것들을 인식하거나 통제할 수 없다. 무의식은 인간의 자아와 의식이 통제할 수 없는 이질적인 낯선 것이다.
- **회귀성** : 무의식은 '억압된 것의 귀환'이다. 의식의 통제를 벗어나는 무의식은 언제나 반복적으로 회귀하는 속성을 가지고 있다. 증상은 이 억압된 것이 되돌아오는 과정에서 나타난다.
- **역동성** : 무의식은 의식의 통제를 벗어나는 원초적 충동과 에너지가 자유롭게 유동적으로 존재한다. 의식적 활동의 에너지의 원동력은 사실상 무의식으로부터 공급받는다.

2) 구조적 접근structural process : 성격의 구성요소

프로이트는 1923년 《자아와 이드》를 출간하면서 두 번째 지형학적 위상학으로 구조적 이론 structural theory을 소개한다. 이전의 지형학적 접근만으로는 인간의 복잡한 심리적 역동과 무의식적 죄책감 등을 설명하는 것이 적절하지 않았고, 이에 프로이트는 성격구조론을 주장하게 되었다. 건강한 성격은 이드, 자아, 초자아의 세 구조물들이 서로 균형을 이루고 있다. 이 성격요소들 간에 갈등과 충돌이 생길 때 자아는 이를 해결하기 위해 타협안을 만드는데타협 형성, compromise formation, 이들 중 어떤 것은 증상symptom이 되기도 한다. 이런 관점에서 증상은 하나의 '대리만족'이며, 개인이 갈등적 상황에서 찾은 하나의 해결책일 수 있다.

(1) 이드

이드id는 인간이 생물학적 존재로 태어나면서 가지고 있는 것으로 본능적 욕구와 욕망들로 구성되어 있다. 이드는 성격의 세 요소 중에서 가장 막대한 힘을 가지고 있고, 무의식 세계에 존재하기 때문에 현실세계와는 접촉이 없다. 이드는 근본적으로 성적이고 공격적인 충동이며 자아와 초자아에게 쾌락의 압력을 가한다쾌락원리, pleasure principle. **쾌락원리는 욕구의 즉각적 만족을 지향**하는 것으로 쾌감을 추구하고 불쾌감을 회피한다. 일각에서는 이드의 부정적 측면만을 부각시키기도 하지만, 본래 이드는 삶의 희열감과 창조성, 심리적 에너지의 원천이므로 과도하게 억압될 경우 삶이 무기력해지기 쉽다.

(2) 자아

자아ego는 의식과 무의식의 세계에 존재하며 약 1세 이후 현실과의 접촉을 통해 이드의 일부로부터 발달한다. 자아의 중요한 기능은 개인으로 하여금 **현실원리**reality principle**에 따라 현실에 적응**하도록 하는 것이다. 이에 따라 자아는 이드와 초자아의 갈등을 중재하고, 이드의 요구를 고려하면서도 현실 요구에 맞추어 쾌락을 지연시키거나 충족시키는 적절한 방법을 찾는다. 또 방어와 적응을 위한 해결사 역할을 하면서 개인으로 하여금 심리사회적 적응을 꾀할 수 있게 한다.

(3) 초자아

초자아superego도 자아와 마찬가지로 의식과 무의식의 세계에 존재하며 약 3세경 이후 자아로부터 발달한다. 오이디푸스 콤플렉스Oedipus complex의 유산인 초자아는 **도덕원리**morality principle를 추구한다. '**자아이상**ego ideal'과 '**양심**conscience'으로 구성되는 초자아는 도덕에 위배되는 이드의 충동을 억제하며 자아의 현실적 목표를 도덕적·이상적 목표로 유도한다. 자아이상은 아동이 스스로 도달하고자 지향하는 긍정적 가치체계를 의미하며, **부모상**parental image**과의 동일화**identification를 통해 획득된다. 양심은 옳고 그름을 판단하는 것으로 부모를 포함한 권위 있는 대리인들의 통제에 의해 형성된다. 사람은 이를 통해 하지 말아야 할 것을 인식하고 그러한 요구를 어겼을 때 죄책감을 갖게 된다.

Box 3-1

죽음충동

죽음충동(death drive)은 프로이트 정신분석에서 중요하면서도 사변적이고 난해한 개념이다. 특히, 임상과정에서 중요하여 프로이트를 잘 계승하는 멜라니 클라인(M. Klein)과 자크 라캉(J. Lacan) 등은 이 개념을 적극적으로 수용하였다. 본래 프로이트는 충동을 현실원리에 좌우되는 '자기보존충동'과 쾌락원리에 지배되는 '성충동'으로 구분하였다. 이후 《나르시시즘에 대하여(*On narcissism*)》(1914)를 거쳐 《쾌락원리를 넘어서(*Beyond the pleasure principle*)》(1917)에서 '고통 속의 쾌락'이라는 개념을 도입하고, 죽음충동 개념을 본격적으로 사유하기 시작한다.

프로이트는 충동을 삶충동(eros)과 죽음충동(tanatos) 두 가지로 구분하고, 임상에서 표면화되는 죽음충동의 실체에 관심을 기울였다. 이런 배경에는 인간의 행동과 사고, 사회현상들이 기존의 자기보존충동과 성충동, 현실원리와 쾌락원리만으로는 설명하기 어려운 부분들이 있기 때문이다. 가령, 사람들이 보여 주는 많은 비상식적 행위들, 공격성과 파괴성, 자살, 광기 등이 단순히 발달 초기의 구순적 혹은 항문적 충동이나 성충동의 억압에서 표출되는 것으로 보는 것은 무리가 있다. 또한 **사람들은 자신의 심리적 · 신체적 균형과 항상성을 깨뜨림에도 불구하고 모종의 흥분과 긴장상태를 계속 경험하려고 한다.** 또 끔찍한 고통과 트라우마를 못견뎌하면서도 계속 악몽에 시달리고 증상을 호소한다. 그 외에도 어린아이가 배설에 따르는 신체적 쾌락을 자꾸 지연시키는 것을 어떻게 이해할 수 있는가? 만일 쾌락원리가 추구하는 긴장 해소가 삶의 궁극적 목표라면 손쉽게 성취할 수 있는 충족을 왜 자꾸만 지연시키는 것인가? 뿐만 아니라 분석과정에서 내담자가 보여 주는 **전이신경증**(transference neurosis)이나 **부정적 치료반응**(negative therapeutic reaction)도 기존의 자기보존충동이나 성충동이론으로는 설명할 수 없었다.

프로이트는 제1차 세계대전에 참전해 트라우마를 겪었던 많은 군인들이 지속적으로 악몽에 시달리는(이른바 트라우마 신경증 혹은 외상후 스트레스 장애(Post-Traumatic Stress Disorder : PTSD)) 모습을 보면서, 이를 기존의 쾌락원리로 설명할 수 없음을 깨달았다. 트라우마적인 사건들은 꿈속에서 끊임없이 반복되며 꿈은 오직 불안만을 가중시켰다. 이러한 모습은 그러한 현상이 소망을 충족시키거나 쾌락을 주기 때문이 아니라 인간 스스로 통제할 수 없는 반복강박(repetitive compulsion)의 원리에 추동되기 때문이다. **죽음충동은 바로 이 쾌락원리를 넘어 존재하는 그 무엇**이며, 궁극적으로 **인간 유기체의 궁극의 지향점이고, 무(nothing) 자체**이다(J. Lacan의 향유, jouissance). 삶은 결국 죽음으로 가는 노정의 한 길목인 것이다. "모든 삶의 목표는 죽음이며, 뒤로 거슬러 올라가 봐도 살아 있는 상태 이전에는 비존재상태가 있었다"고 프로이트는 말한다. 프로이트는 말년으로 갈수록 정신분석이 단순히 증상의 치료를 목적으로 하는 기술적 · 도구적 접근이 아니라, 인간의 심리와 정신에 대한 통찰과 탐색을 도모하고, 더 나아가 사회와 문화, 세상을 더욱 깊이 조망하게 만든다고 확신하였다.

3) 충동의 발달단계 : 유아성욕의 발달

프로이트는 자연과학에서처럼 인간에게도 에너지의 모양과 형태는 변하지만 총량은 변하지 않는 에너지보존의 법칙이 적용된다고 주장하면서, 이 에너지를 심리성적psychosexual 에너지 혹은 리비도libido라고 부른다. 이 리비도가 집중하고 만족을 얻는 신체 부위의 변화에 따라 충동의 발달단계 혹은 심리성적 발달단계는 다섯 단계로 구분된다. 이러한 발달단계는 특히 칼 아브라함K. Abraham, 1877~1925이

Box 3-2

유아성욕

프로이트는 성욕(sexuality)은 성행위의 실행과 관계된 생식능력(genitality)과는 분명하게 구분된다고 밝히고, 성인들의 치료 결과를 재구성해서 유아성욕의 개념과 단계를 정립했다. **유아기 성욕**(infantile sexuality)**은 다형도착적**(polymorphous)**이고 정상적인 현상**이다. 그러므로 **유아성욕을 좁은 의미의 성욕으로만 이해해서는 안 되며, 자칫 이것의 성숙된 형태로 여겨지는 성인의 성욕과 뚜렷이 대립된다고 보아서도 안 된다.** 성욕은 성인의 삶에서도 언제나 유아적인 것이기 때문이다. 유아성욕은 유년기가 끝나고 초자아가 발달하면서 전반적으로 억압되지만, 이후에도 심리적으로 신체적으로 결코 완전히 소멸되지 않는 무의식의 근원적 욕망으로 자리 잡는다. 유아성욕의 억압에 의해 잠재기로 이동하고 사춘기가 되면서 이 잠재기는 마감된다. 유아성욕의 일부 요소는 억압되는 한편 나머지 요소들은 생식기(사춘기) 이후에 성인의 성욕으로 통합된다. 이후 어떤 촉발 사건에 의해 억압이 실패하게 되면 유아성욕의 잠재된 부분이 신경증적 증상을 야기하게 될 수 있다. 예컨대, (성)도착증자들은 유아성욕의 일부 요소들이 성인기까지 비정상적으로 지속되기도 한다. 프로이트에 따르면 리비도적 발달을 설명하는 **다양한 충동은 처음부터 공존**하고 타자의 개입으로 특정 충동이 두드러지게 된다.

강조를 하였다. 정신분석이론에서 단계를 이야기할 때는 일반적으로 리비도의 발달단계를 지시하지만, 이를 시간적 추이에 따른 연속적 변화로 단순하게 이해해서는 안 된다. 인간발달에서 **발달단계의 출현은 순서가 있지만 이후 곧 서로 뒤섞이고 공존한다**. 그러므로 전생애적 발달 동안 **리비도적 단계들은 언제라도 뒤섞이며 재활성화**될 수 있다가령, 생식기 이후 성인이 되어서도 구순적 충동과 항문적 충동은 언제라도 나타난다.

각 단계에서 리비도가 추구하는 욕구가 적절히 충족될 때 건강한 심리발달이 나타나지만, 그렇지 않은 경우에는 **고착**fixation과 **퇴행**regression 현상이 나타날 수 있다. 고착은 발달이 이루어지지 않고 이전 단계의 발달이나 쾌락에 계속 집착하고 머무르려는 것이다. 퇴행은 발달이 진행된 경우라도 심리적 어려움이나 좌절을 겪게 될 때 욕구충족이 쉬웠던 이전의 발달단계로 되돌아가려는 경향을 말한다. 다섯 단계의 심리성적 발달단계를 살펴보면 다음과 같다.

(1) 구순기 : 0~1.5세

구순기oral stage는 리비도가 입과 구강 부위입, 혀, 입술 등에 집중되는 시기로, 유아는 **빠는 행위를 통해 생물학적 욕구에서 비롯된 생리적 불쾌감**배고픔 등을 **해소**한다. 그 밖의 여러 가지 긴장들도 구순적 행위를 통해 해소되고, 이는 유아의 즐거움을 더해준다. 이 시기 유아는 자신에게 **구순적 만족이나 쾌감을 일관적으로 주는 대상에 애착과 신뢰감**을 갖게 된다. 구순 초기에는 빠는 데서, 구순 후기에는 깨물고 물어뜯는 데서 쾌감을 가지며, 이 구순 후기에는 가학적 공격성이 첨가된다구순가학기. 구순 후기는 특히 정신병적 우울증인 멜랑콜리melancholia와 조울병이 발발하게 되는 시기로 간주된다.

(2) 항문기 : 1.5~3세

항문기anal stage는 리비도가 항문에 집중되는 시기로, 유아는 **배설물을 보유하고 배설을 하는 과정에서 쾌감을 느끼며 욕구를 충족**한다. 이 시기의 성격 형성은 본능적 충동인 배설작용, 그리고 외부 현실인 배변훈련과 관련되어 결정된다. **배변훈련은 유아가 경험하게 되는 거의 최초의 사회적 제지**가 되며, 이 과정에서 유아는 자율감과 통제능력을 경험하게 된다. 구순기가 멜랑콜리의 고착점이라면 항문 후기는 특히 강박증이 고착되기 쉬운 시기이다. 물론 리비도적 발달단계들은 서로 뒤섞이고 겹치므로, 이러한 병리의 고착지점은 구순기와 항문기에 걸쳐 공존하기 쉽다.

(3) 남근기 : 3~6세

어린아이에게 쾌감의 근원이 되고 리비도가 집중하는 곳은 남녀의 생식기이다. 유아는 남근기phallic stage로 들어서면서 남녀 간의 **성적 차이를 조금씩 인식**하기 시작하며, 자신의 성적 정체성과 자아인식을 형성하게 된다. 생식기에서 느껴지는 감각이 뚜렷해지면서 때때로 자위행위가 쾌감의 근원이 되기도 한다. 남근기의 중요한 두 가지 현상은 **오이디푸스 콤플렉스의 출현과 함께 나타나는 남아의 '거세불안** castration anxiety**'과 여아의 '남근선망**penis envy'이다. 대개 아이가 이성 부모에게 애정을 갖고 동성 부모에게 적대감을 갖는 것을 오이디푸스 콤플렉스Oedipus complex라고 한다. 남아는 가시적으로 식별할 수 있는 자신의 남근에 대해 자기애적 narcissistic 충족을 경험하지만, 자신과 달리 남근이 없는 여아의 생식기를 발견하게 된 이후 거세불안을 느끼게 된다. 남아는 이 거세불안으로 인해 어머니에 대한 애정을 철회하고 아버지와의 동일화로 돌아선다.

여아의 경우 남근이 없다는 것을 아는 데서 거세 콤플렉스castration complex가 생기고 어머니에 대한 미움이 나타난다. 어머니도 남근이 없다는 사실의 발견은 남근을 받고자 아버지에게로 돌아서는 계기가 되고, 이어 여아는 남근과 상징적으로 동등시되는 아기를 아버지에게서 얻고자 한다. 그러나 어머니와의 경쟁에서 자신이 이길 수 없음을 깨닫고, 곧 아버지에 대한 사랑 및 어머니에 대한 경쟁과 증오를 철회하고 어머니와의 동일화로 나아간다. **남아는 거세불안으로 인해 오이디푸스 콤플렉스로부터 빠져나오지만, 여아의 오이디푸스 콤플렉스는 거세 콤플렉스에 의해 촉발된다**. 남아와 여아 모두 동성의 부모에 대한 동일화를 추구하는 과정에서 오이디푸스 콤플렉스가 해소되고 보다 더 통합적인 성격발달로 나아갈 수 있게 되며, 본격적으로 **초자아와 양심이 발달**하게 된다.

Box 3-3

오이디푸스 콤플렉스

스핑크스의 수수께끼를 설명하는 오이디푸스 (J-A. D. Ingres, 1808년 작)

그리스 신화로부터 창안된 '오이디푸스' 이야기는 고대 그리스 비극작가로부터 현재까지 다양한 분야의 많은 비평가와 화가, 작가, 학자들에게서 하나의 중요한 신화적 · 문학적 · 예술적 탐구의 원형으로 존재해왔다. 오이디푸스가 등장하는 작품구조가 다양한 장르와 해석 속에서 일관되게 지향하는 것은 무엇보다 **인간의 인식과 이성의 한계, 결핍과 욕망, 인간에게 배태된 근원적 비극의 일면들에 대한 통찰**이다. '오이디푸스 콤플렉스(Oedipus complex)'는 프로이트가 1897년 빌헬름 플리스(W. Fliess)에게 보내는 편지에서 처음 등장하였고, 이후 정신분석의 핵심 사유로 존재한다.

여기에서 프로이트의 오이디푸스 콤플렉스를 남아는 어머니를, 여아는 아버지를 사랑대상으로 삼고 동성의 부모를 경쟁자로 삼는다는 식으로 단순하게 봐서는 안 된다. 프로이트는 인간의 심리와 발달이 생물학적으로 결정되는 것이 아니라, **'생물학적 성에 대한 인간의 심리적 인식과 반응으로 형성'되고 구조화되는 것**임을 명확하게 밝히고 있다. 프로이트는 오이디푸스 콤플렉스를 생물학적 성차에 근거한 것이 아니라 아버지와 어머니, 아이의 **삼자구조 속에서의 역동을 이야기하는 '구조적 관점'**으로 이야기하고 있다. 남근기까지도 아직 어린아이는 남성과 여성의 생물학적 차이를 명확하게 인식하지 못할뿐더러, 남아와 여아 모두 생후 초기 어머니를 사랑대상으로 삼는다는 사실을 간파한 프로이트는 많은 논문에서 이러한 이론적 발견의 변천을 서술한다. 또한 **오이디푸스 콤플렉스는 해부학적 사실이 아니라 하나의 형식적 개념임**을 강조하는 측면에서 프로이트는 초창기에 사용했던 '엘렉트라 콤플렉스(Electra complex)' (여아는 아버지를 사랑대상으로 삼고 어머니를 미워함)라는 용어를 포기한다. 왜냐하면 여아의 이러한 삼자구도의 역동도 남아와 마찬가지로 오이디푸스 콤플렉스라는 하나의 용어로 설명하기 때문이다. 이후 멜라니 클라인은 프로이트가 전오이디푸스(pre-Oedipus)라고 말한 것을 '초기 오이디푸스 콤플렉스(early Oedipus complex)'로 명명하면서, 인간은 태어나는 순간 이미 오이디푸스적 삼자구조에 들어간다는 사실을 해명한다.

궁극적으로 **오이디푸스 콤플렉스는 인간의 정체성과 본질에 대한 통찰을 보여 주는 하나의 은유**이다. 신화에서 오이디푸스가 자신의 출생의 비밀과 그로 인해 빚어진 비극적 현실과 마주하여 자신의 두 눈을 찌르는 행위, 스핑크스가 내는 질문(아침에는 네 발로, 점심에는 두 발로, 저녁에는 세 발로 걷는 동물은?) 등이 의미하는 것은 결국 **인간의 근원적 본질, 욕망과 결핍, 한계 등에 대한 깊은 탐구**에 다름 아니다.

(4) 잠재기 : 7~12세

잠재기latency stage는 리비도가 잠복되어 성적인 관심이 감추어지는 시기로서 성적 욕구는 억압되고 초자아는 더욱 발달하게 된다. 현실의 요구가 증대되는 이 시기에 자아는 초자아를 통합하기 위해 노력하며, 이로써 **초자아와 자아 그리고 이드 간에 균형**이 나타난다. 이 시기의 리비도는 성적이지 않은 활동, 학업, 운동, 우정 등의 행위에 골고루 내재된다. 사회화가 이루어지는 시기인 만큼 아이는 충동과 욕구 조절을 배우고 새로운 기술과 역할을 습득하는 기회를 갖는다. 성장과 교육의 결과로 자아는 좀 더 유능하고 적응적으로 발전하게 된다.

Box 3-4

거세불안

프로이트는 거세불안(castration anxiety)을 인간이 느끼고 체험하는 불안의 핵심적 원형으로 간주한다. 남자아이는 남근기에서 성적 차이를 희미하게 인식하게 되면서 아버지에 대한 두려움을 갖기 시작한다. 어머니에 대한 근친상간적 욕망과 충동을 금지하는 아버지라는 존재는 자신의 남근을 거세할 수도 있는 무서운 인물이다. 어머니를 비롯한 금지된 애정대상에 대한 욕망과 충동, 환상이 강할수록 이를 금지한다고 자신이 상상하는 아버지에 대한 분노와 적대적 충동이 강해지며, 그 결과 그러한 아버지로부터 기인하는 거세불안과 두려움은 더욱 커진다. 즉, **거세불안은 좁은 의미의 실제적 위협에 대한 반응이라기보다는 아이가 타자(가령, 부모)와 관련해 자신의 불안과 충동을 환상 속에서 체현하는 것**이다. 이처럼 정신분석적 의미의 거세는 단순히 생물학적 거세, 육체적 거세를 의미하는 것이 아니다. 자신의 가장 중요하고 소중한 부분을 잃었다는 **상실감, 부모로부터의 유기, 애정대상의 상실, 무가치하고 실패한 존재가 되는 것 등 여러 가지 다양한 의미를 함축**할 수 있다.

(5) 생식기 : 12세 이후

잠재기를 지나 생식기genital stage로 들어오면서 아이의 성충동은 생식기능으로 발달하기 시작한다. 심리성적 발달단계의 마지막 단계인 생식기는 2차 성징과 함께 성적 욕구가 강해지고 생식기가 성적 쾌감의 근원으로 이해되는 시기이다. 이러한 신체적 변화에 따라 오랫동안 잠복되었던 리비도가 다시 생식기에 집중된다. 청소년기에 해당되는 시기인 만큼 생물학적 · 심리적 · 사회적 측면의 급격한 변화와 발달이 나오기도 하며, 인격의 성숙과 성인기로의 성공적인 진입을 준비하는 시기이다.

4) 방어기제

안나 프로이트Anna Freud, 1895~1982는 방어기제defense mechanism에 관한 이론을 체계화하여 《자아와 방어 메커니즘*The ego and mechanisms of defense*》1936이라는 저서를 출간했다. 방어기제란 자아가 합리적인 방법으로 불안을 해결하지 못할 때, 자신이 의식하지 못하는 가운데 비현실적이고 비합리적인 방법으로 불안을 제거하려는 **무의식적 심리기제**를 말한다. **인간은 심리적, 신체적, 인지적으로 항상성**homeostasis**을 추구하는 존재로서, 만약 평정이 깨지면 이에 대한 대처반응이 나오게 된다**. 가령, 사회적 · 도덕적으로 수용되기 힘든 충동과 증오, 공격성 등의 감정은 초자아의 작동으로 인해 불안을 초래한다. 이때 자아는 불안을 처리하고 다시 심리적 안정성을 회복시키려는 여러 가지 노력을 하는 과정에서 방어기제를 사용한다. 이드와 초자아 간에 타협이 이루어지면서 외관상 나타나는 **증상**symptom**은 이러한 타협 형성**compromise formation**의 결과**이기도 하다.

신경증적 구조가 아닌 정신병적 구조에서 사용하는 보다 원초적인 방어 메커니즘들가령, 분열, 부인, 병합, 투사적 동일화 등을 제외하고는, 이러한 방어기제의 사용은 보통 일반 사람들의 경우에 과도하지만 않다면 크게 문제가 되지 않는다. 누구나 일상생활에서 갈등 상황을 피하기 위해, 그리고 불안으로부터 자신을 보호하기 위해 자신이 의식하지 못하는 사이에 방어기제를 사용한다. 그러므로 **방어기제를 적절히 사용하는 것은 일상생활에서 불안과 갈등을 해결하는 데 도움**이 될 수 있다. 문제가 되고 부적응이 나타나는 경우는 특정 방어기제에 고착되거나, 정신병적 · 원초적 방어 메커니즘을 사용하는 경우이다. 안나 프로이트가 정리한 대표적 방어기제의 일부와 클라인이 제시한 방어기제를 살펴보면 다음과 같다.

표 3-1 방어기제

구분	내용
억압 repression	프로이트는 억압을 가장 기본적인 방어기제로 간주한다. 의식에서 수용하기 힘든 사고와 욕망, 충동, 정서를 무의식 속으로 깊숙이 넣어버리는 것을 의미한다. 일차적 억압(primary repression)은 의식 수준에 들어오기 전 사고와 감정을 억압하는 것이며, 이차적 억압(secondary repression)은 의식에서 인식된 것을 억압하는 것이다. 불안에 대한 주요 방어로서 이것이 실패할 경우 다른 메커니즘들이 나타나기 쉽다. 대부분의 방어기제에는 이러한 억압의 요소가 있다.
억제 suppression	의식적 혹은 무의식적으로 잊으려고 한다. 충동과 사고, 감정의 실현과 충족을 연기한다. 억제와 달리 억압은 충동의 만족을 연기하는 것뿐 아니라 충동 자체를 완전히 억누른다.
반동 형성 reaction formation	내면의 욕구와는 상반되는 행동과 태도를 드러냄으로써 자신의 욕구나 동기를 의식 속에서 은폐하고자 한다. 수용될 수 없는 충동이나 욕구를 정반대로 변형시킨다. 내면은 공격성과 분노로 가득하지만 겉으로는 반대로 온화하고 점잖은 모습을 보인다. 거부감이나 적대감이 느껴지는 사람에게 오히려 과도하게 정중하고 겸손한 태도를 보이기도 한다.
취소 undoing	자신의 적대적 욕구와 행동으로 인해 피해를 주었다고 무의식적으로 느낄 때 타인에게 준 피해를 최소화하고 원래대로 복구하려는 행동으로, 일종의 속죄행위와도 같다. 취소 메커니즘은 강박장애에서 종종 볼 수 있는 것으로, 끊임없이 확인하고 반복하는 행위를 통해 불안을 완화하고 욕구와 타협한다.
치환(전치) displacement	본래의 대상에게 주었던 감정을 덜 위험한 대상에게로 옮긴다. 일종의 '희생양 만들기'와 유사한 면이 있어서, 분노감이나 적대감을 유발시킨 대상에게 분노를 해소하는 것이 아니라 다른 상대(희생양)를 찾아 자신의 욕구를 해소한다.
투사 projection	자신의 성격특성, 태도, 동기, 욕구 등을 다른 사람에게서 찾으려 하거나 다른 사람의 탓으로 돌린다. 자신에게 불안을 야기하는 충동과 욕구를 타인의 것으로 돌려버린다. 예를 들면, 자신이 기분 나쁠 때 다른 사람이 웃는 것을 보고 그 사람이 자신을 비웃는다고 생각하거나, 자신이 화가 나 있는 것은 의식하지 못하고 상대방이 자신에게 화를 냈다고 생각한다. 가벼운 정도는 일상적으로도 쓰이지만, 정신병적 수준의 투사는 망상(delusion)으로 나타날 수도 있다.
합리화 rationalization	욕구충족이 어려운 상황에서 참된 이유를 받아들이기보다는 그럴 듯한 이유를 찾아 자신의 행동을 정당화시킨다. 여기에는 '신 포도 기제'와 '단 레몬 기제'가 있다. 신 포도 기제는 자신이 바라던 것을 얻지 못했을 때 그것의 가치를 평가절하함으로써 마음의 편안함을 얻으려는 것을 말한다. 단 레몬 기제는 자신이 인정하고 싶지 않은 상황을 어쩔 수 없이 받아들여야 할 때, 그것을 마치 바라던 일인 것처럼 과대평가함으로써 자기위안을 얻으려는 것을 의미한다.

구분	내용
해리 dissociation	심리적 고통을 피하고자 성격의 일부가 분리된다. 다중인격을 설명하는 메커니즘이다. 마음을 불편하게 하는 성격의 일부를 분리시켜 자신의 지배를 벗어나는 하나의 독립된 성격이 있는 것처럼 행동한다.
격리 isolation	과거의 고통스러운 기억과 관련된 감정을 의식에서 떼어낸다. 고통스러운 사실은 기억하지만 감정이나 정서는 억압되어 느껴지지 않는다. 고통스러운 사실은 의식영역에, 이와 관련된 감정은 무의식영역에 각기 분리되며 강박장애에서 흔히 볼 수 있다. 이 경우 어떤 소망이나 충동과 관련되는 환상이나 과거의 중요한 기억(일종의 표상 혹은 관념)은 의식화되지만, 이에 부착된 정서는 의식화되지 않는다.
보상 compensation	성격이나 외모 등에서 자신의 약점이나 열등한 점을 보충하기 위해 자신의 장점이라 생각하는 부분을 무의식적으로 과장하거나 무언가 내세울 수 있는 점을 개발한다. 일종의 승화와도 유사한 면을 가지고 있다. 가령, 다른 동료들보다 키가 작다고 생각하는 농구선수가 포지션을 바꿔 가드 연습을 하는 데 힘쓰는 경우, 혹은 신체적으로 굉장히 허약한 아이가 더욱 공부에 매진하는 것에서 이러한 보상 성향을 볼 수 있다.
금욕주의 asceticism	의식에서 지각되는 모든 즐거움과 쾌감을 거부하고 반대하면서 역으로 금욕적 사고와 행위에서 만족을 얻는다. 가령, 사춘기의 급격한 성욕에 대한 두려움이 나올 경우, 이러한 성적 충동과 욕망에 대한 철저한 억압과 자기부정을 보여 준다. 특히, 청소년기의 금욕주의는 성욕을 넘어서 먹고 잠자고 옷 입는 것 등 일상의 모든 신체적인 것에 대한 거부와 혐오로 확대되는 양상이 나타나기도 한다.
주지화 intellectualization	격리보다 발달된 형태로, 감정과 충동을 억누르기 위해 그것들을 직접 경험하는 대신에 그것들에 대한 생각을 많이 한다. 생각은 많이 하되 그 생각과 결합되어 있는 감정을 제외시킴으로써 수용하기 힘든 충동에서 기인하는 불안을 방어한다. 예컨대, 문학, 철학, 종교 등의 지적 활동에 몰입함으로써 성적 욕구나 갈등에서 벗어나는 경향을 보여 준다. 난해한 관념적인 서적에 몰두하거나 추상적인 용어의 사용을 즐기며, 미술, 음악 등 예술적 영역에 관심을 쏟기도 한다. 안나 프로이트는 이러한 금욕주의와 주지화를 청소년기에 특히 자주 볼 수 있는 중요한 방어기제로 본다.
퇴행 regression	심리적 갈등이나 불안으로 인해 이전의 리비도 발달단계로 후퇴한다. 퇴행은 고착과 밀접한 관련이 있어서 고착이 있을 경우 퇴행이 일어나기 쉽다. 리비도는 발달과정에서 대부분 한 대상에서 다른 대상으로 옮겨가지만 여전히 성적 대상 점령(libidinal cathexis)이 지속되는 것에서 리비도의 고착을 찾아볼 수 있다. 퇴행은 동생이 태어나자 부모의 관심과 사랑을 잃어버릴까봐 불안한 나머지 아무데나 소변을 봄으로써 부모의 관심을 끌려고 하는 경우 등에서 쉽게 찾아볼 수 있다.
신체화 somatization	심리적 갈등과 불안이 내부 장기나 신체 부위를 통해 나타난다. 이와 비슷한 것으로 전환반응(conversion)이 있다. 전환반응은 특히 감각기관을 통해 주로 표현된다(가령, 감각기관 마비, 사지 마비 등).

구분	내용
동일화 identification	타인의 성격, 역할, 특성을 자신의 일부로 삼는 것으로, 어떤 대상의 특성과 성향을 자신의 것으로 흡수하고 받아들여 그 대상처럼 닮아가고자 한다. 가령, 십대 청소년들이 인기 있는 연예인의 옷차림이나 헤어스타일을 모방하는 행동 등도 이에 해당된다고 볼 수 있다.
내사 introjection	타인 혹은 대상의 특성을 자신 안으로 내면화한다. 이를테면 사랑대상과의 분리에서 그 대상을 내사함으로써 분리의 고통을 피하려고 한다. 대상의 내사나 동일화는 자신과 대상 간의 분명한 경계를 유지하면서 대상을 자신의 내부로 받아들이는 것을 말한다.
병합 incorporation	클라인이 주로 언급하는 것으로, '나'와 '나 아닌 것' 간의 구별이 없는 생후 초기 어린 유아가 대상(가령, 어머니, 혹은 어머니의 젖가슴)을 아무런 경계인식 없이 자신의 것으로 받아들이는 원시적 메커니즘이다. 특히, 구순충동이 강한 구순기에서 입으로 먹어 삼키는 구순적 환상으로 많이 표현된다. 병합과 비교해 동일화와 내사는 자신과 타자, 자신과 대상, 대상과 대상 등의 경계를 어느 정도 지각하는 신경증적 메커니즘이다.
대체 형성 substitution	본래 원했던 목적 대상을 취하지 못할 경우, 좌절감과 불안을 해소하기 위해 본래의 것과 유사한 대상을 선택해서 만족을 얻는다. 전치(displacement)가 감정에 초점을 둔다면 대체 형성은 대체물이 되는 대상에 더 초점을 둔다.
승화 sublimation	가장 성숙하고 건전한 방어기제로서 성적 충동이나 공격적 충동과 같이 용납하기 어려운 욕구가 사회적으로 인정되는 형태와 방법을 통해 표현된다. 작가와 예술가들이 자신들의 여러 가지 결핍이나 충동을 승화과정을 통해 창조적 작품으로 재탄생시키는 작품활동에서 잘 나타난다.
이타주의 altruism	타인의 복지와 행복을 위해 자신의 위험한 본능적 충동을 포기한다.
공격자와의 동일화 identification with aggressor	공격자를 동일화함으로써 수동적으로 자신이 희생자가 되는 것을 막고 두려움과 불안을 방어한다. 두려운 공격적 대상을 동일화해서 그 대상의 특징을 자기 것으로 삼고 대상에 대한 두려움과 불안을 극복하려고 한다. 이를테면 괴물을 무서워하는 아이가 '내가 괴물이다'라는 식으로 괴물 흉내를 냄으로써 괴물에 대한 두려움으로부터 자신을 방어한다.
부인 denial	의식화되면 감당하기 힘든 내면의 욕구나 외부의 현실을 무의식적으로 받아들이지 않고 거부하는 정신병적 방어 메커니즘이다. 사실 자체를 부인해 버림으로써 마음의 평정을 최대한 유지하고자 한다. 대부분의 방어기제는 현실을 왜곡하는 것이지만, 부인은 현실을 왜곡할 뿐만 아니라 현실 자체를 부정한다.
분열 splitting	정신병적 방어 메커니즘으로 극도의 불안상태에서 자신뿐 아니라 대상에 대해서도 분열이 일어난다. 극단적인 이분법적 분열과 파편화(fragmentation)를 모두 포함한다. 가령, 대상이 박해불안을 초래하는 무서운 대상이라면, 좋은 대상과 나쁜 대상으로 분열을 시켜 나쁜 대상으로부터 거리를 둔다.
자아로의 방향 전환 turning against the self	대상에 대해 갖는 감정을 제대로 표출하지 못하고 그 감정을 자신에게로 방향 전환한다. 이를테면 아버지에 대한 분노가 거꾸로 자신에게로 전환되어 자책과 자학, 우울감을 드러낸다.

Box 3-5

포르트-다 놀이(fort-da game)

프로이트는 한 살 반 된 손자아이가 어머니가 집을 비운 동안 실타래를 가지고 노는 것을 보게 되었다. 아이는 실이 감긴 나무 실패를 침대 뒤편에 집어 던지고 다시 실을 잡아당겨 실패를 끄집어내는 행동을 반복했다. 실패를 던지면서 아이는 "오오오" 하는 소리를 냈고 실패를 끌어당기면서 "다"하고 소리쳤다. 프로이트는 〈오오오〉를 독일어 fort(가버린)로 해석하고 〈다〉를 독일어 da(거기에)로 해석하였다. 특히, 아이는 실패를 끌어당길 때 즐거운 듯이 더 큰 기쁨의 소리를 냈다.

여기에서 실패는 어머니의 상징이며 아이는 어머니의 현존과 부재를 스스로 연출해내면서 즐거움을 느낀다. 그것은 어머니의 사라짐과 돌아옴의 상황을 아이 자신이 능동적으로 통제하면서 어머니의 부재와 이로 인한 고통을 상징화시켜 견디려는 놀이였다. 아이는 **어머니가 부재하는 불쾌한 상황을 놀이를 통해 계속 반복하면서 불쾌감을 통제하는 동시에 만족을 경험한다.** 특히, 프로이트는 아이의 더 큰 즐거움이 첫 번째 행위(실패를 집어 던지는 행위)보다는 두 번째 행위(실패를 다시 끌어당기는 행위)와 연관되는 사실에 주목했다. 아이는 충동의 만족을 포기하지만(어머니의 상징인 실패를 계속 내던지는 것) **어머니의 현존을 상징화시키는 과정(실패를 다시 끌어당기는 행위)을 자신이 통제하면서 즐거워한다.**

대개 **아동은 수동적으로 겪었던 외상사건을 종종 놀이에서 적극적으로 반복**한다. 이는 대상상실에 대한 불안과 고통을 극복하기 위한 **반복강박**(repetition compulsion)이다. 아이뿐 아니라 성인도 분석 상황에서 어린 시절의 고통스러운 상황과 갈등을 재연한다. 많은 사람들이 외상으로 인해 악몽을 꾸거나 일상에서 불안과 고통으로 힘들어한다. 불쾌했던 경험을 회피하지 않고 계속 반복적으로 경험하는 이러한 모습은 프로이트가 강조하는 **죽음충동(고통 속의 쾌락)이 우리의 삶 한가운데 늘 존재한다**는 사실을 보여 주는 일례이다.

4. 멜라니 클라인

프로이트를 계승하면서 독창적인 이론을 발전시킨 멜라니 클라인Melanie Klein, 1882~1960은 산도르 페렌치S. Ferenczi, 1873~1933로부터 분석을 받으면서 본격적으로 정신분석에 헌신하였다. 클라인이론에서 많이 등장하는 대상object의 개념과 심리구조로 안착하게 되는 대상의 내사introjection 혹은 내면화internalization 등은 이미 프로이트에서 등장하는 것들이지만, 특히 클라인은 이를 더 발전시켜 대상관계이론의 태동에 커다란 공헌을 했다.

클라인은 프로이트의 **죽음충동에 대한 뛰어난 임상적 통찰**을 보여 주었고, **초기 오이디푸스 콤플렉스**early Oedipus complex**에 대한 뛰어난 해명과 함께 조울증, 정신분열증, 정신병 등과 관련해 탁월한 이론적 기반을 제시**하였다. 실제 어린 아동의 분석과정에서 **최초로 놀이치료의 기틀을 확립**하고, 놀이가 아이의 무의식과 환상에 접근하는 주요 통로임을 확증했다.

그림 3-2
멜라니 클라인

역사적으로 아동정신분석은 프로이트가 성인을 대상으로 정신분석을 시도하고 그 후 아동에 대한 분석으로 그 영역을 확대함으로써 발전하였다. 그러나 유아성욕설 등 프로이트의 이론에 따르면 유아기 체험이 오히려 성인정신분석의 근거를 이루며, **유아기 경험이 이후 발달에 중요한 영향을 미친다**는 것이다. 실제 어린아이들을 분석했던 클라인은 아동기보다 더 이른 생후 초기의 심리구조와 메커니즘을 해명했다. 클라인에 따르면 **아동분석은 성인분석과 본질적으로 다르지 않으며, 다만 분석대상의 특성상 분석기법의 차이가 존재**할 뿐이다.

1) 편집–분열적 위치와 우울적 위치

(1) 편집–분열적 위치

생후 3~4개월경 유아에게 어머니를 포함해 모든 **대상은 좋은 대상**good object **과 나쁜 대상**bad object**으로 분열되어 존재**한다. 유아를 충족시켜주는 대상은 좋은 대상으로, 유아를 좌절시키고 결핍을 주는 대상은 나쁜 대상으로 나뉜다. 유아는 좋은 젖가슴대상에 대해서는 사랑을, 나쁜 젖가슴대상에는 증오와 **박해불안**persecutory anxiety을 느낀다. 어머니의 젖가슴을 포함한 대상의 이분법적 분열뿐 아니라 유아 자신 내부의 분열도 정점에 이른다. 여기에서 자아는 나쁜 대상들이 자신을 공격한다는 박해망상persecutory delusion과 박해적 환상을 경험하는데, 이는 사실상 자아 자신의 가학증sadism 혹은 죽음충동의 투사로 인한 것이다. 편집–분열적 위치

paranoid-schizoid position에서 주체와 대상 간의 불확실한 경계와 미분화는 둘 간의 융합상태를 초래하면서 자아의 약화와 대상관계의 문제를 야기한다. **좋은 대상의 충분한 내사는 편집-분열적 위치를 잘 통과하고 우울적 위치로 넘어갈 수 있도록 한다**. 반면, 과도한 박해불안은 좋은 대상의 내사를 방해하고 계속적으로 자아 자신의 분열과 파편화를 초래할 수 있다.

(2) 우울적 위치

생후 3~6개월에 자아와 대상의 분열이 감소하면서 유아에게는 부분대상part object에서 전체대상whole object으로의 대상인식이 나타난다. 유아는 자신이 공격했던 나쁜 대상이 좋은 대상과 동일한 대상이었다는 사실에서, 그리고 자신의 파괴적 충동을 깨닫게 되면서 **후회와 비탄, 우울의 심리적 고통을 체험**한다. 이전에 **이분법적으로 분열되었던 대상이 이제는 좋음과 나쁨을 모두 가진 하나의 전체대상으로 지각되면서 대상에 대한 양가성**양가감정, ambivalence**이 생겨난다**. 사랑과 증오는 더욱 가까워지고 '좋은' 젖가슴과 '나쁜' 젖가슴, '좋은' 어머니와 '나쁜' 어머니는 이전 편집-분열적 위치에서처럼 크게 분리되지 않는다. 또한 유아 자신과 대상, 환상과 현실에 대한 **객관적이고 현실적인 인식**이 조금씩 생겨난다. 유아는 좋은 대상과 나쁜 대상이 본래 하나의 대상이었고, 나쁜 대상의 공격과 보복, 이로 인한 박해불안은 본래 유아 자신의 가학적 충동의 발현이라는 사실을 깨닫게 된다. 자신이 공격하고 파괴했던 나쁜 대상이 결국 좋은 대상과 동일하다는 자각을 통해 유아는 **대상에 대한 죄책감**을 느낀다. 또한 그 대상을 공격한 것은 바로 자신이었다는 사실을 깨달으면서 **우울불안**depressive anxiety을 갖게 된다. 사랑과 증오, 선과 악의 이분법적 분열과 유아의 전능성omnipotence이 감소하면서 대상에 대한 염려가 나타나고, 이전 박해불안과는 다른 우울불안이 등장한다. **편집-분열적 위치에서 좋은 대상에 대한 시기심**envy**이 우세했다면, 우울적 위치에서는 대상에 대한 감사**gratitude**가 전면에 등장**한다. 자신의 가학적 충동으로 인한 파괴되고 분열된 대상을 다시 **회복**restoration**하고 보상**eparation**하려는 창조적 충동**이 우세해진다. 편집-분열적 위치를 통과한 후에 진입하게 되는 우울적 위치depressive position를 성공적으로 통과할 수 있을 때 정신병적 구조에서 벗어나 신경증적 구조 속에 안착하게 된다.

Box 3-6

클라인의 주요 이론적 공헌

- 이론 및 실제를 통해 아동정신분석의 발전에 획기적인 기여를 하였다. 프로이트가 성인분석을 통해 아동기를 해명했다면, 클라인은 실제 어린아이들의 분석을 통해 생후 초기 심리발달을 개념화하였다.
- 편집-분열적 위치와 우울적 위치 개념을 통해 생후 초기 심리발달을 분석하였다.
- 놀이치료의 원칙과 기법을 개념화하였다.
- 초기 오이디푸스 콤플렉스(남녀 모두 첫 번째 사랑대상은 어머니임)가 아동 신경증의 핵심임을 입증하고, 오이디푸스 콤플렉스의 개시를 초기 구순기로 앞당겼다.
- 어린아이의 심리적 현실(psychic reality)과 무의식적 환상의 중요성을 보여 주었다.
- 생후 초기부터 활동하는 가혹한 초자아, 죄책감, 원초적 시기심 등의 존재를 분석하였다.
- 가학증과 죽음충동이 심리발달을 어떻게 구조화하고 실제 발달과 임상에서 어떻게 작동되는가를 보여 주었다.
- 단계(stage)가 아닌 위치(position)개념을 도입해 인간의 발달이 선형적으로 진행되는 것이 아니라 서로 교차하고 공존함을 보여 주었다.
- 여성적 위치(feminine position) 혹은 여성적 국면(feminine phase)개념을 통해 프로이트의 고전적 오이디푸스 콤플렉스가 갖는 모순점을 해명하였다. 남아와 여아 모두 첫 번째 사랑의 대상은 어머니이다(초기 오이디푸스 콤플렉스).
- 박해불안과 우울불안을 해명하고 다양한 방어 메커니즘을 설명하였다(투사적 동일화, 전능성, 투사, 내사 등).
- 시기심(envy), 감사(gratitude), 회복(restoration), 보상(reparation) 등의 개념을 정교화하였다.
- 정신병과 우울증, 강박증의 분석에 큰 기여를 하였다.
- 상징 형성(symbolism)이 발달에 갖는 의의와 중요성을 보여 주었다.

출처 : 박선영(2004, 2005, 2006).

2) 클라인의 놀이치료

프로이트의 이론을 접목시켜 아동과 청소년을 대상으로 상담과 치료를 했던 헬무트 본 히그-헬무스H. Hug-Hellmuth는 직접관찰과 대화기법에서 더 나아가 1917년 처음으로 어린아이의 치료에서 장난감을 사용한 놀이를 관찰하였다. 그러나 순수한

그림 3-3 어린이와 상호작용하고 있는 멜라니 클라인

분석적 접근은 취하지 않았다는 제한점을 갖는다.

클라인은 아동의 무의식적 사고가 표출되는 놀이장면을 관찰하고 분석하면서 **정신분석적 놀이치료**의 세계를 열었다. 클라인은 아동분석에서 **성인분석과 동일한 원칙을 고수**하고, 성인의 자유연상free association에 해당되는 방식을 장난감을 이용한 놀이에서 찾았다. 어린아이에게 **놀이는 언어적 연상보다 불안을 덜 촉발하며, 장난감을 이용한 상징적 표상은 불안의 극복작업**이다. 즉, 장난감은 아이의 언어이며 놀이는 성인의 자유연상을 통한 언어적 표출과 동등한 심리적·분석적 가치를 갖는다.

아동분석에서 중대한 획을 그었던 계기는 **작은 장난감들의 등장**이다. 직접 해석과 함께 작은 장난감들은 아이의 환상과 내적 세계를 투사할 수 있는 대상이 된다. **상담자와 더불어 장난감을 활용한 모든 놀이 상황은 아동에게 중요한 전이대상**이 된다.

Box 3-7

클라인의 놀이치료에 쓰이는 장난감과 놀이방식

클라인은 장난감의 분석적·치료적 가치를 주장한다. 클라인에 따르면 장난감은 단순하고 작동하기 편해야 하며, 특별한 직업을 나타내지 않는 사람인형을 포함한다. 이 인형들을 포함한 작은 장난감들은 색깔이나 크기에서 다양할수록 좋으며, 아이의 무의식적 환상과 경험을 표현하는 데 효과적이다. 수레, 전동차, 마차, 기차, 동물인형들, 벽돌, 공, 집, 종이, 가위, 줄, 색연필, 실과 바늘, 나무 조각 등이 필요하고 이것들은 놀이방의 서랍이나 상자에 보관한다. 이러한 장난감들 외에도 물, 스펀지, 둥근 대야, 한두 개의 꽃병, 유리컵 등이 필요하다. 놀이방의 가구, 쿠션 등도 때로 아동의 놀이에 이용될 수 있기 때문에 분석 목적을 고려하여 선택한다. 특히, 클라인은 물을 사용해서 노는 놀이가 아이의 전생식기적(pre-genital) 충동과 가학적 환상의 표상에 유용하다고 보고, 수돗물이 나오는 세면대의 분석적 가치를 언급한다. 직접적 해석과 함께 작은 장난감들의 등장은 어린아이의 환상의 표출, 불안의 감소, 궁극적으로 그로 인한 내적 갈등의 완화를 가져옴으로써 놀이치료의 신뢰성을 높인다.

사용 가능한 장난감이나 물건이 많이 없더라도 물건들을 사용하는 여러 가지 방식이나 놀이의 전환방식에서 시사점을 얻을 수 있다. 이를테면 흉내 놀이, 가령 학교 놀이, 집짓기, 병원 놀이, 사무실 놀이, 가게 놀이, 여행 놀이, 기차여행 놀이, 극장 놀이, 어머니와 아이의 놀이 등은 장난감을 이용한 간접적 표상방식보다 더 직접적인 표상을 보여 주고, 풍부한 언어적 연상을 드러낸다.

출처 : Klein(1932, 2012) 참조.

Box 3-8

클라인과 안나 프로이트의 논쟁

1920년대 후반에 시작된 아동분석과 놀이기법에 대한 클라인과 안나 프로이트 간의 일련의 논쟁은 영국 정신분석학회에서 여러 분석가들의 '**논쟁적 토론**'(1943~1944)이 이루어지면서 더 확장되었고, 이는 이후 클라인학파와, 안나 프로이트를 계승하는 자아심리학파 간의 간극을 낳는 출발점이 되었다. 아동분석에서 나타나는 클라인과 안나 프로이트와의 차이는, 특히 놀이를 바라보는 시각, 아동의 죄책감과 불안에 대한 태도, 해석과 전이 여부 등에서 찾아볼 수 있다. 안나 프로이트에게 놀이는 연상과는 상관없는 순수한 행위일 뿐이지만, 클라인에게 **놀이는 불안과 갈등의 무의식적 사고가 드러나는 세계**이다. 안나 프로이트가 아이의 불안과 죄의식을 상담자와의 긍정적 전이관계를 만들기 위한 도구로 사용한다면, 클라인에게 **불안은 그 자체로 분석의 목적**이 된다. 이후 안나 프로이트는 클라인과의 일련의 논쟁을 거치면서 자신의 견해와 분석기법을 수정하였다. 환상의 존재와 그 분석적 가치를 받아들였고, 분석대상이 될 수 있는 아동의 연령을 잠재기 이전 2세 아동까지 확대하였다. 또 전이에 대한 입장을 선회하면서 정신분열증도 분석치료가 가능하다고 보는 등 사실상 자신의 기존 입장을 상당 부분 철회한다.

아동정신분석에 대한 클라인과 안나 프로이트의 논쟁을 간략하게나마 살펴보는 것은 아동분석의 이해에 중요하므로, 단순화의 위험을 무릅쓰고 둘 간의 차이를 구조화해보면 다음과 같다.

클라인과 안나 프로이트의 비교

구분	클라인	안나 프로이트
놀이	• 자유연상에 해당됨 • 무의식적 환상이 표출됨 • 해석의 대상이 됨	• 순수한 의미의 놀이 자체임 • 아동과 상담자 간의 친밀한 관계를 형성하는 준비단계로서 필요함
전이	• 분석이 처음부터 아동의 저항과 불안을 겨냥한다면 곧 전이가 발생하고 분석으로 진행될 수 있음 • 어린아이도 전이가 가능하고 전이신경증이 나타남. 3세 이전의 어린아이도 초기 오이디푸스 콤플렉스와 무의식의 다양한 역동을 경험하고, 상담자에게 전이를 형성할 수 있음 • 부정적 전이의 해석이 긍정적 전이를 가져올 수 있으며, 이러한 부정적 전이의 해석을 통해 무의식을 탐구할 수 있음	• 분석은 아동의 불안보다는 방어 메커니즘을 겨냥함 • 전이가 나타날 수 있지만 완전한 형태의 전이신경증으로 발전하지는 않음. 3세 이하의 아이는 부모와의 애착으로 인해 상담자에게 전이를 만들 수 없음. 분석은 잠재기 이후 아동에게 가능함 • 부정적 전이는 중요하지 않음(나중에는 부정적 전이의 치료적 효과가 있음을 인정함)
분석의 초점	• 불안과 그 내용, 환상을 강조하고, 이에 대한 직접적 해석이 중요 • 무의식의 탐구와 해석이 아동의 자아를 강화시킴 • 오이디푸스 콤플렉스가 신경증의 핵심이며 이에 대한 분석이 필요함	• 자아의 성숙 • 의식적 수준에서의 접근과 치료를 강조 • 자아의 적응을 위협하는 원인인 불안에 대한 탐색과 해석보다는 불안에 대한 자아의 방어를 강조 • 무의식의 분석은 아동의 자아를 해체시키는 위험스러운 일임 • 3세 이하의 어린아이는 오이디푸스 콤플렉스가 발생하지 않음
치료의 목적	• 교육적 접근이 아닌 순수분석을 중시(그러나 교육에 분석적 접근을 취함으로써 어느 정도 유익한 효과를 가질 수 있음을 인정함) • 가혹한 초기 초자아를 완화시키는 것이 분석의 목적	• 자아의 성숙을 통한 사회구조에의 적응. 분석이 아닌 교육과 훈육을 중시 • 분석과 교육은 공존하고 상담자는 동시에 교육자임(나중에는 이러한 입장을 철회하고, 대신 '발달의 촉진'이라는 개념으로 대체함. 이는 발달장애아동이나 지나치게 공격적인 아동에게 때로는 훈육적 차원에서 개입한다는 의미를 내포)
환상	무의식적 환상과 심리적 현실이 중요함. 그러므로 깊은 분석적 개입이 이루어질 수 있음	무의식적 환상이 없으며, 따라서 의식 수준의 개입이 중요
초자아	생후 초기부터 존재. 가혹한 초기 초자아가 신경증을 야기함	3~5세 남근기에 나타남. 초자아는 오이디푸스 콤플렉스의 결과로 나타남

구분	클라인	안나 프로이트
오이디푸스 콤플렉스	남근기 이전 구순기와 항문기에 이미 초기 오이디푸스 콤플렉스가 나타나며, 이에 대한 분석이 중요함	남근기에서 나타남
내적 갈등	• 죽음충동을 임상적으로 확인하고 이것이 불안의 원천임을 증명함 • 생후 초기부터 다양한 충동과 가학증이 존재하고, 심리내적 갈등과 불안을 경험함	어린아이에게서 충동과 내적 금지가 충돌하는 것은 적어도 남근기적 오이디푸스기가 되어야만 가능함
환경	부모나 양육자 등의 환경적 요인을 표면적으로 크게 강조하지 않음	• 아동은 부모를 포함한 환경에 크게 의존함 • 분석에서 부모와의 협력작업이 중요함

출처 : 박선영(2004) 참조.

5. 도날드 위니콧

도날드 위니콧Donald Winnicott, 1896~1971은 영국의 소아과 의사로서 특히 **아이와 모성적 환경 간의 관계에 역점**을 두었으며, 프로이트뿐 아니라 클라인에게서 큰 영향을 받았다. 클라인으로부터 교육분석을 받았으나 이후 점차 프로이트와 클라인으로부터 벗어나 독자적인 노선을 걸었다. **클라인이 어린아이의 무의식적 환상과 내적**

그림 3-4 도날드 위니콧

세계에 좀 더 초점을 둔다면, **위니콧은 어머니의 양육 행동과 모성적 경험 등의 실질적 환경에 강조점**을 둔다. 많은 연구와 임상을 통해 아동정신분석 발전에 크게 공헌하였다.

아동분석의 적용에 유용한 위니콧의 몇몇 개념들을 살펴보면 다음과 같다.

출산 전후 몇 개월 동안 어머니는 아기에 대한 환상과 이미지, 경험에 몰입함으로써 아기에게 자신을 맞추고 적응하는데, 위니콧은 이를 '**일차적 모성 몰두**primary maternal preoccupation'라고 부른다. 생후 초기의 유아는 아직 자기 자신의 신체나 심리에서 통합되지 않은 상태이고 양육자에게 절대적으로 의존적인 상태로 존재한다. 이때 유아는 어머니의 전폭적 헌신을 통해 세상을 경험한다. 어머니가 아기의 욕구를 민감하게 반응하고 충족해주며 아이의 경험을 반영해줄 때, 아기는 어머니와의 일체된 느낌을 경험하고 자신을 세상 속에서 무언가를 창조하는 원천으로 지각한다. 바로 그 순간에 아기는 자신에 대한 **전능감**omnipotence을 느낀다. 위니콧은 유아와 관련해 늘 같이 옆에 존재하는 대상은 다름 아닌 어머니를 포함한 양육자이며, **모성적 돌봄이 유아의 발달에 중요한 영향을 미친다**는 사실을 강조한다.

모성적 돌봄과 양육에서 비롯되는 전능감의 경험은 유아가 통합된 자기를 느끼고 참자기true self**를 형성하는 데 기여**한다. 즉, 어머니가 유아에게 육체적 · 심리적으로 지지적이고 모성적인 환경을 제공하는 '**충분히 좋은 어머니**good enough mother'로 기능할 때, 유아는 자신의 참자기를 형성하고 통합된 발달을 이룰 수 있다. 이처럼 적절한 돌봄이 주어질 때 유아는 심리적으로 안정되고 창조적이며 진정한 참자기를 만든다. 만일 적절하지 못한 양육환경과 부적절한 어머니의 돌봄이 주어진다면, 유아의 정서적 발달은 방해받고 유아는 **거짓자기**false self를 만들어 거짓 순응과 부적응을 나타낸다. 또한 어머니의 부적절한 돌봄과 반응은 유아로 하여금 자신의 전능성이 깨지고 고유한 자기세계가 '**침범**impingement'되는 것으로 느끼게 만든다. 이렇게 될 때 유아는 타인과 세상의 요구에 자신을 빨리 적응시켜야 한다고 느끼게 되면서 거짓자기를 만들게 된다. 이때 유아의 참자기는 거짓자기 뒤에 가려져 깊은 곳으로 숨고, 유아는 자신이 아닌 세상의 기대와 시선 속에 부응하면서 살게 된다. '일차적 모성 몰두' 이후에도 **어머니는 유아의 성장과 발달을 위해 '안아주는 환경**holding environment', '**촉진적 환경**facilitating environment'**을 지속적으로 제공**해주어야 한다.

위니콧에 따르면 유아의 독립성과 개별성은 '**전환대상**transitional object'을 통해 촉진된다. 전환대상은 어머니와 유아의 분리가 이루어질 즈음 유아에게 어머니와의 접촉을 상징화하는 것으로, 곰인형이나 유아가 덮는 담요 같은 것을 예로 들 수 있다. 이 전환대상을 통해 유아는 어머니의 부재를 견디며 심리적 안정을 갖는다. '**전환현상**transitional phenomena'은 유아와 어머니 사이에서 벌어지는 일들을 객관적으로는 거의 인식하지 못하는 상태와, 어머니가 유아에게 미치는 영향을 유아가 인식하는 상태 사이의 전환 경험을 나타낸다. 여기에는 유아의 옹알이, 잠들기 전에 홍얼거리며 노래 부르는 것, 엄지손가락 빨기 등이 있다.

정신병이란 무엇보다 '**환경결핍증**environmental deficiency disease'이라는 것이 위니콧의 생각이다. 정신병을 포함한 모든 정신병리는 부모가 적절한 돌봄을 주지 않는 데서 아이의 통합된 자기 기능이 손상되었기 때문에 나타난다. 위니콧은 외관상 체계적인 이론적 구조를 만들지는 않았지만, 아동과 청소년에 대한 연구, 부모와 가족치료, 놀이와 미술치료, 자녀양육, 사회복지 등의 실천적인 측면과 임상에서 큰 기여를 하였다.

알아두기

| 유아와 전환대상 간의 관계의 특징 |

- 유아는 자신이 전환대상을 마음대로 다룰 수 있다고 생각한다. 사람들은 유아의 그러한 권리를 존중해야 한다.
- 유아는 전환대상을 사랑과 열정으로 따뜻하게 품지만 동시에 잔인하게 공격하기도 한다.
- 전환대상은 유아가 바꾸지 않는 한 바뀌어서는 안 된다.
- 전환대상은 유아의 본능적 사랑과 증오, 공격성을 견뎌내어야 한다.
- 전환대상은 유아에게 따뜻함과 움직임, 질감이 있는 것으로 느껴진다. 이 대상은 그 자체로 생명력이 있고 현실적인 그 무엇으로 보여져야 한다.
- 성인의 시각에서 전환대상은 외부에서 온 것이지만 유아에게는 그렇지 않다. 그러나 환각이 아니므로 유아의 내면세계에서 오는 것도 아니다.
- 유아가 전환대상에 대한 흥미를 잃어가면서(리비도의 이탈) 전환대상이 갖는 의미가 점차 사라진다. 그러나 이 대상에 대한 기억과 감정이 억압되거나 망각되는 것은 아니므로 애도되는 것도 아니다.

출처 : D. Winnicott(1971/1982). p. 5에서 수정 발췌.

알아두기

| 놀이의 특징 |

위니콧은 놀이 자체가 치료요법임을 강조하면서 아이가 놀 수 있도록 환경을 준비하고, 아이로 하여금 놀이에 대한 긍정적 태도를 갖도록 해야 한다고 주장한다. 그는 다음과 같이 놀이의 특징을 요약했다.

- 어린아이는 놀이에 매우 몰입하고 집중한다. 놀이의 내용이 중요한 것이 아니다. 아이는 놀이에 깊게 몰두하고 외부로부터의 침입을 용인하지 않는다.
- 놀이가 이루어지는 영역은 아이의 외부에 있지만 외적 세계에서 일어나는 것은 아니며 내적 심리세계도 아니다.
- 어린아이는 외부 세계의 대상, 상황, 현상 등을 놀이의 영역으로 가지고 오며, 내적 현실과 개인적 현실로부터 유래한 것들을 위한 표본으로 사용한다.
- 아이는 꿈을 위해 외적 현상을 조작하고 자신이 선택한 외적 현상에 꿈의 의미와 감정을 넣는다.
- 전환현상에서 놀이로, 다시 놀이에서 공동놀이(shared play)로, 그리고 이로부터 문화적 경험으로 이어지는 직접적 발달이 있다.
- 놀이는 신뢰를 암시한다. 놀이는 처음에는 거의 절대적으로 의존적인 아기와, 아기에게 당연하게 여겨지는 적응적 기능을 하는 어머니상(mother-figure) 사이의 잠재 공간에 속한다.
- 놀이는 신체를 포함한다. 첫째는 대상을 조작하기 때문에, 둘째는 어떤 강렬한 호기심이 신체적 흥분과 연관되기 때문이다.
- 놀이는 반드시 만족스러워야 한다. 심지어 놀이가 불안감을 초래하는 경우에도 그렇다. 그러나 아이가 감당할 수 없는 정도의 불안이라면 이는 놀이를 망칠 수도 있다.
- 아이의 놀이는 근본적으로 신나고 예측불가능한 변덕스러움이 있다. 이러한 특성은 아이의 본능적 각성에서 생기는 것이 아니라, 주관적으로 느끼는 것과 객관적으로 지각된 현실의 상호작용에서 기인한다.

출처 : D. Winnicott(1971/1982). pp. 51–52에서 수정 발췌.

6. 상담의 진행

1) 상담 목표

정신분석상담에서는 심리적 문제의 원인을 흔히 '과거의 억압된 무의식 속의 갈등과 불안'으로 본다. 이러한 심리적 문제를 해결하고자 정신분석상담에서 보편적으로 가정하는 목적을, 단순화의 위험을 무릅쓰고 다음의 세 가지로 요약해 볼 수 있다.

첫째, 무의식적 갈등으로 인한 신경증적 고통과 갈등을 해소한다.

둘째, 무의식의 의식화를 전제로 이드가 있던 자리에 현실적이고 합리적인 적응을 위한 자아의 자리를 배치한다.

셋째, 개인의 통찰과 반성적 사유능력을 키우고 인생에 대한 새로운 관점과 태도를 함양한다.

2) 상담과정

정신분석의 과정은 다양한 역동이 표출되므로 순차적 흐름을 구조화하는 것이 쉽지 않으며 비교적 장기간 지속된다. 간략하게나마 다음과 같이 초기, 중기, 말기로 단순화해 볼 수 있다.

표 3-2 정신분석적 상담의 진행과정

구분	내용
분석 초기	분석의 구조화가 이루어지고 전이관계가 형성됨. 분석의 구조화에는 비용, 시간 등 현실적 요인들에 대한 치료계약 설정이 포함됨. 이후 본격적으로 분석과정에 들어가서는 자유연상을 하게 됨
분석 중기	전이와 저항이 나타나고 훈습(working through)이 진행됨. 전이신경증(transference neurosis)이 유발되고 이에 대한 적절한 해석이 주어짐. 내담자의 통찰과 훈습과정이 뒤따를 때 치료적 효과를 기대할 수 있음
분석 말기	훈습과정을 거치면서 내담자의 저항이 극복되고 상담자에 대한 자신의 전이를 인식하는 역량이 생김. 분석의 종결을 준비함. 가급적 상담자와 내담자 모두 분석 목표에 어느 정도 도달되었다고 생각할 때 합의하에 종결준비를 하는 것이 바람직함

3) 분석의 종결을 결정하는 요소들

정신분석에서는 비교적 장기간에 걸쳐 분석이 진행된다. 치료를 목표로 했던 증상이 호전되고 자기인식과 자아통찰이 확장될 때, 현실에 좀 더 적응적으로 되고 조화롭고 균형 있는 성격구조로의 변화가 생겨날 때, 궁극적으로 심리적 평형상태를 이룰 때 분석의 종결을 생각할 수 있다. 대체로 다음과 같은 상황이 나타날 때 상담자는 종결을 고려할 수 있다.

- 본능적 충동의 강도 : 제어하기 힘들고 파괴적인 충동이 감소하며 완화된다.
- 긴장과 불안의 강도 : 원초적 불안과 긴장이 많이 감소한다.
- 성격구조의 균형 : 이드의 측면에서는 오이디푸스기 이전의 원초적 충동과 본능적 힘이 약해진다. 초자아의 측면에서는 가학적인 초자아의 속성이 완화되고 과도한 죄책감이 감소되며, 좀 더 온화한 모습의 초자아가 전면에 등장한다. 자아의 입장에서는 무의식적이고 병리적인 방어 메커니즘들의 사용이 감소하고 심리적 균형이 생긴다.
- 방어 메커니즘의 변화 : 원초적이고 분열적인 정신병적 방어 메커니즘의 사용이 줄어들고, 신경증적 방어 메커니즘이 나타난다.
- 외상적 자극요소 : 외상적 자극의 영향력이 감퇴하고, 외상적 요소에 대한 내담자의 통제능력이 향상된다.
- 무의식의 의식화 : 무의식에서 증상을 발생시키는 원인으로 작용했던 것에 대한 자각과 통찰이 생기면서, 증상이 완화된다.
- 직관과 통찰의 확장 : 내담자는 자신과 세계에 대한 좀 더 깊은 통찰과 직관을 갖게 된다.

7. 상담의 기법

정신분석상담의 과정에서 주로 사용하는 상담의 기법은 다음과 같다.

1) 자유연상

프로이트는 초기에 최면과 카타르시스catharsis 기법을 사용하였으나, 여러 가지 이유들로 이 기법들이 가지고 있는 한계를 체감하고 이 기법들을 포기한다. 그 이후에 나오게 된 자유연상free association은 정신분석상담의 핵심기법으로, 어떤 대상이나 주제와 관련하여 **아무런 제재 없이 자유롭게 머리에 떠오르는 대로 연상작용**을 하는 것이다. 사고의 의식적, 의도적인 선택을 배제하는 것으로, 의식과 전의식 사이의 2차 검열의 활동을 봉쇄해서 무의식적 방어인 전의식과 무의식 사이의 1차 검열의 작용을 드러내는 것을 목적으로 한다. 보통 자유연상을 하는 동안 내담자는 긴 안락의자에 눕고, 상담자는 내담자의 시선이 미치지 않는 그 뒤쪽에 앉아 내담자의 생각과 감정이 자유롭게 떠오르는 것을 방해하지 않도록 한다. 자유연상은 무의식적 소망, 갈등, 동기로의 문을 열기 위해 사용하는 정신분석만의 가장 기본적이면서도 중요한 도구다. 자유연상 동안에 상담자가 해야 할 일은 **내담자의 무의식에 갇혀 있는 억압된 생각이나 감정, 무의식의 구조를 파악**하는 것이다. 상담자는 내담자의 자유연상을 들으면서 표면의 내용만 듣는 것이 아니라 내담자의 언어 이면에 감추어진 감정이나 느낌, 언어 사용에 주의를 기울여야 하며, 자유연상 시 내담자의 몸짓, 표정, 일반적인 신체언어 등에도 주목해야 한다.

2) 꿈의 분석

프로이트는 꿈에는 사람들의 무의식적 소망과 욕구, 불안이 잠재되어 있으며 꿈은 '무의식으로 가는 길'이라고도 말했다. 꿈의 분석은 내담자의 무의식적 사고나 감정 등을 드러내고 내담자가 문제를 통찰하게 되는 하나의 방법을 제공한다. 잠을 자는 동안에는 방어가 감소하고 억압된 감정들이 표면화된다. 꿈은 일련의 이미지들로 제시되지만 중요한 것은 **꿈의 이야기와 구조, 즉 언어적 차원**이다. 꿈의 이야기를 구성하는 단어들, 단어의 연결방식 등이 연상의 고리의 근원이 되고 꿈의 해석을 가능하게 하는 본질적 요소이다. 꿈은 개인별로 각각 독특한 것이므로, 바람직한 꿈 해석은 **꿈 이야기에 뒤따르는 연상들의 파악을 필요**로 한다. 정신분석적 꿈 분석이란 단선적인 상징적 추론이나 일종의 해몽서와 같은 접근과는 분명하게 거리를 두어야 한다.

3) 저항의 분석

저항resistance은 내담자가 억압했던 무의식적 생각이나 감정 등을 의식에 떠오르지 않게 하려는 것을 말한다. 이는 결과적으로 **분석과정과 상담자에 대한 거부 및 저항으로 연결되어 치료과정 전체를 방해**한다. 특히, 자유연상이 계속될수록 저항도 점점 커지기 쉬우며, 어떤 경우는 자유연상을 잘하는 것 자체가 저항의 표식일 수도 있다. 이를테면 많은 연상을 얘기하면서도 정작 중요한 것은 이야기하지 않는 경우도 있는데, 이때가 억압된 것들이 드러나는 순간이기도 하다. 또 외관상 크게 드러나지 않는다고 저항이 없는 것도 아니다. 예컨대, 분석과정 중 어떤 시점에 이르렀을 때 내담자의 자유연상이 잘 되지 않는 경우가 있는데, 이는 저항의 한 예가 될 수 있다. 이러한 저항은 현 상태를 유지시키고 변화를 가로막기도 한다. 분석이 잘 진행되던 중 어느 순간 내담자가 침묵하는 행위, “아무 생각이 안 나요”, “너무 피곤해요”라고 말하면서 말하기를 거부하는 것, 여러 핑계를 만들어 상담시간에 자꾸 늦거나 빠지는 행위, 별다른 이유 없이 상담자에게 짜증을 내거나 적대적으로 하는 행위 등은 분석과정에서 볼 수 있는 저항의 모습들이다. 내담자의 이러한 행동 이면에는 의미 있는 내용이 억압되어 숨겨져 있기 때문에 저항은 중요한 의미를 갖는다. **전이와 마찬가지로 저항을 인식하고 분석하는 것은 분석치료의 필수적 요소**이다.

4) 전이의 분석

전이transference는 생후 초기 주요 대상과의 정서적 관계가 현재 상담자와의 관계에서 재현되는 것으로, 특히 분석 상황에서 내담자의 무의식적 소망이 실행되는 과정이다. 프로이트는 전이도 일종의 저항일 수 있다고 말한다. 과거 최초의 대상으로부터 경험한 충동과 만족의 좌절이 무의식적 욕망으로 남아 현재 상담자에 대한 전이를 일으킨다. 전이로부터 비롯되는 **전이신경증**transference neurosis은 내담자가 어린 시절 경험했던 갈등을 상담자와의 현재 관계에서 다시 경험하는 것으로, 치료적 효과를 가져올 수 있는 중요한 매개가 된다. 상담과정에서 전이현상이 일어나면 이

표 3-3 전이

구분	내용
긍정적 전이	내담자가 상담자를 우호적이고 긍정적인 대상으로 보게 되면서 나타나는 모습. 가령, 정해진 상담시간보다 훨씬 빨리 상담을 받으러 오는 것, 상담자에 대한 개인적 관심을 보이는 것, 상담자에게 자신이 어떻게 비춰지는가에 관심을 갖는 것, 상담자뿐 아니라 상담실이나 상담 상황 자체에 매우 우호적이고 관심을 갖는 것, 상담자에게 과도한 친밀감과 신뢰감을 느끼고 표출하는 것 등
부정적 전이	상담자에 대한 불신감과 분노를 표출하는 것, 다른 상담자나 정신분석에 대한 비판과 험담을 늘어놓는 것, 상담 상황과 상담의 물리적 환경에 대해 불평하는 것, 분석 상황에서 부정적인 태도를 보이는 것 등

전 관계양상이 활성화되어 상담자에 대한 지각이 왜곡되고 상황에 걸맞지 않는 행동이 나타날 수 있다. 즉, **지금 여기에서 내담자의 망각된 유아기**infantile amnesia**와 유아신경증**infantile neurosis, **혹은 그 외 의미 있는 관계 양상이 재활성화**된다. 이때 상담자는 전이신경증으로 나타난 무의식 속의 갈등과 억압된 충동을 인식하고 해석해주어 내담자의 통찰을 이끌어 낼 수 있다. 그러므로 정신분석상담에서 **상담자의 주된 역할 중 하나는 전이를 유도하고 분석하는 것**이다.

전이에는 긍정적 전이positive transference와 부정적 전이negative transference가 있는데, 둘 모두 저항과 함께 정신분석에서 중요한 치료적 개념들이 된다. 클라인은 아동분석에서 전이의 중요성을 매우 강조하였다. 특히, **진정한 분석작업은 바로 부정적 전이의 해석과 해소**이며 이것이 분석의 성공 여부를 좌우한다고 역설했다.

Box 3-9

해석을 통해 부정적 전이에서 긍정적 전이로 바뀜

루스(Ruth)는 생후 4년 3개월 된 여아로서 어머니에 대한 과도한 고착과 심각한 불안, 여러 가지 신경증적 증상으로 고통받던 아이였다. 상담 초기 루스는 클라인과의 관계 형성을 거부했다. 다음에 나오는 인용문은 루스의 부정적 전이를 클라인이 적절한 해석을 통해 어떻게 긍정적 전이로 바꾸며 이로써 치료적 효과가 나타나는가를 잘 보여 준다.

「첫 번째 분석세션에서 루스는 나와 단둘이 상담실에 남기를 극도로 거부했다. 그래서 나는 루스의 언니에게 분석하는 동안 함께 있어 달라고 부탁했다. 결국에는 루스와 단둘이 남을 수 있도록 긍정적 전이를 성립시키려는 심산이었다. … 나의 온갖 시도는 수포로 돌아갔다. … 루스는 나를 완전히 무시해버렸다. … 나는 내담자의 불안과 부정적 전이를 감소시키는 데 있어서 해석이 가지는 효능을 다시 한 번 입증해줄 방법을 동원해야만 했다. … 나는 과감히 루스에게 잔 속의 공과 지갑 속의 동전 그리고 가방 속의 내용물이 모두 어머니의 뱃속에 있는 아기들을 의미하며, 루스는 더 이상 동생이 생기지 않도록 그들을 무사히 가둬두기 원하는 것이라고 말했다. 내 해석의 효과는 놀라웠다. 루스는 처음으로 내게 관심을 보였고, 덜 어색해하며 놀이를 시작했다.」

출처 : Klein(1932/2012). pp. 62-67.

Box 3-10

역전이

역전이(countertransference)는 **내담자에 대한 상담자의 감정반응으로, 상담자 자신의 무의식적 충동과 갈등이 상담 상황에서 노출**되는 것이다. 의식적 반응과 무의식적 반응이 뒤섞여 있으며, 특히 무의식적 반응은 상담자가 통제해야 할 역전이요소들이다. 상담자는 때때로 내담자에 대해 긴장감, 불안, 호기심, 걱정, 염려, 기쁨, 조바심, 지루함, 좌절감, 행복감, 죄책감 등의 복잡미묘한 감정들을 느끼게 된다. 이러한 감정적 반응들을 간과하지 말고 **교육분석과 자기분석을 통해 상담자 자신의 내면을 탐색**할 수 있어야 한다.

아동분석에서도 역전이는 낯설지 않게 나타난다. 내담자인 아동에 대한 역전이도 있지만, 때로는 아이의 보호자(어머니나 아버지)에 대한 상담자의 역전이가 상담과정에 영향을 미치기도 한다. 일반적으로 역전이가 나타나는 예로는, 내담자를 만나는 상담시간이 기다려지는 것, 내담자에게 큰 도움을 주고 싶다고 느끼는 것, 내담자에게 중요한 사람이 되고 싶은 느낌, 내담자를 상담실 밖에서 만나고 싶은 욕구, 내담자가 어린 아동일 경우 아동의 보호자에 대해 갖게 되는 여러 감정들, 내담자의 사적인 생활이 궁금한 경우, 분석시간이 지루하고 피곤한 경우, 내담자를 회피하고 상담을 꺼리는 경우 등 다양한 상황들이 있다. **역전이는 전이와 달리 분석을 방해할 수 있는 요인이므로 분석 상황에서 통제되어야 한다.** 그러므로 상담자의 부단한 자기분석과 통찰이 요구된다.

5) 해석

정신분석에서 상담자가 가지고 있는 유일한 치료도구로서 **내담자의 자유연상이나 전이, 저항 등에서 나타나는 무의식과 행동의 의미를 내담자에게 직면시키고 설명한다**. **해석**interpretation은 내담자로 하여금 근본적 갈등에 도달하게 하고 그 갈등을 통찰하도록 하는 목적을 갖는다. 해석은 내담자가 표면적으로 언급하거나 인식하고 있는 것 이면에 있는 **심층적 의미를 파악해 전달**해주는 것이다. 내담자의 방어, 저항, 전이에 관해서뿐 아니라 숨겨진 뜻과 왜곡 등에 대해서도 직면과 해석을 통해 숨은 의미를 포착할 수 있다. 상담 상황에서 해석의 적절한 사용은 내담자에게 극적인 변화나 중요한 상담 국면을 가져올 수 있다. 또 내담자의 감정을 파악하여 감정

Box 3-11

해석의 예

다음에 나오는 인용은 클라인의 유명한 분석 중 하나인 '딕(Dick)' 사례에서 발췌한 것이다. 딕은 그 당시 정신분석적 관점에서는 정신병으로 진단되었고 현대 정신의학적 관점에서는 자폐장애로 진단될 수 있는 4세 남아이다. 클라인은 자신이 아이에게서 포착한 의미를 직접적으로 해석해주었다.

「딕이 나를 만나러 왔던 첫 시간에, 앞에서 말했듯이 유모가 그 아이를 내게 인계했을 때 아이는 아무런 정서를 드러내지 않았다. 준비한 장난감을 보여 주었을 때는 조금의 호기심도 없이 그것들을 그저 바라보기만 했다. 나는 큰 기차를 집어 작은 기차 옆에 두고 그것들을 '아빠-기차'와 '딕-기차'라고 불렀다. 그러자 그 아이는 내가 '딕'이라고 부른 기차를 집어 들어 유리창 쪽으로 굴리고는 "기차역"이라고 말했다. 나는 다음과 같이 설명했다. "기차역은 어머니야. 딕은 어머니 속으로 들어가고 있어" 아이는 기차를 떠나 방의 바깥문과 안쪽문 사이의 공간으로 돌진했다. 그 안에 자신을 가두고는 "어두워"라고 말하면서 곧 즉시 뛰어나왔다. 아이는 이 행동을 몇 번씩이나 계속했다. 나는 "어머니 안은 어두워. 딕은 어두운 어머니 안에 있어"라고 해석해 주었다. 그 사이에 아이는 기차를 다시 집어 들었지만 곧 문 사이의 공간으로 뛰어갔다. 딕이 어두운 어머니 속으로 들어가려 했다고 내가 말하는 동안에 아이는 질문조로 두 번을 "유모는?"하고 말했다. 나는 "유모는 곧 오고 있어"라고 대답해주었다.」

출처 : Klein(1930). pp. 224-225.

을 보다 더 강렬하게 표출할 수 있도록 한다. 물론 일회적 해석만으로 언제나 충분한 효과를 가져오는 것은 아니다. **해석은 합리적이고 논리적인 해명이 뒷받침되어야 하고 충분한 근거가 있을 때 시도**한다. 또 내담자가 상담자의 해석을 받아들일 준비가 되었는지도 염두에 두어야 한다.

해석은 정해진 답이 없고 내담자에게 미치는 영향이 크기 때문에 신중하고 조심스럽게 이루어져야 한다. 상담자의 충분한 전문지식과 능력이 요구되며 잘못 사용될 경우 내담자의 저항과 불신을 초래할 수 있다. 단정적이고 절대적인 표현보다는 **"제가 보기에는 ~같은데요"와 같이 유연하고 개방적인 진술을 사용**함으로써 내담자의 저항을 줄인다.

6) 훈습

심리적 문제를 일으키지만 의식하지 못했던 원인을 자각하거나 문제 상황에 대한 통찰만으로 곧바로 내담자의 행동 변화가 나타나는 것은 아니다. 즉, 전이가 발생하고 이에 대한 해석으로 내담자의 인지적 통찰이 나오지만, 곧바로 내담자의 욕구와 충동이 해소되고 치료적 효과가 나타나지는 않는다. **분석과정을 통하여 발생한 통찰은 생활에 지속적으로 적용하고 실천에 옮겨야만 효과를 거둘 수 있다**. 여전히 내담자는 자신이 익숙하게 사용해왔던 방어기제를 포기하지 않으며, 관성이 작용해 어떤 경우에는 불편하더라도 치료되기보다는 이전처럼 살려는 무의식적 저항을 보여 주기도 한다. 또 어떤 형태의 저항은 이를 인식하고 해결하는 데 시간이 많이 소요된다. 여기에서 프로이트는 **훈습**working through이라는 개념을 정립했다. 내담자는 계속적으로 저항을 보이고 익숙했던 방어의 사용을 포기하지 않는데, **훈습은 이 저항을 극복하는 과정으로 시간에 걸쳐 반복되는 해석과 내담자의 자각으로 이루어진다**. 내담자가 분석과정에서 느낀 통찰을 계속적으로 자각하고 현실생활에 적용할 때 변화가 일어나게 된다.

7) 투사적 동일화

클라인이 이론화한 편집–분열적 위치에서 많이 나타나는 메커니즘이자 환상의 총체로, 실제 임상에서 상담자와 내담자 사이에서 많이 발생한다. **투사적 동일화** projective identification는 투사projection의 개념을 넘어선 관계 지향적이고 대상 지향적인 개념을 가지고 있다. 클라인에 따르면 초기 유아는 무의식적 환상에서 원하지 않는 자신의 일부분이나 내적 대상을 분리시켜split, 이를 외부로 투사한 다음projection 그 외적 타자대상를 공격하고 상처 입히며 통제하려 한다. 이때 그 대상을 동일화하므로 외적 대상은 동시에 자신이 되고 자신도 공격받고 나쁜 자기bed self로 느껴진다. 자신의 나쁜 부분뿐 아니라 좋은 부분도 투사될 수 있으며, 특히 **적대적인 투사적 동일화는 '공격적 대상관계의 원형'**이 된다. 클라인주의의 유명한 상담자인 윌프레드 비온W. Bion은 이러한 투사적 동일화가 의사소통의 한 형태로 될 수 있음을 분석했다. 상담 상황에서 아동은 상담자에게 자신의 불안과 두려움, 분노를 투사하기 쉽다. 이때 **상담자는 아동의 공포와 불안을 담아주고**containing, W. Bion **안아주고** holding, D. Winnicott **완화시켜주어야 한다**. 그러나 미숙한 상담자는 아동이 상담자 자

Box 3-12

투사적 동일화의 예

고등학교에 입학한 정우는 노래동아리에 가입을 했다. 그런데 동아리의 한 선배가 자신을 싫어하는 듯한 인상을 받았다. 선배가 다른 친구들에게는 다정하고 부드러운 모습을 보이지만, 유독 자신에게는 쌀쌀맞고 거리를 두는 것 같았다. 정우는 점차 선배 앞에서 긴장이 되고 불편함을 느끼게 되면서 선배를 피하게 되었다. 선배는 정우가 자신 앞에서 부자연스럽고 자신에게 냉랭한 것이 불쾌해, 어느 날 모임에서 정우의 행동을 지적했다. 선배에게서 노골적으로 안 좋은 얘기를 들은 후 정우는 친구들에게 '선배가 후배를 저런 식으로 무시하고 함부로 하니까 나도 선배대접하기 싫다'고 말하면서 화를 내었다.

해석 선배는 본래 정우에 대해 아무런 부정적 감정을 가지고 있지 않았다. 정우가 오해할만한 상황이 있었지만, 이것 또한 우연한 경우이다. 그런데 부쩍 자신을 피하고 불편해하는 정우를 보면서 후배가 자신을 무시하고 비웃는 것 같다는 느낌을 갖게 되었다. 이제는 선배로서 정우의 행동을 지적하고 충고를 해야겠다는 생각을 하게 되었다.

정우는 이러한 선배의 행동을 보면서 선배가 자신을 싫어한다고 더욱 확실하게 느끼게 되고, 노골적으로 그 선배를 무시하기 시작했다. **정우는 자신의 감정을 선배에게 투사하고 그로부터 비롯되는 선배의 행동을 동일화**하기 시작한다.

신에게 보내는 불안과 공격을 감당하지 못하고 오히려 자신의 불안을 아이에게 투사하게 되고, 그 결과 아이의 불안은 더 증폭된다.

상담자는 아동에게 '**좋은 대상**good object'으로 존재해야 한다. '**충분히 좋은 대상**good enough object'으로 존재하는 상담자는 아동의 불안과 공격성을 담아주고 안아줌으로써 좋은 환경, 좋은 대상으로 기능한다.

8. 아동상담에의 적용

성인정신분석과 아동정신분석은 기본적으로 **이론과 원칙이 동일**하고, 다만 어린 아이가 갖는 언어적 한계로 인해 접근방식이 다를 뿐이다. 아동정신분석은 성인분석에서 발전되었기 때문에 성인분석에서 활용하는 분석기법과 세팅은 달라질 수밖에 없다. 분석카우치에 누워 언어적으로 자유연상을 하는 것은 아이에게 쉬운 일이 아니다. **아이의 발달단계와 연령대에 적절한 놀이, 그림 그리기, 만들기, 기타 다양한 매체 활용과 상상적 활동 등이 성인의 자유연상에 해당**될 수 있다.

더불어 아동분석이 성인분석과 다른 점 중의 하나는 아동이라는 발달적 특수성을 고려할 때 얼마간 **교육적 요소를 감안**할 수 있다는 것이다. 이에 대해서는 클라인과 안나 프로이트 간의 고전적 논쟁에서 알 수 있듯이 의견이 분분하지만, 현실적으로 응용 아동분석에서는 상담자가 교육적 접근을 완전히 배제하는 것만이 최선은 아니다.

일각에서 정신분석은 해석을 중시하면서 상담자가 지나치게 개입적이라고 말하지만, 이는 다소 왜곡된 측면이 있다. 정신분석상담을 포함해 모든 상담에서 내담자가 우선시되지 않는 경우는 없다. 더욱이 아동분석에서는 대상의 특수성을 고려할 때 몇 가지 상담 기술적 측면을 제외하고는, 보다 **포괄적인 측면에서 '아동 중심적'인 접근**을 취할 수밖에 없다. 이를테면 아동정신분석에서 탁월한 업적을 세운 클라인과 위니콧의 개념들은 정신분석을 지향하지 않더라도 아동상담과 교육현장에서 충분히 고려할 수 있는 유용한 것들이다.

CHAPTER

04

개인심리학 상담

1. 이론의 발달 배경 | 2. 인간관 | 3. 주요 개념
4. 상담의 진행 | 5. 상담의 기법

1. 이론의 발달 배경

알프레드 아들러Alfred Adler의 개인심리학은 19세기 후반 비엔나에서 시작되었다. 아들러는 1870년 2월 7일 오스트리아 빈에서 곡물상을 하던 유태인 상인 아버지와 가정주부였던 어머니 사이의 여섯 형제 중 둘째로 태어났다. 형에 대한 질투와 열등감을 극복하기 위해 노력했고, 병약한 아동기를 보냈다. 동생의 죽음을 계기로 의사가 되기로 결심하였으며, 학창시절 심리학, 철학, 정치학, 경제학, 사회학 등 다양한 분야를 섭렵하며 사회문제나 사회적 위치에 대해서도 관심을 가졌다. 1895년 비엔나 대학에서 학위를 받았고 1898년 의사개업을 하게 된다.

그는 프로이트Freud와 함께 활동하기도 하였으나 인간을 이해하는 데 있어 프로이트의 성에 대한 지나친 강조에 반대하여 **사회문화적 관심을 강조**하며 자신만의 새로운 접근법을 발달시켜 나가게 된다. 1902년 비엔나 정신분석학회Vienna Psychoanalytic Society의 초청으로 '수요 심리학회'에 참여하며 프로이트 심리학파의 잡지 편집진에 참여하기도 하지만 처음부터 프로이트와는 많은 부분에서 다른 의견을 가지고 있었다. 특히, 프로이트의 성에 대한 강조를 반대하였고, 의식과 무의식, 자아, 초자아, 원초아로 구분하는 대신 **인간을 분리할 수 없는 독특한 존재로 생각**하였다. 1911년 이 모임에서 탈퇴하였고 이후 '자유정신분석협회'를 결성했다가 1912년 이를 '개인심리학협회'로 명칭을 변경한다.

아들러의 개인심리학은 인간을 **미래 지향적이고 목적론적**으로 보면서 **인간의 성장모델**에 주안점을 두고 있다. 인간을 **분리될 수 없는 하나의 통합된 존재이자 자신의 삶을 개척해 나가는 창조적 자아**로 보았으며, 더 높은 사회적 관심을 지향했다. 때문에 개인심리학에서는 내담자가 정신적으로 병든 것이 아니고, 다만 **삶에 대한 잘못된 신념이 불편한 정서를 유도하므로 이를 확인하고 바꾸도록** 돕는 것을 기본 목표로 하고 있다. 인간은 이러한 사회적 재교육과 재정향을 통해서 사회적 관심과 공동체에 대한 애정을 보유한 인간으로 거듭날 수 있다.

2. 인간관

1) 사회심리적 인간

인간은 사회적으로 타인을 지향하는 존재이다. 아들러는 생물학적 결정론적 관점을 취한 프로이트와는 달리 사회심리적 목적론적 인간관을 가지며 인간의 성격 형성에서 사회문화적 요인을 중요하게 보고 있다. 인간은 **사회적 동기에 의해서 동기화**되며, 인간이 유전과 환경의 상호작용에 의해 결정되기보다는 **인간 자체가 자신의 환경에 영향을 미치고 새로운 환경을 창조할 수 있는 고유한 능력이 있는 존재**로 보았다.

2) 목적 지향적 인간

아들러는 "인간의 모든 행동에는 목적이 있다"는 것을 강조하며 어떠한 행동 이면에 있는 구체적 목적이 무엇인가를 탐색하는 것을 중요하게 생각하였다. 인간 개인은 **스스로 결정하고 목표를 향해 끊임없이 분투하는 존재이며, 그 목표로 인해 한 개인의 행위 패턴에는 동기를 부여하는 방향성이 부여**된다. 비록 그 행동이 타인에게 수용되지 않는 행동일지라도 행동은 목표 지향적이며, 따라서 그 개인에게는 유목적적이고 유용하다. 이러한 목적 지향적인 본성으로 인해 모든 행위는 조직하는 기능과 조정하는 기능을 가지며 우리가 어디를 향해 가고 있는지 무엇을 추구하는지가 중요해진다. 때문에 개인심리학에서는 인간의 과거가 현재 개인에게 미치는 영향을 경시하지 않으면서 미래에 관심을 갖는다. **한 사람을 더 온전히 이해하기 위해서는 그가 목적 지향적인 관점에서 기대하는 것이 무엇인지에 대해 이해해야만** 한다.

3) 창조적 자아로서의 인간

인간은 자기결정을 하는 존재로서 삶과 자기 자신, 그리고 타인에 대한 독특한 사적 논리를 개발하는 존재이다. 아들러에게 있어 **인간은 자신만의 고유한 삶의 창조자이자 피조물**이었다. 인간은 **자신이 선택한 목표를 향해 나아가고 이를 실현하**

는 고유한 방식의 삶을 영위하는 존재이다. 그러기에 아동기 경험이 우리 자신을 만들기보다는, 우리 스스로가 우리를 만들어 나간다. 즉, 개인은 인생사건에 반응하는 방법에 대한 자신의 평가와 선택을 창조한다.

4) 분리될 수 없는 통합된 존재로서의 인간

이는 각 인간 존재의 **분할할 수 없는 전체성**을 의미한다. 아들러는 성격의 통일성unity과 항상성constancy이 존재함을 강조하여 한 인간을 통합된 완전한 존재로 이해해야 한다고 말하고 있다. 또한 이러한 통합적whole이고 독특한unique 존재로서의 인간에 대한 총체적 접근holistic approach을 강조하였다. 이는 인간을 일련의 요소나 부분들로 이루어졌다고 주장하는 프로이트의 성격구조론과 반대되는 것이다.

5) 주관적 존재로서의 인간

인간은 자신만의 고유한 현상학적 틀을 지닌 존재로서 이는 **개인이 세계를 지각하는 그만의 독특한 특성**이 있음을 말하는 것이다. 개인의 주관적 틀이란 개인의 관점, 신념, 지각, 결론 등이 포함되며 이러한 내담자의 고유한 주관적 관점을 바탕으로 내담자의 행동을 이해할 때 가장 잘 이해될 수 있다.

3. 주요 개념

1) 사회적 관심

인간은 **전체 사회의 일부분이 될 기본적 경향성, 소속감 추구, 인류를 위해 기여할 의지**를 가지고 있으며 이것이 바로 '사회적 관심social interest'이다. 사회적 관심은 공동체감의 가시적 지표로 자기가치감이나 행복감, 삶의 의미를 지각하는 데 있어 매우 중요한 역할을 하게 된다. 인간은 통합된 하나의 전체이자 공동체의 일원으로서 이러한 공동체에 기여할 때 자존감과 존재감을 갖게 된다. 또한 한 개인이 자신을 초월하는 상호작용을 통해 타인에 집중할 때 병적인 심리적 고뇌나 불쾌한 감정이 감소되며 열등감이나 소외감이 완화된다. 인간은 누구나 사회적 관심의 가능성과 역량이 있는데, 어린 시절의 충분한 양육을 통해 이러한 사회적 관심이 발달한다. 하지만 사회적 관심의 결핍은 수많은 심리적 장애들과 함께 드러난다(Adler, 1927).

2) 생활양식

아들러는 **우리의 삶을 이끄는 기본적 개념, 삶에 대한 개인의 기본적 지향 또는 성격**을 생활양식이라고 하였다. 생활양식life style은 개인들이 평생 동안 지니고 사는 삶에 관한 뿌리박힌 신념으로 초기 어린 시절의 기억과 맥을 같이 한다(Gushurst, 1971 ; Manaster & Corsini, 1982 ; Thorne, 1975). 생활양식은 무의식적 과정이지만, 삶을 이끌어 나가는 방향을 제시함으로써 인지적 청사진 혹은 마스터 플랜의 역할을 한다(Eckstein et al., 1982 ; Shulman, 1985). 모든 인간은 자신만의 생활양식을 가지며, 이러한 생활양식은 우리의 모든 행동이 조화를 이루어 일관성을 유지하도록 한다.

생활양식은 옳고 그른 것이 존재하는 것이 아니라 각각의 독특함을 드러내는 것이다. 모든 인간은 자신에게 의미를 주는 삶의 목표를 추구하기 위해 독특한 생활양식을 발달시켜 가는 창조자이다.

3) 초기 기억

인간은 다른 사람들을 지향하는 자연적 경향성을 가진 사회적 존재이다. 가장 의존적인 존재로 태어나 누군가의 양육과 돌봄을 통해 생존한다. 때문에 한 개인의 초기 환경은 개인의 심리적 발달에 막강한 영향력을 미치며, 이러한 경험은 인간의 인생 전반에 걸쳐 타인과 상호작용하는 존재가 되게 한다. 아이들은 다른 사람들과의 접촉을 통해 세계에 대한 첫인상을 형성해 나가고, 이는 이후 삶에 대한 규칙으로 자리 잡게 된다.

아들러는 초기 기억early recollection이 **한 개인이 기능하는 전반적인 모습을 보여주며 성격의 역동 및 행위 패턴을 이해하는 데 필수불가결**하다고 보았다. 초기 기억은 각 개인의 생활양식을 발견하는 분명한 단서를 제공하며 인생에 대한 기본적 태도와 인생관이 그대로 드러나기 때문에 상담과정에서 내담자에 대한 중요한 임상적 단서를 얻을 수 있다.

4) 열등감과 보상

아들러는 열등감inferiority이 보상compensation을 통해 개인의 단점을 극복할 수 있는 수단으로서 **개인의 성장을 도모하기 위한 촉매**로의 중요한 의미를 부여하였다. 시력이 약한 사람들은 청각이 발달하고, 시각과 청각에 장애가 있을 때 예민한 후각을 갖게 되는 것처럼 인간은 열등한 기관에 대한 다른 보상을 통해 이를 극복하고자 한다. 이러한 보상은 심리적 방법으로도 일어날 수 있어 말더듬이가 반복된 연습을 통해 위대한 웅변가가 되거나 청력을 잃은 음악가가 위대한 음악을 작곡하는 것과 같은 경우를 발견하게 된다. 아들러는 이러한 사례를 통해 기관 열등감의 문제가 아니라 이에 대한 각 개인의 태도가 중요하다는 것을 보여 주고 있다.

5) 우월성 추구

인간이 가진 가장 중요한 동력은 더 중요하고 우월한 존재가 되고자 하는 개인의 지속적인 추구이다(Shulman, 1985). 인간은 기관 열등감에 대한 보상의 한 유형으로 우월성을 추구한다. 우월성의 추구striving for superiority는 다양한 보상을 통하여 달성될 수 있다. 신체적 결함이나 장애 등의 열등감을 극복하고 우월성을 향한 끊임없는 추구를 통해 인류에 기여했던 많은 인물들이 있다.

6) 출생순위

인간의 문제를 본질적으로 사회적인 문제로 보는 아들러 학파의 경우 가족 구도와 가족 내 관계를 중요하게 생각하며 그중에서도 **생활양식과 성격발달에 전반적으로 기여하는 요인으로서의 출생순위**birth order를 매우 중요하게 생각하였다. 왜냐하면 이 출생순위는 개인의 초기 환경과 관련된 주관적 지각과 연관되기 때문이다.

출생순위는 맏이, 둘째, 중간, 막내, 외동의 다섯 가지로 구분되었고, 각각의 출생 순위에 따라 독특한 특성을 갖게 된다. 첫째는 부모의 관심과 사랑을 독점하다가 동생에게 이 자리를 물려주는 독특한 위치를 갖는다. 권위의 중요성을 잘 알고 자신이 누리고 있는 권력과 인정을 유지하려고 노력한다. 둘째는 태어나는 순간부터 형과 부모의 사랑을 나누는 운명으로 경쟁적인 특성을 갖는다. 첫째를 따라잡기 위해 노력하지만 만약 이것이 불가능하면, 둘째는 반항을 하거나 철수를 한다. 중간 아이는 많은 경쟁자를 가지고 있지만 또한 협상하고 협력함으로써 다른 사람과 관계 맺는 방법을 배운다. 막내는 자신을 이끌어 줄 많은 이들을 가지고 있고, 부모의 과잉보호를 받을 가능성이 많다. 때문에 의존적인 성향을 갖기도 하지만 형제들을 앞지르기 위해 노력하는 과정에서 승자가 되기도 한다. 외동아이는 훨씬 자주 어른들과 유대를 맺기 때문에 특히 더 다정하고 훨씬 일찍 성숙해진다. 반면에 형제들과의 경쟁이나 협동의 기회를 갖지 못하게 될 가능성이 크다.

4. 상담의 진행

1) 상담의 목표

개인심리학에서의 상담 목표는 **내담자의 사회적 관심, 즉 잘못된 사회적 가치를 바꾸는 것**이다. 그리하여 **내담자의 소속감을 증진시키고 공동체감과 사회적 관심을 갖도록** 한다(Dreikurs, 1967). 이를 위해 상담자는 내담자와 좋은 치료적 관계를 형성하고 이를 기반으로 내담자의 목표와 생활양식을 발견해야 한다. 이러한 과정 속에서 내담자는 자신에 대한 통찰을 하고 다른 생활양식으로의 변화 혹은 재정향 reorientation을 하게 된다.

2) 상담의 과정

아들러의 개인심리학적 상담과정은 **한 내담자의 생활양식을 파악하여 새로운 생활양식을 습득하도록 돕는 재정향의 과정**이다. 이를 위한 상담의 과정은 다음과 같다(Dreikurs, 1967 ; Dinkmeyer & Sperry, 2000).

> 우리는 우선적으로 행동 패턴을 변화시키거나 증상의 제거를 시도하지 않는다. 만약 어떤 내담자가 자신의 기본적인 전제를 변화시키지 않은 채 특정한 경우에 특정한 행동이 되기 때문에 그의 행동을 개선한다면, 우리는 그것을 성공적인 치료로 받아들이지 않는다. 우리는 목표, 개념, 생각을 변화시키기 위해 노력한다.
>
> 출처 : Dreikurs(1963) ; Sweeney(2005) 재인용.

(1) 관계 형성

개인심리학 상담에서 **상담자와 내담자의 관계는 평등**하다. 상담자는 자신들의 경험과 지식을 적극적으로 사용하면서도 동시에 독립적인 선택을 할 수 있는 내담자의 능력과 힘을 존중한다. 때문에 상담자는 내담자와 협동적인 관계를 형성하고, 공동의 목표를 향해 작업한다. 이러한 목표는 상담자와 내담자의 합의를 통해 도출된다. 상담자와 내남자의 관계는 상호 존중, 협동, 합의된 목표를 달성하고자 하는 바람 등에 토대를 두고 상담의 전 과정을 통하여 형성되고 유지되어야 한다. 이러한 상담과정에서 관계를 형성하고 유지하는 핵심적인 요소로서의 **격려**가 중요한 역할을 하게 된다.

(2) 심리적인 탐색

상담자는 자신의 환경을 이해하고 예측하고 다루는 방식과 관련된 내담자의 의식적 · 무의식적 생각들을 이해하려고 노력한다. 이를 위해 내담자의 **초기기억과 가족구도, 꿈** 등을 통해 그들의 문제를 평가하고 역동성을 탐색한다. 또한 내담자의 신념과 감정, 동기와 목표에 대한 이해가 필요하다. 내담자는 이 과정에 적극적으로 참여하게 되며 상담자와 내담자는 함께 내담자가 걸어온 삶의 과정을 역동적인 그림으로 그려 낸다.

(3) 해석

이 단계는 상담자가 행한 시험적인 추론과 관찰이 포함된다. 상담자는 내담자를 기술하는 시험적인 관찰 결과를 제공할 수 있고 이는 내담자 스스로의 이해와 통찰을 촉진시킨다. 자신이 가진 삶의 목표와 고유한 논리를 지각하고 이것이 현재 자신의 행동에 어떻게 영향을 미치고 있는지 이해할 수 있도록 돕는다. 이는 진단이라기보다는 **행동 뒤의 동기를 이해하고 설명하고 해석하기 위한 노력**이다.

해석은 임상적인 관찰과 판단에 기초한 직관적인 과정이다. 상담자는 통찰의 패턴과 현재 문제의 관련성이 명확해질 때까지는 내담자에게 해가 없어 보이는 통찰 내용을 조심스럽게 노출시킨다. 이때 상담자는 분류하기보다는 행동의 목적을 탐색하도록 하고, 상담관계에서의 지금-여기의 행동과 감정을 알아차리도록 한다. 내담자가 상담자의 해석에 동의하지 않을 수도 있음을 기억하고, 내담자로 하여금 상담자의 관찰 내용을 다듬고 수정하도록 격려해야 한다. 또한 내담자를 격려하는 분위기를 만드는 것이 중요하다.

(4) 재정향

이 단계는 변화하고자 하는 내담자의 바람에 달려 있으며, 상담자는 내담자가 자신에 대해 갖게 된 **통찰을 바탕으로 자신의 비효율적 신념과 행동을 변화**시켜 나가도록 유도한다. 하지만 모든 사람들이 변화에 전념할 준비가 되어 있는 것이 아니다. 이때 상담자는 우호적인 태도를 유지하면서 앞으로 나아가기 위한 결정을 내담자와 함께 해야 한다. 모든 대안과 선택권은 내담자가 지니며 상담자는 내담자에게 변화를 원하는지 묻고, 현실적인 목표를 향해 작업한다.

5. 상담의 기법

1) 즉시성

현재 지금 이 순간에 무엇이 일어나고 있는지를 다루는 기법이다. 상담시간에 보이는 내담자의 행동과 태도는 일상에서의 내담자의 행동 패턴이 어떠한가를 보여주는 것이며 즉시성은 내담자가 이를 알아차릴 수 있도록 돕는다.

2) 격려

격려는 **용기를 북돋아 주는 것**으로 변화의 핵심요인이다. 자신이 추구하는 것을 이루지 못하고 좌절하여 낙담한 내담자에게 격려를 통해 자신의 상황을 헤쳐 나갈 수 있도록 용기를 부여하는 것이 격려다. 내담자의 기를 살려주고 신념을 바꿔줄 수 있는 가장 강력한 기법으로 이를 통해 내담자는 자기 신뢰와 변화의 용기를 갖게 된다. 지속적인 격려를 받을 때 내담자는 자기 존재에 대한 결점을 수용하고 최선을 다할 가능성이 높아진다.

Box 4-1

격려하는 사람의 성향

- 있는 그대로 사람들을 존중한다(비록 어떤 행동들에 대해서는 찬성할 수 없다 해도).
- 신뢰를 보여 준다. 이러한 신뢰는 상대방이 자기 자신을 신뢰할 수 있도록 한다.
- 그 사람이 자신의 능력을 충분히 만족스럽게 발휘할 것이라는 기대를 갖는다.
- 노력을 가치 있는 것으로 인식한다.
- 개인의 발달을 자유롭게 하고 높이기 위해 가족이나 학급 등의 집단을 통해, 그리고 집단과 함께 활동한다.
- 모든 사람이 집단의 소속감을 경험하도록 돕는다.
- 성공을 보장하는 경험과 지식에 초점을 맞추고 타인이 필요로 하는 체계적 대처 기술과 태도를 개발하도록 돕는다.
- 개인이 더욱 발전할 수 있도록 그들의 관심과 장점을 활용한다.
- 상대에게 필요한 어떠한 노력이나 행동에 대한 바람 없이 타인을 자발적으로 격려한다.

출처 : Sweeney(2005).

3) 역설적 의도

이는 개인이 기능을 제어할 수 있음을 설명하기 위해 사용된다. **내담자의 문제행동을 의도적으로 수행하게 하거나 과장하도록 하는 것**을 말한다. 예를 들어, 성과의 대화에서 긴장하게 된다고 말하는 내담자에게 그런 상황이 되면 가능한 한 긴장하도록 노력해 보라고 제안하는 것이다. 이러한 요구를 받을 때 내담자들은 그것을 해낼 수 없는 자신을 발견하게 되고 그 '문제 행동'은 가치를 잃게 된다. 이를 통해 그러한 행동의 결과에 대한 책임이 자신에게 있음을 자각하게 된다.

4) 마치 ~인 것처럼 행동하기

내담자가 "만약 내가 ~할 수 있다면"이라고 말하는 상황에 대해 **마치 정말 그런 것처럼 상상하고 행동하도록 역할놀이를 통해 표현**해 보는 것이다.

5) 수프에 침 뱉기

내담자의 자기패배적 행동에 감추어진 동기를 밝혀내고 상담자는 내담자가 그러한 행동을 통해 더 이상 의도했던 결과를 얻지 못하도록 함으로써 그 행동을 바꾸어 가게 되는 것이다. 상담자가 내담자의 자기패배적인 행동의 숨겨진 목적을 정확하게 관찰하고 이를 내담자에게 분명하게 설명할 때 내담자에게 이 행동은 더 이상 달콤하지 않은 상황이 되어 버린다. 이는 개인이 **이전에 하던 행동에서 벗어나는 수단**으로 효과적인 방법이다.

6) 단추 누르기

이 방법은 자신의 감정을 변화시킬 수 없다거나 자신의 감정의 수동적 희생자라고 느끼는 경우에 사용할 수 있다. 내담자에게 눈을 감고 자신의 경험 중 즐거웠던 사건을 회상하게 하고 이에 수반되는 감정을 주목하도록 한다. 이후 부정적인 경험을 회상하며 그와 관련된 감정을 주목하게 한다. 그런 다음 내담자에게 다시 첫 장면을 재생하도록 한다. 이러한 경험을 통해 내담자는 **감정을 선택**할 수 있고 이러한 **감정이 자신의 생각으로 인한 것**임을 깨닫게 된다.

7) 과제의 설정과 이행

과제 설정은 상담과정의 중요한 측면이다. 자신의 문제를 해결하기 위해 내담자는 **적합한 과제를 설정**하고 이를 **성공적으로 이행**함으로써 **성공감을 경험**해야 한다. 목표를 적절하게 선택할 때 성공 가능성은 높아진다. 이러한 성공감은 자신감을 갖게 한다. 만약 설정한 과제를 효과적으로 이행하지 못한다면 그 이유를 살펴보고 개선하기 위해 노력한다.

C H A P T E R

05

인지행동상담

1. 이론의 발달 배경 | 2. 인간관 | 3. 주요 개념
4. 상담의 진행 | 5. 상담의 기법

1. 이론의 발달 배경

인지행동 상담은 1960년대에 등장하여 현재 상담의 주요 이론 중 하나로서 자리 잡고 있다. 기존의 정신분석이론이 가지고 있는 한계를 극복하고자 등장한 이 이론은 대체로 **단기적인 접근**으로 이루어져 있고, 내담자의 성장과 발달, 성격의 기본적인 변화 등 보다 궁극적인 변화보다는 지금 현재 내담자가 가지고 있는 **문제 자체의 해결을 강조**하는 특징을 갖는다.

인지치료는 개인의 정서와 행동은 주로 그가 세계를 구조화하는 방식에 의해 결정된다는 이론적 근거에 기초하여 우울, 불안, 공포 등의 다양한 심리적 장애를 다루는 데 사용되는 치료방법으로 **적극적이고 지시적이며, 시간 제한적이고 구조화된 접근**이다(Beck, 1967, 1976). 인지치료는 인지가 정서적 고통과 행동적 장애에 중요한 역할을 한다고 가정하여 인지과정을 변화시킴으로써 심리적 장애나 증상을 개선하고자 한다. 이후 행동주의적 기법들이 증상 개선에 효과적이고, 인지와 행동 간의 밀접한 관계가 있다고 여겨지면서 행동적 원리들이 통합되기 시작하였고, 최근에는 인지치료보다는 인지행동치료가 활발히 이루어지고 있다. 행동주의이론가들은 내담자가 보여 주는 부적응을 심리적 부적응이 아닌 행동적 부적응으로 이해해야 하며, 이러한 부적응 행동을 적응적으로 변화시키는 것이 치료의 목표가 되어야 한다고 주장하였다.

인지행동상담에서는 인간의 문제 행동이 비합리적 사고에 의해 형성된다고 보고 인간의 인지와 감정, 행동이 서로 상호작용함을 강조하고 있다. 아동의 문제 행동에 대해 환경에 대한 아동의 부적응적인 정서, 인지, 그리고 행동반응들을 수정하거나 향상시키기 위해 애쓴다. 이를 위해 분명하게 구조화되고 시간제한적인 치료를 시행하며 지시적이고 교시적인 성격을 띤다. 이를 위해 상담자는 자문, 진단자 그리고 교육자의 역할을 하게 된다(Kendall, 1991).

인지행동상담의 대표적인 이론가로는 **아론 벡**Aron T. Beck과 **알버트 앨리스**Albert Ellis가 있다.

벡은 정신과 의사로서 인간의 행동과 정신 병리를 동기나 본능보다 정보처리의 관점에서 설명하는 모델에 근거하여 인지치료를 창시한 '**인지행동치료**의 아버지The

Father of Cognitive Behavior Therapy'이다. 처음에는 정신분석치료에 관심을 가졌으나 그 한계를 보고 점차 새로운 치료이론으로서의 인지치료가 태동하게 된다. 정신병리에 관한 일관된 통합적 이론을 제안하였고, 이에 따른 치료법을 제시했으며 아울러 이를 이론적으로 검증하고 정교하게 발전시켜 나갔다. 이를 통해 현상학적 관점과 정보처리 모델에 근거하여 인간의 행동을 설명하였고, 인지적 · 행동적 · 정서적 변화를 유발하는 방법을 개발하였으며 인간의 내면적 경험을 과학적 연구의 영역으로 가져왔고, 검증 가능한 심리치료이론을 제시하였다.

앨리스는 콜롬비아 대학에서 임상심리로 석사와 박사학위를 취득한 후 1943년 상담과 심리치료를 시작하였다. 원래 정신분석적 훈련을 받았지만 상담을 실제로 진행하는 과정에서 정신분석상담의 한계를 경험하게 되었고 그 대안으로 합리적 정서치료를 발전시켜 나가게 되었다. 1950년대 후반 REBT에 관한 첫 논문의 출판과 발표를 하며 처음에는 이를 '합리적 치료Rational Therapy'라 불렀으나 이후 '합리적 · 정서적 요법Rational Emotive Therapy'으로, 그리고 1993년 '**합리적 · 정서적 · 행동치료** Rational Emotive Behavior Therapy'라 명명하였다.

2. 인간관

인지행동상담에서는 인간을 선하지도 악하지도 않은 존재로서 합리적이고 올바른 사고와 비합리적이고 올바르지 못한 사고, 둘 다를 할 수 있는 존재로 보았다. 하지만 자신의 삶을 어떻게 살아갈 것인지를 결정할 수 있는 창의적인 존재로서 바라본다. 또한 신체적 · 환경적 요인에 의해 인성 형성에 영향을 받기도 하지만 인간 스스로가 자신의 내 · 외적 환경을 조성하고 변화시킬 수 있는 능력을 가지고 있는 존재로서 받아들인다.

인간의 문제 행동은 비합리적 사고에 의해 형성된다고 보고 있다. 인지행동상담에서는 인간의 다양한 측면, 즉 인지와 감정, 행동 등 인지, 즉 사고 또는 생각을 가장 중요하게 생각한다. 감정이나 행동의 중요성을 간과하는 것은 아니지만 이러한 감정이나 행동이 인지에 의해 영향 받고 있음을 강조하는 것이다. 이를 '인지적 결정

Box 5-1

인지행동상담에서의 정신장애

벡(Beck)에 따르면, 대부분의 정신장애는 정상적인 심리적 반응이 과장된 것이다(Beck, 1976). 이것이 그가 연속성 가설(continuity hypothesis)이라고 명명한 것인데, 정상적 반응과 정신장애에서 나타나는 과도한 반응 간에는 그 내용에 있어서 영속성이 있기 때문이다. 우울증의 경우, 패배와 결핍에 대한 느낌이 만연되어 있으며 그 결과 슬픔이 증가한다. 조증의 경우, 팽창감과 목표 지향적 활동이 늘어나면서 유쾌한 감정이 증가한다. 불안의 경우, 위험에 취약하다는 느낌이 확대되면서 회피하거나 자신을 방어하려는 욕구가 증가하게 된다(Beck, 1991a).

론'이라고 한다. 즉, 인간의 특정한 생각이 특정한 감정을 유발하고 행동을 발생시킨다는 것이다. 이는 인간의 부적응이 생각에서 연유하며, **인간을 변화시킬 수 있는 가장 효율적 방법은 생각을 변화시키는 것**이라는 것과 연결된다. 때문에 인지행동상담에서는 인간의 주된 특성을 인지에서 찾으려 하고, 인지를 변화시킴으로써 다른 모든 것을 변화시킬 수 있다고 믿는다.

3. 주요 개념

1) 인지도식

벡의 인지치료에서의 가장 핵심적인 개념에는 자동적 사고, 역기능적 인지도식, 인지적 오류의 세 가지가 있다. 인지이론에 따르면 역기능적 인지도식을 가지고 있는 사람이 환경적 스트레스와 부정적 생활사건을 경험하게 되는 경우 인지적 오류가 발생하고 이는 부정적 자동적 사고로 연결됨으로써 심리적 문제를 발생시킨다는 것이다.

인지도식schema은 **자동적 사고의 기초가 되는 정보 처리의 기본적인 특징 혹은 규**

칙들이다(Clark et al., 1999 ; Wright et al., 2003). 핵심신념들의 연결망으로 이루어진 인지적 구조로 정의되기도 하고, 암묵적인 신념을 의미하는 것으로 여겨지기도 한다(Beck, 1987a). 인지도식은 아동기 초기에 형성되기 시작하는 사고의 원리들로 사람들은 어린 시절부터 자기 나름대로 자기와 세상을 이해하는 틀을 발달시켜 나간다. 여기에는 부모의 가르침과 모델링, 공식적/비공식적 교육 활동, 또래 경험, 외상, 성공 등을 포함한 다양한 삶의 경험들이 영향을 미치게 된다. 이러한 다양한 경험들에 대한 지식들이 쌓여가고 이것이 하나의 체계화된 틀로 형성될 때 이것이 바로 인지도식이 된다. 때문에 삶의 경험이 다른 각각의 사람들은 각자 다른 인지도식을 갖게 되며, 그 사람의 삶은 그러한 인지도식 속에 반영되어 있다. 만일 이러한 인지도식이 역기능적인 경우 이는 심리적 문제의 근원적 역할을 하게 된다. 역기능적 인지도식을 가진 사람은 일상적 스트레스 상황에서 부정적 자동사고가 발생하며 이로 인해 심리적 문제를 경험하게 된다. 이러한 신념들은 관련된 특정한 생활사건에 의해 촉발될 때까지 잠복되어 있는 상태로 존재한다. 일단 촉발되어 활성화되면, 인지도식은 매우 활발한 상태가 되어 강렬한 감정을 수반하게 된다.

2) 자동적 사고

자동적 사고automatic though는 **어떤 사건에 접하게 되었을 때 자동적으로 떠오르는 생각**(이장호 외, 2014)으로 이러한 자동적 사고가 부정적인 경우 심리적 문제를 일으킬 수 있다. '자동적'이라고 말하는 이유는 이러한 생각들이 자기도 모르게 떠오르기 때문이다. 자동적 사고들은 우리가 일상적으로 의식하거나 말로 표현되는 것이 아니며, 삶에서의 사건들에 대한 의미를 평가할 때 아주 빠른 속도로 부지불식간에 스쳐지나가는 것들이다. 당사자 입장에서는 이러한 생각을 했다는 것도 자각하지 못하는 경우가 대부분이다. 하지만 이는 주의를 집중할 경우 발견해 낼 수 있기 때문에 '전의식적preconscious'이다. 이러한 자동적 사고는 강렬한 감정을 경험할 때 잘 발견할 수 있다. 우울장애나 불안장애 등의 심리적 문제를 경험하는 사람들은 부적응적이고 왜곡된 자동적 사고에 매몰되어 있고 이는 고통스러운 정서적 반응과 역기능적인 행동을 일으킨다.

3) 인지적 오류

인지적 오류cognitive errors란 **어떤 경험이나 사건을 해석하고 받아들이는 과정에서 생기는 추론 혹은 판단의 오류**를 말한다(이장호 외, 2014). 이는 현실을 제대로 지각하지 못하거나 사실이나 그 의미를 왜곡하여 받아들이는 것을 뜻한다. 심리적인 문제를 경험하는 사람들은 체계적인 사고의 오류가 있어서 반대 증거에도 불구하고 부정적 사고의 타당성에 대한 내담자의 신념이 유지된다(Beck, 1967). 대표적인 인지적 오류들은 다음의 몇 가지가 있다.

(1) 임의적 추론

임의적 추론arbitrary inference은 결론을 지지하는 증거가 없거나 증거가 결론과 배치되는데도 불구하고 어떤 결론을 이끌어 내는 과정을 말한다.

(2) 선택적 추상화

선택적 추상화selective abstraction는 맥락에서 벗어난 한 가지 세부 특징에 초점을 기울이고 더 현저한 다른 특성들을 무시한 채 이러한 경험의 단편에만 기초하여 전체 경험을 개념화하는 것이다. 많은 사람들의 긍정적 반응에도 불구하고 한두 명의 부정적 반응에만 선택적으로 주의를 기울여 실패라고 판단하는 경우가 여기에 해당한다.

(3) 과잉 일반화

과잉 일반화overgeneralization는 한두 번 정도의 특정 사건들에 기초하여 일반적인 법칙이나 결론에 도출하여, 그 개념을 관련되지 않은 상황에까지 광범위하게 적용하는 패턴을 말한다. '항상', '누구나'와 같은 말로 표현되기도 한다.

(4) 과장과 축소

과장과 축소magnification and minimization는 어떤 사건의 중요성이나 정도를 심하게 왜곡하여 평가하는 오류를 말한다. 수많은 큰 실수가 반복되었음에도 '그럴 수도 있지'라고 생각하거나 한 번의 실수에도 '난 실패자야'라고 생각하는 것이 그 예이다.

(5) 개인화

개인화personalization는 외부 사건을 자신과 관련지을 근거가 없는데도 이를 관련 짓는 경향을 의미한다. 지나가는 동료의 표정이 안 좋은 것을 보고 자신 때문에 기분이 나빠졌다고 생각하는 것과 같은 경우이다.

(6) 흑백논리, 이분법적 사고

흑백논리, 이분법적 사고absolutistic, dichotomous thinking는 모든 경험을 양극단의 이분법적 범주 중 하나로 평가하는 경향을 말한다. 성공이냐 실패냐, 완벽이냐 결함이냐 등 중립적인 것을 인정하지 않는 사고로 우울증을 가진 사람이 극단적으로 부정적인 범주를 선택하는 경우가 많다.

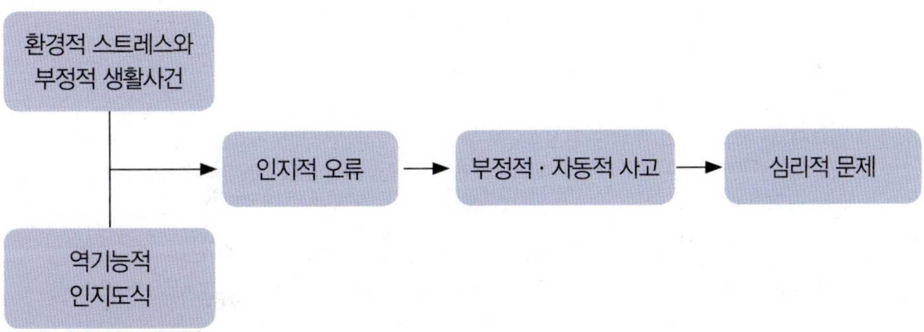

그림 5-1 벡의 인지치료이론에 따른 심리문제의 발생과정

4) 비합리적 신념

앨리스의 합리적 정서치료의 핵심개념은 비합리적 신념이다. 인간의 정서적 문제는 구체적인 사건이 아니라 그 사건을 지각하고 받아들이는 방식에서의 문제로 인해 발생한다. 즉, 자신이 이미 가지고 있던 기존의 비합리적인 생각들을 바탕으로 사건을 해석하기 때문에 문제를 경험하게 되는 것이다. 이렇게 **인간이 경험하는 구체적 사건에 대한 왜곡되고 잘못된 생각의 뿌리가 되는 것**이 비합리적 신념이다. 비

Box 5-2

비합리적 사고의 대표적인 예 13가지와 이에 대한 합리적 사고

비합리적 사고	합리적 사고
1. 알고 있는 모든 중요한 사람들로부터 사랑받고, 인정받고, 이해받아야만 가치 있는 사람이다. 만약 그렇지 않다면 이는 끔찍하다.	1. 자기를 존중하고, 실제적인 일에 대해 인정을 받고, 사랑받기보다는 사랑하는 것에 신경을 쓰는 것이 보다 바람직하고 생산적이다.
2. 어떤 사람들은 나쁘고 사악하며 반드시 비난받고 처벌받아야만 한다.	2. 사람들은 비윤리적으로 행동하는 경우가 흔하며, 이들을 비난하고 처벌하기보다는 그들의 행동을 변화시킬 수 있도록 도와주는 것이 더 좋을 것이다.
3. 일이 뜻대로 진행되지 않는다면 이는 무시무시하고 끔찍한 일이다.	3. 일이 내 뜻대로 된다면 좋겠지만, 내가 원하는 대로 되지 않는다고 해서 끔찍할 이유는 없다.
4. 위험하거나 두려운 일이 일어날 가능성을 늘 생각하고 있어야 한다.	4. 걱정한다고 해서 어떤 일이 저절로 사라지는 것은 아니다. 나는 일어날 가능성이 있는 괴로운 일을 처리하기 위해서 최선을 다할 것이며, 만약 다루기가 불가능하다면 그 일이 어쩔 수 없다는 것을 받아들이겠다.
5. 완벽한 능력이 있고 성공을 해야만 가치 있는 인간이다.	5. 자신이 인간적인 한계가 있고 실수를 범하기도 하는 불완전한 존재라는 것을 받아들이는 것이 좋다.
6. 인간의 문제는 완전한 해결책이 있고 만일 그 해결책을 발견할 수 없다면 이는 끔찍한 일이다.	6. 세상은 불확실한 세계이다. 삶을 즐기기 위해 나는 아무런 보장이 없더라도 결정을 내리고 위험을 무릅쓰겠다.
7. 세상은 반드시 공평해야 하며 정의는 반드시 승리해야 한다.	7. 세상에는 불공평한 경우가 자주 있다. 불공평한 경우에 불만을 갖는 것보다는 이를 시정하도록 노력하는 편이 더 낫다.
8. 나는 항상 고통이 없이 편안해야만 한다.	8. 고통이 없이 얻을 수 있는 것은 아무 것도 없다. 그러므로 내가 비록 이것을 좋아하지 않아도 나는 이런 불편을 참아내고 견딜 수 있다.
9. 나는 아마 미쳐 가고 있는지도 모른다. 그러나 나는 미쳐서는 안 된다. 왜냐하면 그것을 견딜 수 없기 때문이다.	9. 정서적 어려움은 확실히 즐거운 것은 아니지만 이는 견딜 수 있다.
10. 인생에서의 어려움은 부딪치기보다 피해가는 것이 편하다.	10. 소위 쉬운 방법은 궁극적으로는 피할 수 없으며 더욱 어려운 방법이다.
11. 우리는 다른 사람에게 의지해야만 하고 의지할 강한 누군가가 있어야만 한다.	11. 다른 사람들과 친밀하게 지내는 것을 즐기지만, 내 생활을 도와줄 사람을 원하지는 않는다. 나는 내 자신을 믿고 의지할 수 있다.

비합리적 사고	합리적 사고
12. 행복이란 외부 사건들에 의해 결정되며 우리는 통제할 수 없다.	12. 현재 내가 겪고 있는 정서적인 괴로움은 주로 나의 책임이며, 내가 사건을 보고 평가하는 방식을 변화시킴으로써 나의 감정을 조절할 수 있다.
13. 나의 과거의 사건들이 현재의 행동을 결정한다.	13. 나는 과거의 일들에 대한 나의 지각과 과거의 영향에 대한 나의 해석을 재평가함으로써 과거의 영향을 극복할 수 있다.

출처 : 박경애(1997).

합리적 신념은 살아오면서 당면하는 여러 가지 스트레스 상황에 대처하기 위해 스스로가 발전시켜 온 것으로 스스로에게 다짐하는 일종의 자기 대화self-talk인 셈이다. 이러한 비합리적 신념을 기저에 가지고 살아가는 사람들은 정서적인 문제를 경험할 수밖에 없다.

여기에서 말하는 비합리적 사고라는 것은 도덕적이지 못하거나 논리적이지 못한 사고를 의미하는 것은 아니다. 합리적 사고와 비합리적 사고를 구분하는 기준에는 융통성, 현실성, 기능적 유용성 세 가지가 있다(이장호 외, 2014).

- **융통성** : '모든', '항상', '반드시', '결코', '당연히'와 같은 단어로 표현되는 사고로서 자신의 생각에서 벗어나는 예외들을 받아들이지 못하고 혼란을 경험할 수 있다.
- **현실성** : 사람들이 가진 생각이 현실적으로 실현 가능한 것인가를 보는 것으로 실현 불가능한 목표와 생각은 심리적 좌절과 고통을 초래한다.
- **기능성 유용성** : 이 생각이 현실을 행복하게 사는 데 얼마나 도움이 되는지의 여부이다.

불행과 절망, 좌절을 가져오는 생각보다는 삶을 유쾌한 것으로 만드는 생각이 합리적인 것이라 할 수 있다. '우리는 주위의 모든 사람들에게 항상 사랑과 인정을 받아야만 한다', '우리는 모든 면에서 반드시 유능하고 성공해야만 한다', '일이 내가 바라는 대로 되지 않으면 파멸뿐이다' 등과 같은 것이 대표적인 비합리적 신념들이다.

표 5-1 합리적 사고와 비합리적 사고의 차이

특성＼갈래	합리적 사고	비합리적 사고
논리성	논리적으로 모순이 없다.	논리적으로 모순이 많다.
현실성	경험적 현실과 일치한다.	경험적 현실과 일치하지 않다.
실용성	삶의 목적 달성에 도움이 된다.	삶의 목적 달성에 방해가 된다.
융통성	• 융통성이 있다. • 경직되어 있지 않다.	절대적/극단적/경직되어 있다.
파급효과	적절한 정서와 적응적 행동에 영향을 준다.	부적절한 정서와 부적응적 행동을 유도한다.

출처 : 박경애(1997).

4. 상담의 진행

인지행동상담은 하나의 단일한 이론이기보다는 다양한 여러 이론들이 함께 묶인 이론의 집합체로 이해되고 있다. 때문에 **인지의 변화**를 통해 내담자의 문제를 해결할 수 있다는 기본 가정은 공유하지만 문제해결방식과 절차에서의 차이를 보이고 있다. 부적응의 해소를 위해 인지적 재구성을 보다 강조하거나, 부적절한 방식의 대처 방식을 변화시키기 위해 대처 기술의 직접적 교육훈련에 초점을 두는 접근, 또는 문제해결을 위해 인지적 재구성과 대처 기술훈련을 복합적으로 사용하는 접근도 있다. 무엇을 강조하고 초점을 두느냐의 차이는 있지만 이러한 방법들이 모두 **인지의 재구성과 구체적인 대처 행동의 훈련을 병행**한다는 점에서는 공통적이라고 할 수 있다.

1) 상담 목표

인지행동상담에서의 상담 목표는 **환경에 대한 아동의 부적응적인 정서, 인지 그리고 행동반응들을 수정하거나 향상**시키는 것이다. 상담자는 사고와 감정이 행동에 영향을 미치고 행동을 조정하는 메커니즘을 더 많이 이해하기 위해 내담자를 돕는다.

합리적 정서치료에서는 **비합리적 신념을 합리적인 신념들로 대체함**으로써 정서적 문제에서 벗어나는 것이 상담의 목표이다.

2) 상담자의 역할

인지행동상담에서는 상담자와 내담자의 관계는 친밀함을 극소화시키고, 상담자는 주로 인지적 측면을 강조하는 매우 지시적이고 설득력 있는 방법을 사용한다. 상담자는 내담자가 문제를 해결할 수 있는 새롭고 가장 적절한 방법을 고르고 선택하도록 돕는다.

3) 아론 벡의 인지행동치료

인지행동치료를 통해 내담자는 결핍되거나 왜곡된 사고의 요소들을 확인하고 새로운 사고의 방식을 배우며 연습하게 된다. 치료과정에서 왜곡된 개념화와 그 근저에 놓여 있는 역기능적 인지도식을 파악하고 현실을 검증하여 수정하는 과정을 거친다. 내담자는 자신의 사고를 재평가하고 수정함으로써 자신의 문제에 대해 보다 현실적이고 적응적으로 생각하며 행동할 수 있게 된다.

일반적으로 단기로 진행되는 문제중심치료로서 주로 '지금-여기here and now'에 초점을 맞춘다. 현재 문제에 주의를 기울여 거기에 대처하는 활동계획을 세우고 접근한다. 하지만 초기 아동기 발달이나 가족 배경, 외상, 긍정적 · 부정적 경험 등은 내담자에 대한 이해와 치료계획 수립에 중요하기 때문에 간과되지 않는다.

초기에는 라포르관계를 형성하고, 개념화를 하며, 내담자를 인지치료의 과정과 구조에 참여시키는 것이 필요하다. 상담자가 인지적 왜곡을 평가하고 교정하는 체계적인 방법을 보여 줄 필요가 있으며 역기능적 생각을 적는 일기, 역기능적 사고 기록지 등의 도구를 활용하는 것이 좋다. 내담자 스스로 자신의 사고를 평가하며, 과제를 고안해 낼 수 있도록 하기도 한다.

상담자와 내담자의 상호협조collaboration의 관계를 바탕으로 문제 중심적이고 목표 지향적으로 작업한다. 내담자가 자신의 역기능적 사고와 신념을 찾아내고 평가하며, 효과적으로 대응함으로써 내담자 스스로 자신의 상담자가 될 수 있도록 교육할 필요가 있다. 가능한 경우 단기적이고 시간 제한적time-limited 개입을 시도하고 구조화된 치료를 실시한다.

인지행동상담에서는 다양한 인지적 방법과 행동적 방법을 사용하게 된다. 인지적 기법은 내담자의 잘못된 생각과 부적응적인 가정을 파악하고 검증하는 것을 목표로 한다. 인지적 접근은 매우 특수한 학습 경험들로 이루어지는데, 내담자들은 이를 통해 부정적 · 자동적 사고인지를 감찰하고, 인지, 정서, 행동 간의 관련성을 인식하며, 왜곡된 자동적 사고의 증거와 반대 증거를 검토해 볼 수 있게 된다. 또한 이러한 편파된 인지를 보다 더 현실 지향적인 해석으로 대체할 수 있으며 자신의 역기능적 신념을 파악하고 수정할 수 있게 된다. 행동기법에는 모델링, 역할극, 표출 경험, 이완훈련, 조건강화와 같은 방법들이 포함된다.

4) 알버트 앨리스의 합리적 정서치료

합리적 정서치료이론에 따라 상담을 진행하는 과정과 방법은 'ABCDE 모형'으로 설명된다. A는 내담자가 노출되었던 문제 장면이나 선행사건Activating Event, B는 문제 장면에 대한 내담자의 신념Belief, C는 선행사건 A 때문에 생겨났다고 내담자가 보고하는 정서적 또는 행동적 결과Consequences, D는 비합리적 신념에 대한 상담자의 적극적인 논박Disputes 그리고 E는 비합리적 신념을 논박 또는 직면한 결과Effects이다.

내담자가 겪는 문제(C)는 선행사건(A)의 직접적 결과가 아닌 그 사건에 대한 내담자의 신념체계(B)에 의한 것이다. 상담자는 적극적인 논박(D)을 제공함으로써 내

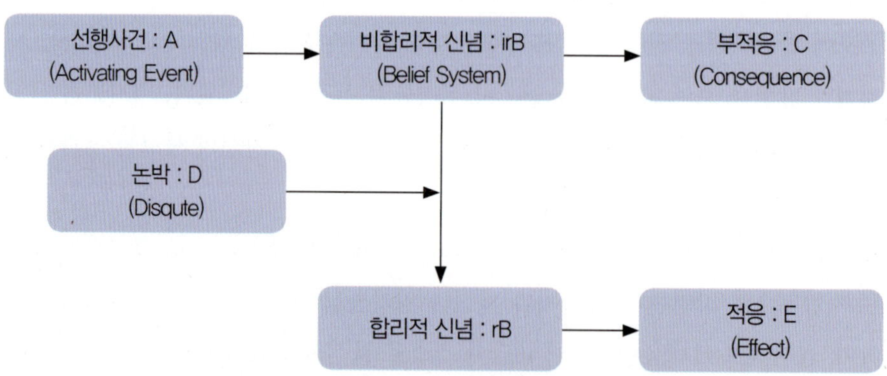

그림 5-2 엘리스 상담의 방법과 진행과정

담자의 문제를 유발하는 내담자의 비합리적인 신념irrational Belief, irB을 합리적인 신념rational belief, rB로 바꾸어 나가야 한다. 그리고 이는 정서적 건강(E)으로 이어진다.

이를 위한 절차는 다음과 같다(이장호 외, 2014).

- 합리적 정서치료의 기본 철학 및 논리를 내담자가 믿도록 설명하고 설득한다.
- 상담 면접과정에서 내담자의 자기 보고 및 상담자의 관찰을 통해 내담자의 비합리적 신념을 발견하고 규명한다.
- 내담자의 비합리적 신념에 대해 상담자가 직접적으로 논박하고 합리적 신념의 예를 제시하거나 시범을 보인다.
- 비합리적 신념을 합리적 신념으로 대치하기 위한 인지적 연습을 반복한다.
- 합리적 행동반응을 개발, 촉진하기 위한 행동연습을 시행한다.

주의할 것은 상담자의 논박의 대상은 내담자 개인이 아닌 내담자의 비합리적 신념임을 기억하고, 내담자가 상담자의 논박을 개인적인 것으로 받아들이지 않도록 존중하는 태도를 유지해야 한다는 것이다.

5. 상담의 기법

1) 소크라테스식 질문

인지치료를 위해 가장 빈번하게 사용되는 기법은 소크라테스식 질문이다. 소크라테스식 질문에서는 내담자의 호기심을 자극하는 질문들을 던지고, 상담자는 내담자에게 치료개념을 가르치는 것 대신 **내담자가 스스로 학습과정에 참여하도록 유도**한다.

2) 사고기록지

사고기록지 또한 많이 활용되는데, **자동적 사고를 기록**하는 것은 보다 합리적인 사고를 할 수 있도록 돕는다. 자신의 부정적 사고를 인식하고 확인하여 역기능적 사고일지에 기록하는 것을 가르친다. 이렇게 기록된 인지와 기저 가정들은 논리, 타당성, 적응성의 측면에서, 그리고 긍정적 행동을 촉진하는가 아니면 병리 유지에 기여하는가의 측면에서 토론 및 검토된다.

3) 인지적 예행연습

심상이나 역할극을 통해 새로운 사고방식을 연습하는 것이다. 이러한 방법은 상담자의 도움을 받아 치료 회기 중 실시되거나, 혹은 내담자가 회기 중 이를 해 본 후 과제로 집에서 혼자 실시할 수도 있다.

4) 인지적 재구조화

인지적 재구조화의 일반적인 전략은 치료 회기에서 내담자의 자동적 사고와 스키마를 찾아내고, 내담자에게 인지를 변화시키기 위한 기술을 가르친 후, 과제를 통해 이를 연습하도록 함으로써 내담자가 **치료 회기 때 배운 것을 실제 삶의 상황에 적용**하도록 하는 것이다.

5) 점진적 과제 부여기법

과제수행단계를 세분화하여 **단계별, 점진적으로 과제를 수행**하도록 하는 방법이다. 이러한 훈련을 통해 새로운 행동습득이 가능하다.

Box 5-3

인지행동놀이치료

인지행동놀이치료는 놀이치료의 패러다임 안에 인지적 개입과 행동적인 개입을 통합한 것으로 인지행동적 원리를 발달적으로 적절하게 통합하고 있다. 인지행동치료는 아동과의 치료적 관계를 형성해야 하고 놀이를 통한 의사소통이 이루어지며, 안전한 공간에서 아동에게 안전감과 보호감을 제공하고, 아동을 이해하기 위해 다양한 정보를 수집한다는 점에서 전통적인 놀이치료인 정신분석적 놀이치료, 비지시적 놀이치료와 공통점을 갖는다. 하지만 기존의 전통적 놀이치료에서는 교육적 놀이를 적절하지 않다고 보는 반면, 놀이를 기술과 대안적인 행동을 가르치는 데 사용함으로써 교육적인 놀이를 활용한다는 점에서 차이가 있다. 또한 전통적 놀이치료에서 칭찬을 바람직하지 못한 것으로 보는 것에 반해, 인지행동 놀이치료에서 칭찬은 아동이 자신에 대한 긍정적 느낌을 가지게 하는 중요한 요소로서 활용된다.

인지행동놀이치료의 구체적인 특성은 다음과 같다(Knell, 2001).

- 인지행동놀이치료는 놀이를 이용하여 아동을 치료에 참여시키는 것이다.
- 인지행동놀이치료는 아동의 사고, 감정, 환상, 그리고 환경에 초점을 맞춘다.
- 인지행동놀이치료는 좀 더 적절한 사고와 행동을 발달시키기 위한 하나의 전략이나 여러 해결책을 제시한다.
- 인지행동놀이치료는 개방형이기보다는 구조적이고, 직접적이고, 목표지향적이다.
- 인지행동놀이치료는 실질적으로 시범을 보이는 기법을 통합한다.
- 인지행동놀이치료를 통하여 치료에 대한 실질적인 검토가 가능하다.

C H A P T E R

06

사람중심상담

1. 이론의 발달 배경 | 2. 인간관 | 3. 주요 개념 |
4. 상담의 진행 | 5. 상담의 기법

1. 이론의 발달 배경

대표적 학자인 칼 로저스Carl Rogers, 1902~1987는 농학과 신학을 공부하는 과정에서 하나의 유기체로서 인간이 가지고 있는 자기실현 경향성을 인식하고, 점차 심리학과 상담에 관심을 가지게 되었다. 인본주의에 근거한 사람중심상담person-centered counseling에서는 내담자를 상담자의 직접적인 개입 없이도 자신의 문제를 해결하고, 타고난 잠재력을 실현하며, 자신의 삶을 긍정적으로 변화시킬 수 있는 역량을 지닌 존재로 본다. 이러한 관점은 해석을 통한 상담자의 지시적·개입적 태도를 취하는 정신분석학에 반대하고, 인간의 행동을 자극에 대한 반응으로 단순화시키는 행동주의를 비판하는 것이다.

사람중심상담은 1940년대에는 지시적 상담과 구별해서 '비지시적 상담nondirective therapy'으로 불렸으나, 1950년대에는 내담자의 좀 더 긍정적이고 적극적인 내적 성향을 강조하고자 '내담자중심 상담client-centered therapy'으로 이름이 바뀌었다. 이후 개인의 현상학적 장 속에서 그의 고유한 내적 참조 틀을 이해하고 탐색함으로써 인간을 가장 잘 이해할 수 있음을 강조하면서, '사람중심상담'으로 명명되었다. 1970년대에 들어서면서 로저스의 사상은 계속 확장되고 광범위한 영역에 적용되기 시작했다. 로저스는 내담자의 문제에 대한 임상적 접근, 즉 진단 위주의 형식적인 개입의 치료적 효과를 신뢰하지 않았다. 그보다는 내담자의 통찰과 변화를 초래할 수 있는 중요한 치료적 메커니즘으로, 상담 상황에서 상담자가 내담자에게 보여주는 수용성, 진실성, 경청과 반영을 강조했다.

아동중심상담의 이론적 배경이 되는 사람중심상담에서 무엇보다 상담자의 공감과 경청은 가장 중요한 상담기법이라 할 수 있다.

2. 인간관

1) 선한 존재

인간은 선천적으로 선하고 신뢰로운 존재로 태어난다. 인간이 때로 바람직하지 못하거나 병리적인 행동을 하는 것은 이상적 자아ideal self와 현실 자아real self 간의 간극으로 인한 방어적 차원에서이다. 아동의 경우에도 아동의 현실 모습과 아동에 대한 부모의 기대 간에 과도한 간극이 아동의 부적응문제를 초래할 수 있다. 그러므로 이러한 불일치와 괴리가 줄어들수록 인간은 내재적인 선한 본성을 더욱 드러내기 쉽다.

2) 실현화 경향성의 존재

인간은 선천적으로 '실현화 경향성actualizing tendency'을 가지고 태어나며 자아실현을 위해 끊임없이 노력하는 존재이다. 실현화 경향성이란 자신을 유지하거나 성장시키는 데 도움이 되는 방향으로 자신의 모든 능력을 계발하려는 유기체의 선천적 경향성을 의미한다. 특히, 실현화 경향성 중 가장 중요한 차원은 **'자아실현 경향성'**이다.

3) 무한한 가능성의 존재

인간은 적절한 조건이 갖추어진다면 타고난 잠재력을 발달시켜 무한한 성장과 발전을 이룰 수 있다. 즉, 잠재력을 실현하는 과정에서 자신의 인생 목표와 행동 방

표 6-1 사람중심상담의 발전과정

시기	연도	특징
비지시적 상담기 (nondirective period)	1940년대	허용적이고 비지시적이며 비간섭적인 분위기에서 내담자의 감정을 수용하고 명료화하는 데 초점
반영적 접근 시기 (reflective period)	1950년대	• 내담자의 감정 반영 중시 • 내담자 자신의 자기실현화 경향성 강조 • 비지시적 → 반영적
경험적 접근 시기 (experiential period)	1960년대	경험에 대한 개방성, 자신에 대한 신뢰감, 성장 의지 등을 통한 진정한 자기 찾기를 시도
사람중심상담기 (person-centered counseling)	1970~1980년대	• 인본주의 상담의 여러 기본 전제들이 확립됨 • 공감성, 수용성, 진정성, 일치성, 긍정적 관심 등의 개념 정립

출처 : Zimring & Raskin(1992)에서 수정 발췌.

향을 스스로 결정한다. 인간은 이러한 결정에 따르는 책임을 지면서 합리적이고 건설적인 방향으로 성장해 나가는 미래 지향적 존재이다.

3. 주요 개념

1) 인본주의

인본주의에서 인간은 세상의 중심에 있고 가치로우며 중추적인 존재이다. 인본주의는 크게 세 가지 주요 측면에서 정신분석이나 행동주의와는 다르다.

첫째, 인본주의는 현상학적 장을 중시하고 사람들의 내적 참조 틀internal frame of reference과 그들의 경험에 대한 개인적 의미에 초점을 맞춘다.

둘째, 인본주의는 낙관적이며 개인의 성장과 잠재력의 실현을 도모할 수 있도록 격려한다.

셋째, 인본주의는 다른 종과 구분되는 인간의 선택, 자유, 가치 등과 같은 특성을 강조한다(Seligman, 2006). 예컨대, 적절한 조건만 갖추어지면 긍정적인 방향으로 '자동적'으로 성장하는 도토리나무처럼 인간도 자연스럽게 자아실현을 이룰 수 있는 방향으로 나아간다. 그러므로 성장과 자아실현을 유도하는 분위기를 만들어 내는 상담자의 태도가 무엇보다 중요하다(Corey, 2001).

2) 현상학적 관점

현장학적 장phenomenal field은 개인이 '**지금 여기에서**here and now' **느끼고 지각하는 모든 것**을 말한다. 현상학phenomenology에서는 개인이 세상에 대해 자신만의 독특한 지각을 가지고 있다고 믿는다. 우리에게 중요한 것은 대상이나 사건 자체가 아니라 우리가 대상이나 사건을 어떻게 지각하느냐 하는 것이다. **주관적 지각과 경험**이 사람들의 신념, 행동, 정서, 관계를 결정한다. 인간은 자신만의 현상학적 장 안에서 자신을 실현하고자 하며, 어린아이도 자신의 시선으로 세상을 지각하고 판단한다.

3) 내적 준거체계

모든 사람은 자신만의 지각, 행동, 정서, 태도, 사고 등에 대한 고유한 참조 틀을 가지고 있다. **그 개인의 내적 참조체계를 조망함으로써 그 사람의 내면세계와 행동을 이해**할 수 있다. 개인의 현상학적 장에 대한 이해는 곧 내적 준거체계의 이해와도 같다. 자칫 사람들은 어린아이가 자신만의 세계와 사고체계를 가지고 있다는 사실을 종종 간과한다. 그러므로 내담자가 어린 아동일수록 상담자는 그들의 내면 세계에 민감하게 귀기울여야 한다.

4) 실현화 경향성

로저스가 가정한 유일한 인간의 심리적 동기는 실현화 경향성이다. 이것은 인간이 자신을 유지하거나 성장시키는 데 도움이 되는 방향으로 자신의 모든 능력을 계발하려는 선천적 경향성이다. 모든 유기체는 자신의 잠재력을 발휘하고 성장하려는 내재적 욕구를 가지고 있고, 촉진적 환경이 주어질 때 이 성장욕구와 실현화 경향성은 더욱 고취된다. 실현화 경향성을 내재적으로 가지고 있는 개인은 결국 진정한 자기 자신이 되어가는 **자아실현**self-actualization**을 추구**한다. 이는 최종적으로 완결된 것이 아니라 인간이 죽는 순간까지도 지속되는 부단한 과정이다.

5) 자아개념

개인이 자신의 여러 다양한 특성들과 능력 등에 대해 가지고 있는 지각과 개념화를 의미한다. 이 자아개념self-concept은 **현실 자아**real self**와 이상적 자아**ideal self**로 구성**되며, 개인의 행동양식과 정서적 양식을 보여 준다. **건강한 사람은 자아개념이 일관**되지만 정서적 갈등과 부적응을 겪고 있는 사람에게 자아개념은 비일관적이다. 건강한 자아의식과 자아개념을 가진 사람은 **자신의 경험을 자신의 언어와 사고로 정확하게 내재화하고 상징화하며 표상**할 수 있다. 이들은 외부로부터의 억압이나 불안 없이 자신의 감정과 경험을 있는 그대로 투명하게 느끼고 수용한다.

6) 가치의 조건화

로저스에 따르면 아이들의 자아개념은 그들의 삶에서 중요한 사람들과의 상호작용과 그 사람들에게서 받는 메시지를 통해 형성된다. 만일 **아이들이 조건적 가치 안에 놓이고 비판적 메시지를 경험하게 된다면 아이들의 자아상**self-image**과 바람직한 성장은 제약**될 것이다. **'만일 네가 ~ 한다면'이라는 조건** 속에서 아이는 자신을 신뢰하기보다는 타인의 조건과 승인, 보상에 추동되기 쉽다. 타인의 지각과 기준에 얽매일 때 자신의 고유한 내재적 성향을 회피하게 되고 내적 역량은 방해를 받으며, 결과적으로 자기소외와 함께 바람직하지 못한 발달이 나타나기 쉽다. 또 현실적 자아와 이상적 자아 간의 간극이 커지고 내면세계가 억압되기 쉽다. 지나치게 과보호적이거나 지배적이고 위협적인 환경은 아이들의 발달에 부정적인 영향을 주고 아이들이 자신을 자유롭고 강하다고 느끼는 데 어려움을 줄 수 있다. 이런 **가치의 조건화**conditions of worth**는 개인의 실현화 경향성을 방해**하고 여러 가지 정서적 문제들과 부적응 행동을 만들어 낼 수도 있다.

7) 충분히 기능하는 사람

로저스는 가치의 조건화처럼 인간발달에 좋지 않은 영향을 줄 수 있는 부정적 환경의 해로움을 인정했지만, **수용과 무조건적 긍정적 존중이 깔려 있는 촉진적 환경**facilitative emvironment**이 제공된다면 인간은 '충분히 기능하는 사람**a fully functioning person**'으로 발달**해 갈 수 있다고 본다. 이러한 사람은 자신의 실현화 경향성을 끊임없이 드러내고 새로운 경험과 환경에 개방적으로 반응한다. 그는 대인관계에서도 방어적이지 않으며 자신의 내면세계와 충동을 억압하기보다는 지각하고 통찰할 수 있다. 또 타인이 아닌 **자신의 내적 가치를 확신**하고 과거에 얽매이기보다는 **매 순간을 끊임없이 자각하는 실존적 삶**을 살아가고자 한다. 자신의 내면의 욕구에 민감하면서도 세상과의 조화로운 유대를 만들어간다.

Box 6-1

유기체적 가치화 과정

유기체적 가치화 과정(organismic valuing process)은 가치의 조건화와 반대로 **어린아이가 자신의 감정과 느낌에 따라 경험을 평가하는 것**을 말한다. 유아는 이 유기체적 가치화 과정의 지배를 받기 때문에 자신이 경험하는 외적 세계를 특별히 편향되거나 왜곡된 시각으로 바라보지 않으며 있는 그대로 수용하고 내면화한다. 이런 **유기체적 가치화 과정 속에서 유아는 자신의 내면과 감정을 신뢰하고 이에 충실하게 된다.** 이런 유아에게 세상은 호기심과 적극적 탐색의 대상이 된다. 그리고 이런 상황에 있는 유아의 자아는 일관적이고 통합적이며 외적 세계에 대한 방어와 거부가 작다. 이러한 발달은 **부모의 무조건적 긍정적 존중과 수용, 가치의 조건이 배제된 애정과 사랑 속에서 가능**하다. 그러나 만일 부모가 자신의 가치의 조건을 아이에게 제시하고 조건적 수용을 내세운다면, 아이는 자신의 진실된 감정에 충실할 수 없고 부모와 사회가 요구하는 외적 가치에 따라 자신을 조절하고 통제하게 된다. 즉, 부적절한 가치와 조건의 부과는 아이로 하여금 자신의 자아개념과 경험 사이의 심각한 괴리와 갈등을 경험하게 만들고, 여기에서 아이의 자기인식은 분열되고 약화되기 쉽다. 결국 아이는 자신의 내면의 목소리와 감정, 욕구가 아닌 부모를 포함한 외적 인물들의 요구와 조건에 부응하고자 본래의 자기인식을 상실하게 된다. 이로부터 불안과 우울, 불일치, 부조화, 현실 자아와 이상적 자아 간의 심각한 분열, 왜곡된 자아개념 등이 나타나기 쉽다.

출처 : Rogers(1957).

4. 상담의 진행

일반적으로 사람중심상담에서는 **내담자의 심리나 상태를 임상적으로 진단** diagnosis**하지 않는다**. 내담자가 가지고 있는 어려움의 내력과 본질을 파악해서 범주화하고 진단을 내리는 것은 내담자의 자기결정성과 자기책임을 간과하는 것으로 바람직하지 않다. 그러므로 상담자는 내담자가 호소하는 증상이나 문제의 본질과 내력에 대해 집중적으로 탐색하지 않는다. 과거 내담자에게 어떤 일이 발생해서 현재 어려움을 초래하였는가를 아는 것은 크게 중요하지 않다. 그러므로 다른 정서중심적 접근의 상담들처럼 **'지금 여기'를 강조**하고 내담자의 인지적 통찰보다는 **정서적**

변화에 초점을 둔다.

내담자가 가지고 있는 지식적 차원은 역설적으로 내담자가 현재 행동을 통해 얻는 정서적 만족에 따른 자각을 방해할 수 있다. 내담자는 실제 상황이 어떤지를 인지적으로 알 수는 있지만 여기에 대해 정서적으로 반응하기 때문에, 결국 이러한 인지적 통찰과 앎이 행동을 변화시키지는 못한다. 그러므로 내담자가 어떤 특별한 상황이나 실제적 사건에 대해 말하는 것으로 상담을 시작할지라도 상담자는 내담자가 그러한 상황이나 사람들, 사건에 대한 **감정에 초점**을 두도록 돕는다. 상담자는 내담자 자신이 표현하는 감정을 좀 더 객관적으로 조망할 수 있도록 가능한 정확하게 반영해준다.

1) 심리적 문제의 발생

사람들이 겪는 심리적 문제는 타고난 가능성과 내재적 욕구를 제대로 인식하지 못하고, 외부에서 주어진 외적 가치의 조건들에 자신을 맞추는 데서 비롯된다. 가치의 외적 조건들은 개인이 자신의 참모습과 본질을 직면하고 실현하는 것을 방해한다. **외적으로 부여된 가치조건에 따라 형성된 왜곡된 자기개념은 '지금 여기'에서의 경험과 충분한 기능을 방해한다**. 실제 경험이 자신의 고유한 자아구조와 일치하지 않고 또 외적으로 주어진 조건적 가치에 자신을 맞추게 될 때, 정서행동적 문제가 발생할 수 있다. **현실 자아와 이상적 자아 간의 심각한 괴리**도 문제를 유발하기 쉽다.

2) 상담 목표

사람중심상담에서 상담 목표는 '가치의 조건화'에 따른 내담자 자신의 왜곡된 지각 내지 감정을 수정하여 궁극적으로 개인의 **자아실현 경향성을 발현**할 수 있도록 돕는 데 있다. 상담관계는 개인의 유기체적 가치화 과정을 회복하고, 타고난 자아실현 경향성을 통해 외적으로 부여된 가치조건 속의 내재화된 한계를 극복하는 것을 추구한다. 그러므로 가치의 조건화가 배제된 상담자의 무조건적 수용은 상담의 중요한 촉진제이다.

(1) 자기탐색과 자기수용성의 증진

내담자는 자기탐색을 통해 억압된 내면을 개방하고 진정한 참 자신의 모습을 들여다본다. 자신을 자각하고 수용하는 것은 세상과 타인에 대한 공감과 수용을 자극하며, 이상적 자아와 현실 자아의 불일치를 인식하고 이 둘 간의 조화를 촉진한다.

(2) 환경에 대한 왜곡된 지각 수정

자신의 현상학적 장을 이해하는 것은 타인과 환경의 고유한 장field과 입장을 이해하고 수용하게 만든다. 타인에 대한 공감은 자신의 내면과 문제를 더 큰 체계 안에서 직시할 수 있도록 한다.

(3) 실현화 경향성의 촉진

자신을 솔직히 드러낼 수 있는 개방성은 더 나은 쪽으로의 성숙과 노력, 깊은 자기신뢰를 가능하게 한다. 또한 자신의 내재적 욕구와 동기를 계발시켜 자기실현을 이루도록 한다. 이로써 충분히 기능하는 사람fully functioning person이 될 수 있다.

(4) 재통합(재조정)

외부에서 주어지는 가치의 조건을 줄이고 무조건적 긍정적 존중과 수용을 통해

Box 6-2

사람중심상담에서 진단의 문제

진단(diagnosis)은 어떤 개인이 사람들에 대해 무엇이 옳고 타당한가를 결정하는 권력을 가지고 있기 때문에 바람직하지 않다. 진단은 대개 내담자의 독특한 특질을 부인하고 한 개인을 범주화한다. 또한 진단은 모든 사람들이 자기결정적 존재이고 자신의 행위에 대한 책임을 지닌다는 믿음에 위배된다. 오직 **내담자 당사자만이 자신의 내적 참조 틀을 정확히 통찰할 수 있고 자신의 문제와 어려움을 진단할 수 있다.** 이런 이유로 사람중심상담에서 진단은 적절하지 않다. 사람중심 접근을 취하는 상담자는 한 개인을 자가진단과 개선에 대한 가능성을 가지고 있는 특별하고 독특한 사람으로 간주한다.

출처 : George & Cristiani(1995).

개인은 일관된 자아개념과 자기존중감을 갖게 된다. 자아와 경험 사이의 부조화가 감소하면서 내면세계의 재통합이 이루어질 수 있다.

3) 상담과정

어떤 정형화된 상담기법과 절차는 없지만 상담과정 안에서 중요시하는 것은 내담자와 상담자가 서로 맺고 상호작용하는 관계라고 할 수 있다. 상담자와 내담자는 일방적이고 권위적인 관계 속에 있는 것이 아니라 두 명의 실존적 존재로서 서로 상호작용한다. 특히, 상담자의 태도와 여기에서 비롯되는 **진실된 상담관계는 중요한 치료적 요소**이다. 다른 이론적 접근에서는 강조점이 상담자가 '무엇을 하는가'에 주어진다면, 여기에서는 **상담자는 '누구인가'라는 개념화가 보다 중요하다**. 이런 맥락에서 로저스가 강조하는 몇몇 개념들은 이론적 입장과 상관없이 대부분 상담관계에서 적용될 수 있는 상담기법이라고 할 수 있다. 상담자가 제공하는 관계를 통해 내담자는 자신에게 성장하고 변화하는 능력이 있다는 사실을 발견하게 된다. 내담자의 바람직한 변화는 이러한 관계 속에서 가능하다.

로저스는 내담자의 변화를 일으키는 데 필요충분조건으로서 상담의 여섯 가지 과정을 제안했다. 이러한 과정들을 거치면서 내담자는 '지금 여기에서' 자신의 내면세계와 감정을 경험하고 자기신뢰와 자기결정성을 자각하게 된다. 특히, 상담자의 진정성, 무조건적인 긍정적 존중, 공감적 이해의 세 가지 태도가 내담자를 변화시킬 수 있다. 로저스가 제안한 조건들은 다음과 같다.

첫째, 두 사람내담자와 상담자이 심리적 접촉을 한다. 이는 효과적인 상담의 첫 번째 근본조건이다.

둘째, 내담자는 여러 가지 면에서 불일치한 상태에 있다. 내담자는 취약하고 불안한 감정 속에 있다. 자아개념과 실제 경험 간의 불일치가 불안을 초래한다.

셋째, 상담자는 조화롭고 일치한 상태에 있고 내담자와 관계를 맺으려 한다. 상담자가 내적으로 경험하는 것은 상담자가 내담자와 상호작용하는 메시지와 일치한다는 점에서 상담자의 진정성이 있다.

넷째, 상담자는 내담자에게 무조건적인 긍정적 존중을 가져야 한다. 내담자의 사고와 행동이 자신의 그것과 다를지라도 수용과 존중을 보여 주며, 그에 대해 비판단적이고 비평가적이어야 한다.

다섯째, 상담자는 내담자의 내적 참조 틀을 바탕으로 공감적 이해를 경험하고, 내담자에게 이러한 경험을 전달하려고 노력한다.

여섯째, 상담자의 공감적 이해와 무조건적인 긍정적 존중이 내담자에게 전달되어야 한다. 상담자는 '마치 내담자인 것처럼as if' 이해하고자 한다.

Box 6-3

사람중심상담의 진행과정

- 내담자의 상담 요청으로 상담관계가 시작된다. 내담자는 도움을 받으러 온 존재이다. 상담의 결정은 내담자로부터 시작되며 여기에서 내담자의 자기결정성과 자기의지를 확인할 수 있다.
- 상담자는 내담자에게 상담 상황과 구조화를 얘기한다. 이 과정에서 상담의 주도자는 내담자이고 내담자에게 상담시간이 어떤 시간이 될 수 있는가를 이해시킨다.
- 내담자는 정서를 자유롭게 표현할 수 있고 상담자는 이에 대한 경청과 수용, 공감적 태도를 보여 준다.
- 내담자의 긍정적 정서뿐 아니라 부정적 정서도 적극적으로 존중해주고 명료화해준다.
- 내담자는 상담자의 공감과 반영을 통해 자아개념과 자기평가를 탐색한다.
- 내담자가 긍정적 정서뿐 아니라 부정적이고 억압된 정서와 충동을 충분히 경험하고 인식하면서 자기이해와 통찰이 이루어진다.
- 상담자의 진솔한 태도로부터 내담자는 일치성을 경험하고 두 존재 간의 생생한 접촉을 체험한다.
- 내담자의 실제 자아와 이상적 자아 간에, 행동과 정서 간에 일치가 이루어지고 심리적으로 덜 불편하게 된다. 내담자는 자기실현과 통합에 대한 확신을 얻는다.
- 내담자는 자신을 괴롭혔던 여러 문제들과 부정적인 감정들로부터 거리두기를 하고 좀 더 통찰 지향적으로 사고할 수 있게 된다. 자기실현의 가능성과 더 가까워지고, 상담의 종결 시점을 스스로 인식하게 된다.

5. 상담의 기법

사람중심상담에서는 상담의 기법보다 **상담자의 태도를 중시**한다. 상담자가 내담자와 만들어가는 상담관계에서 상담자가 보여 주는 자세와 언행이 상담의 성공 여부를 좌우한다. 진정성, 무조건적인 긍정적 존중, 공감적 이해 등 상담자의 중요한 세 가지 태도는 내담자의 자기개방과 변화를 촉진하고 유도한다. **상담자는 내담자로 하여금 감정을 표출하도록 격려하고 그 감정을 반영하고 피드백해 준다**. 이 과정에서 내담자의 구체적인 문제와 지식, 다른 인지적 요인들보다는 **내담자의 정서와 심리가 중요**하다. 이런 맥락에서 상담의 치료적 효과를 결정하는 핵심요소는 상담자의 진실한 태도라고 할 수 있다.

1) 진정성

첫 번째 태도는 진정성genuineness, 진실성realness, 일치성congruence이다. 상담관계에서 상담자 자신이 직업적 모습이나 개인적 가면을 벗고 진정한 자기 자신이 될수록 내담자는 건설적인 모습으로 변하고 성장한다. 이는 상담자가 순간마다 마음속에서 흐르는 감정들과 태도에 관해 개방적이 되는 것을 의미한다(Rogers, 1986). 상담자의 진정성은 내담자의 정서적 개방을 자극한다. 반면에 진정성이 부재할 경우 내담자에게 혼란과 불신을 초래하고 상담관계를 손상시킬 수 있다. 상담자의 진정성을 믿을 수 없는 내담자는 자신이 어떻게 행동하고 자신에 대해 무엇을 공개해야 하는지 판단하는 데 어려움을 느낀다. 진정성이 있는 상담자는 상담관계에서 순간순간 경험하는 감정을 있는 그대로 솔직히 인정하고 표현하며, 분명하고 일관된 메시지를 전달한다.

2) 적극적 경청과 반영

상담자는 내담자의 말과 행동, 감정에 집중하고 경청하며 그것의 의미를 탐색해서 돌려준다. 내담자와 적극적으로 소통하면서 내담자의 비언어적 메시지도 놓치지

> 알아두기
>
> **| 적극적 · 반영적 경청의 기술 |**
>
> - 가능한 가까이에서 집중해서 듣는다.
> - 관심과 존중, 배려를 소통하기 위해 언어적 · 비언어적 방식을 모두 사용한다.
> - 상대방이 내면에서 느끼는 것이 무엇인가를 스스로에게 질문함으로써 상대방이 말한 것의 이면에 깔려 있는 의미를 해독한다.
> - 당신이 앞에서 듣고 보고 느끼고 지각하는 바로 그 사람에 대해 곰곰이 생각한다.

않는다. 또 진실한 태도를 갖추고 내담자의 표현과 자기개방을 촉진하는 동시에 내담자가 던지는 메시지의 의미를 수용해준다. 상담자를 통해 다시 내담자에게 돌려지는 메시지는 내담자로 하여금 자기탐색과 객관화된 인식을 촉진할 수 있다. 상담자의 적극적 경청과 명료화된 반영active listening & reflection 및 이해를 통해 내담자는 자신이 수용되고 지지받고 있음을 안다.

3) 무조건적인 긍정적 존중

상담자가 내담자에 대하여 긍정적이고 수용적인 태도를 보여 줄 때 촉진적 관계가 형성된다. 상담자는 내담자를 한 인격체로서 전폭적으로 존중하며, 그가 잘 드러내지 못하는 감정과 태도, 행동을 받아들이고 여기에 어떤 진단이나 평가도 내리지 않는다. 상담자는 내담자로 하여금 혼란, 적의, 두려움, 분노, 용기, 사랑, 자부심 등 어떤 감정이든 느낄 수 있도록 기꺼이 허용해야 한다. 수용적이고 무조건적인 긍정적 존중unconditional positive regard이 깔려 있는 상담관계에서 내담자는 자신의 감정이 존중받고 있다고 믿게 된다. 이러한 수용적 분위기가 형성되었을 때 내담자는 자신의 감정이나 경험 등을 자유롭게 표현할 수 있으며, 이전에 형성된 가치의 조건화를 서서히 바꾸게 된다.

4) 공감적 이해

공감적 이해empathic understanding는 내담자가 경험하고 있는 감정과 개인적인 중요한 의미를 상담자가 정확히 이해하고, 또 그렇게 이해한 것을 내담자에 전달해 주

Box 6-4

공감의 수준

공감적 이해는 대개 인습적 수준, 기본적 수준, 심층적 수준으로 나뉘는데, 심층적 수준에서 이루어지는 이해가 진정한 공감적 이해라고 할 수 있다(박경애, 2011).

- **인습적 수준** : 대인관계 형성과 문제해결에 도움이 되지 못하고 오히려 역효과를 초래할 수 있다. 상담자는 내담자의 언어적 · 비언어적 소통에 전혀 다가가지 못하며, 표면에 나타나는 정서와 사고도 제대로 포착하지 못하고 왜곡하기 쉽다.
- **기본적 수준** : 표면상 나타나는 문제에 대한 피상적인 접근과 해결이 어느 정도 이루어진다. 그러나 더 깊은 내담자 내면의 언어와 감정에 대한 이해는 불가능하다.
- **심층적 수준** : 내담자의 보다 심층적인 내면의 언어와 감정과 접촉하면서 그의 깊은 자기탐색과 성장을 촉진해줄 수 있다.

세 가지 수준에 따른 공감의 차이의 예

1. "도무지 아이들이 시끄럽게 떠들어서 공부를 할 수가 없어요."
   - 인습적 수준 : "뭐가 시끄럽다고 그러니? 네가 더 시끄럽다. 공부하기가 싫으니까 핑계도 많구나."
   - 기본적 수준 : "그래. 교실이 시끄러워서 공부하기 힘들지?"
   - 심층적 수준 : "친구들이 좀 더 조용히 해주면 공부를 더 잘 할 수 있을 거 같다는 말을 하고 싶은가 보구나."
2. "선생님한테 꾸중을 들었어요. 내가 잘못한 게 아닌데 나한테만 뭐라고 하세요."
   - 인습적 수준 : "네가 혼날 짓을 했겠지. 선생님이 이유 없이 그러시겠니?"
   - 기본적 수준 : "선생님께 갑작스럽게 꾸중을 들어 많이 속상했구나."
   - 심층적 수준 : "너는 뭔가를 더 잘하려고 한 건데, 선생님이 미처 네 마음을 몰라주시는 것 같아서 많이 속상했구나."

는 것을 말한다. 로저스는 공감을 **상담자가 마치 그 사람인 것처럼 정확하게 그 사람의 감정과 '내적 참조 틀'을 지각하는 것**이라고 설명한다마치 ~인 것처럼(as if). 여기서 내적 참조 틀이란 개인의 현상학적 장으로서 개인이 주관적으로 경험하는 내적 세계이며, 이는 왜 사람들이 그렇게 느끼고 행동하는가를 이해할 수 있도록 해준다. 공감은 감정의 단순한 반영을 넘어 내담자의 내적 참조체계 속에서 내담자를 이해하고 그와의 일체감을 경험하며, 이를 내담자에게 다시 돌려주는 것이다. 상담자의 깊은 공감을 통해 내담자는 자신이 이해받고 있음을 알게 되고 내면세계를 개방하게 된다.

Box 6-5

12가지 의사소통의 걸림돌

고든(Gordon, 1970)은 부모자녀관계에서 의사소통을 방해하는 부모의 일반적인 대화양식을 12가지로 정리하였다. 이는 모든 인간관계를 비롯해 상담자와 아동의 관계에서도 숙고해 볼 수 있는 유용성을 지니고 있다.

- 명령과 지시 : 어떻게 하라고 혹은 하지 말라고 명령하고 지시. 아이를 자신의 통제하에 두려는 부모의 의도를 표현함
- 경고와 위협 : 어떤 행동이 일어나면 어떤 결과가 일어날 것이라고 말함
- 훈계와 설교 : 해야 할 일과 해서는 안 되는 일 등에 대해 장황하게 설명
- 충고와 해결책 제시 : 자녀의 행동을 부모가 책임지려 함
- 강의와 가르침 : 일방적으로 자녀에게 가르치고 의견을 제시함
- 비판과 비난 : 부정적으로 바라보고 판단하며 힐난함
- 칭찬과 부추김 : 과도한 칭찬과 평가
- 욕설과 비웃기 : 수치심을 줌
- 분석과 해석 : 자녀의 말과 행동의 원인에 대해 일방적으로 해석하고 진단 내림
- 달래기와 동정 : 일시적으로 자녀의 기분과 비위를 맞추려고 하고 아이의 깊은 감정을 이해하려 하지 않음
- 심문과 질문 : 지나치게 탐색적으로 몰아가면서 행동의 원인 등을 캐물음
- 전환과 회피 : 문제의 직면을 거부하고 관심을 전환하려고 함

PART

3

아동상담의 과정과 평가

상담의 의뢰부터 초기, 중기, 종결과정으로 이루어진 아동상담의 전체과정을 이해하는 것은 상담의 각 과정에서 아동에 대한 적절한 반응을 보이고 이를 통해 긍정적인 치료효과를 가져올 수 있다. 또한 아동상담의 과정에서 이루어지는 심리평가는 아동을 이해하고 적절한 치료계획을 세우는 것이 중요한 과정이다. 이번 장에서는 상담의 전체 과정과 심리평가에 대해 이해해 본다.

CHAPTER

07

아동상담의 과정과 사례개념화

1. 아동상담의 준비 단계 | 2. 아동상담의 초기 단계 | 3. 아동상담의 중기 단계 |
4. 아동상담의 종결 단계

아동상담의 과정을 이해하는 것은 각 상담의 과정에서 아동에 대한 적절한 반응을 보이고 이를 통해 긍정적인 치료효과를 가져오는 데 중요하다. 아동상담의 과정은 의뢰를 시작으로 접수상담을 진행하는 준비 단계와 치료과정으로 나뉠 수 있다. 치료과정은 다시 초기, 중기, 종결과정으로 나뉜다.

1. 아동상담의 준비 단계

1) 의뢰 및 첫 만남

대부분의 경우 아동은 부모나 교사를 비롯한 주변 성인들에 의해 처음 상담에 의뢰되는 경우가 많다. 아동의 부모 역시 처음 상담기관을 찾아 상담을 의뢰하는 것이 쉬운 일이 아니다. 자신의 자녀가 상담을 필요로 한다는 사실을 인정하고 받아들이는 것도 어려운 일일 뿐 아니라, 전화나 인터넷을 통해 알아본 상담기관이 자신이 필요로 하는 도움을 줄 것인가에 대한 판단을 해야 하는 상황이다. 이때 대부분 전화로 이루어지는 첫 접촉에서 어떤 경험을 하는가는 중요하다. 전화 접촉 단계에서 아동의 문제에 대한 섣부른 단정을 피하고, 아동에게 상담실에 오는 것을 솔직하게 이야기하며 문제를 해결하기 위한 도움임을 설명해 줄 수 있도록 조언을 해주어야 한다.

아동 역시 첫 방문에서의 불안과 두려움을 경험할 수 있다. 상담자와 아동의 관계 형성은 대기실에서 이루어지는 상담자와 아동의 최초의 상호작용에서부터 시작된다. 대부분의 경우 부모나 기타 어른들의 손에 이끌려 상담실을 찾게 되는 아동이 경험하게 되는 **불안과 두려움을 이해**하고 아동이 **있는 그대로의 자신**이 그대로 받아들여지고, 그 순간 **자신이 가장 중요한 사람**임을 느끼고 경험할 수 있도록 해주는 것이 중요하다. 이를 위해 상담자는 첫 만남에서 부모보다는 아동에게 먼저 인사를 건네는 것이 좋다. 상담자가 부모와 먼저 인사를 하고 부모와 먼저 이야기를 나누게 될 때, 아동은 자신이 부모보다 더 중요한 존재라는 느낌을 갖게 되기 어렵다.

2) 접수상담

상담자는 처음 상담실을 찾은 아동과 가족들에 대한 접수상담을 실시한다. 아동상담과정의 첫 단계로서 아동뿐 아니라 부모나 교사 등이 함께 참여하며 아동과 가족에 대한 기본적인 정보를 수집하게 된다.

접수상담은 **가족과의 역동과 대인관계 환경에서의 아동을 평가할 수 있는 유일한 기회**로, 상담자는 아동의 삶에서 가장 중요한 인물들과 함께 상호작용을 하게 된다. 이러한 접수상담 동안 상담자는 증상아동뿐 아니라 가족과 아동의 모든 것에 대한 구체적이고 다양한 정보를 얻게 되며, 상담자는 이러한 정보에 기초하여 상담을 계획하고 가족에게 상담을 제의하게 된다(김춘경, 2004).

접수상담은 전체 가족을 만나거나 내담아동만 또는 부모만 만나는 등 다양한 형태로 이루어질 수 있다. 초기 면접에 전체 가족이 모두 온다는 것이 쉽지는 않지만, 최대한 많은 가족구성원이 참여할 때 내담아동의 문제를 정확히 진단하고 적절한 치료계획을 세울 수 있다.

접수면접을 통해 수집되어야 하는 정보들에는 ① 현재 문제, ② 가족관계, ③ 학교 또는 유치원 문제, ④ 사회적 관계 또는 또래관계, ⑤ 사회문화적인 요소, ⑥ 오락, 흥미, 취미, ⑦ 발달과 건강문제, ⑧ 미래의 계획, ⑨ 행동관찰 등이 있다(Brems, 1993). 접수상담에서 얻어야 할 정보가 담긴 면접양식을 미리 작성하게 함으로써 필요한 정보를 빠짐없이 수집할 수 있고 면접시간을 줄이는 것이 가능하다. 하지만 이는 보조도구로서 사용되는 것이며 면접양식을 작성하는 것으로 면접을 대신할 수는 없다.

(1) 현재 문제

상담에 의뢰되는 아동은 다양한 문제로 상담실을 찾게 되며 초기면접을 통해 아동의 문제에 대한 정보가 수집된다. 상담자는 아동의 문제를 바라보는 데 있어 아동만을 바라보는 제한된 관점이 아니라 전체 가족을 포괄적으로 이해하여 가족에 존재하는 모든 문제를 이해할 수 있어야 한다. 제일 먼저 **아동의 문제에 대한 정확한 정의**를 내리는 것이 중요하다. 아동의 문제가 언제, 어디에서, 어떤 상황에서 발생하며 얼마나 지속되었는지를 살펴야 한다. 처음 문제가 발생한 시점과 그 시기에 아동에게 일어났던 변화, 그 이후 문제가 어떻게 변화되어 왔는지에 대한 정보를 수집할 수 있어야 한다. 또한 아동이라는 발달단계의 특성상 아동에게서 보여지는 문제를 발달적 관점에서 바라보고 규정하는 것이 필요하다.

(2) 가족관계

아동의 문제는 가족의 문제를 그대로 드러내는 경우가 많다. 때문에 아동의 문제를 이해하는 데 있어 **가족 전체의 역동과 규칙, 부모의 양육태도와 훈육방식, 각 구성원 간의 관계**와 더 나아가 **부모의 원가족**에 이르는 폭넓은 정보를 탐색하는 것이 필요하다. 우선 부모의 양육태도와 훈육방식에 대한 정보를 통해 부모가 아이를 어떻게 대하는가에 대해 알 수 있다. 각 부모의 구체적인 양육태도와 훈육방식을 탐색하고, 양 부모가 서로의 양육태도와 훈육방식에 대해 동의하고 존중함으로써 일치된 모습을 보이고 있는지 이로 인한 갈등을 보이거나 일관성 없는 훈육을 하고 있는지 등을 파악해야 한다. 이러한 양육태도와 훈육의 방식은 면접과정을 통해서도 드러난다. 부모의 부부관계, 형제간의 관계에 대한 정보 역시 중요하다. 아동의 부모가 부부관계에서의 긴장을 가지고 있다면 이는 아동의 문제로 드러나기 쉬우며, 같이 살고 있는 형제관계 역시 문제의 원인으로 작용하기도 한다. 더 나아가 아동 부모의 원가족에 대한 정보를 수집함으로써 이들의 독특한 배경을 이해하고, 이들이 어린 시절 경험한 양육과 부모자녀관계 등을 알게 됨으로써 현재 가족의 문제를 더 잘 이해하게 된다. 이러한 가족의 정보는 **가계도**를 통해 수집하는 것이 좋다.

(3) 학교 또는 유치원 문제

아동의 학업수행과 학교에서의 행동, 특히 학업능력, 인지적 능력에 대한 평가가 필요하다. 이러한 학업수행은 아동이 선생님이나 학교 친구들과 어떤 관계를 맺고 있는가를 고려한 상황에서 평가되어야 한다.

(4) 사회적 관계와 또래관계

아동의 교우관계는 아동의 성격특성과 문제 행동을 암시하며 아동이 가진 문제를 평가하는 데도 중요한 척도가 되기 때문에 중요하다. 상담자는 아동에게 **친한 친**

구가 있는지, **그들과의 관계**, 그들의 **나이와 성별**, **선호하는 게임이나 놀이** 등에 대해 질문한다. 또한 어떤 친구를 좋아하고 어떤 친구를 싫어하는지, 가장 친한 친구가 있는지 등을 질문한다. 친구와의 관계나 친구 수가 변화되었다면 이러한 변화와 아동의 문제증상과의 관련성을 생각해 볼 수도 있다. 가족의 이사나 이혼 등은 아동의 사회적 관계와 또래관계에 영향을 미칠 수 있으며, 이러한 변화를 아동이 어떻게 받아들이는가에 대해 알아보는 것도 필요하다.

(5) 사회문화적 요인

아동의 문제와 치료적 개입을 하는 데 영향을 미칠 수 있는 사회경제적, 문화적 배경을 이해하는 것이 필요하다. 여기에는 **가족의 경제적 지위와 이에 대한 가족 자신의 평가**, **가족의 거주환경과 이웃** 등이다. 특히, 가족의 경제적 능력과 아동상담에 할애할 수 있는 재정적 허용치 등을 정확하게 파악하는 것은 이후의 상담 진행이나 의뢰 등의 상황에서 중요하다.

(6) 오락, 흥미, 취미

오락, 흥미, 취미는 아동뿐 아니라 가족의 기능과 사회적 참여를 살펴보는 데 중요하다. 때문에 각 가족구성원뿐 아니라 가족 전체의 관점에서 그들이 오락이나 흥미, 취미를 가지고 있는지, 어떠한 것을 선호하는지 등을 파악해 볼 수 있다.

(7) 발달과 건강문제

아동의 발달과 건강문제로서 **임신과 출산상태**, **어린 시절의 중대 사건**, **병력**, **입원기록**, **빈도**, **가벼운 질환이나 상처 등**의 정보가 수집된다. 이러한 발달과 건강문제를 통해 아동의 학대에 대한 파악이 가능하다. 아동이 자주 상처를 가지고 있거나 계속적인 탈골이 있다면 신체적 학대를 의심할 수 있다. 또한 질 감염이나 방광 감염 등이 나타날 경우 성적 학대를 의심해 볼 수 있으며, 방임된 아동의 경우 적절한 발달과제수행을 못할 수도 있다. 이 외에도 가족구성원 중에 만성병에 걸린 형제가 있거나 중한 질병의 부모가 있다면 이 역시 아동의 문제와 연관되어 논의되어야 한다.

(8) 미래에 대한 계획

더 긍정적인 예후의 목적에서 상담자는 가족의 열망뿐만 아니라 개인구성원의 **꿈과 미래의 희망**에 관한 정보를 찾을 필요가 있다.

(9) 행동관찰

가족구성원이 신체적, 심리적으로 기능하는 것은 초기면접을 통한 행동관찰로부터 수집된다. 초기면접의 과정에서 가족 전체뿐 아니라 개인에 대한 관찰이 이루어진다. 이를 통해 가족구성원의 외모와 신체적인 특성, 예의범절, 의복차림, 면접과정에의 적응, 분위기, 정서, 의사소통 양식, 협력과 협상능력, 자발적 태도, 치료에 대한 태도, 흥미와 호기심 수준, 인지적 능력과 언어적 기술평가 등이 이루어진다.

접수상담에서는 부모면담과 아동면담이 모두 이루어진다. 접수상담에서의 부모면담을 통해 상담자는 아동의 문제 행동의 본질, 문제 행동의 지속기간, 심각성, 유발요인, 문제 행동이 발생했던 당시의 상황이나 사건에 대한 정보를 얻게 된다. 또한 이러한 문제 행동에 대한 주변 사람들의 반응과, 문제해결을 위한 이전 시도에 대한 정보를 얻는다. 특히, 문제를 부모-자녀관계의 맥락에서 파악하는 것이 중요하며, 부모가 문제 행동에 대한 부모의 반응과 그동안 부모가 사용한 훈육방법을 탐색하는 것도 꼭 필요하다. 이 외에도 아동의 발달력과 병력, 학교 적응 정도와 또래관계, 가족관계 등을 통해 문제의 원인을 탐색해 보고 현재의 적응상태를 파악할 수 있다.

아동면담에 있어서 내담아동과의 초기면접을 진행하는데, 면접의 방식은 아동의 연령과 성격 유형에 따라 달리 할 수 있다. 저연령 아동의 경우 질문 없이 자유놀이에 더 초점을 맞출 수 있고, 고연령 아동의 경우에는 보다 구조화된 면접이 진행될 수 있다. 초기 면접을 시작할 때 상담자는 아동이 부모와 어떻게 분리하는지, 이때 부모의 반응은 어떠한지 관찰할 필요가 있으며, 상담실에 들어가서 아동이 이 상황에 잘 적응하는지를 관찰하는 것이 중요하다.

접수상담의 목적은 **아동과의 의미 있는 관계설정과 정보수집**이다. 이를 위해 아동은 신뢰감을 느껴야 하고 편안해야 한다. 이러한 관계 설정을 위해 상담자는 다음의 전략을 기억할 필요가 있다. 먼저 상담자가 **비지시적**nondirective인 태도를 갖는 것이 중요하다. 아동이 이끄는 대로 아동의 선택에서 역동적인 암시와 상징에 대해 생각한다. 또한 상담자는 **허용성**permissiveness을 가져야 한다. 이는 규칙이나 구조가 없는 것을 의미하는 것이 아니라 아동이 자신의 모든 감정을 자유롭게 표현하도록 격려하며, 아이의 속도와 능력에 따라 서두르지 않는 것을 말한다. 다음은 **수용하기**accepting이다. 이는 아동의 감정에 주의를 집중하는 것으로 아동의 감정, 요구, 자기 표현에 대해 비판단적 태도를 취하는 것이다. 그리고 아동과의 의사소통에서 **간단한 언어**simple kanguage를 사용하고 아동의 은유와 개성적 표현을 이해할 수 있어야 한다. 마지막으로 상담자는 아동과의 의미 있는 관계를 위해 아동을 **존중**respectfulness하는 것이 필요하다. 상담자는 아동의 시각에서 나온 다양한 주제들의 영향과 중요성을 이해하고 아동이 이끄는 대로 아동이 표현한 주제를 따른다.

충분한 정보가 수집되고 아동이 상담자를 편안하게 느끼게 되면 접수상담은 끝날 수 있다. 접수상담을 끝낼 때는 아동이 하던 일을 완성하게 하는 것이 중요하며, 이후 아동이 부모에게 되돌아가기를 기대하는지와 실제로 어떻게 되돌아가는지를 관찰해야 한다.

3) 심리평가

아동상담을 시작하기 전에 아동의 문제를 평가하기 위하여 부모면담과 아동면담, 그리고 아동행동관찰을 포함한 정서상태검사를 진행해야 한다. 이 과정을 통해 아동문제의 원인을 밝히고 어디서부터 어떻게 개입해 나가야 할 것인가에 대한 상담계획을 세우며 이를 부모에게 알리게 된다. 아동심리평가는 이 과정에서 의심이 되는 특정문제들을 보다 깊게 이해하고 파악하기 위해 사용된다.

심리평가는 **다양한 심리검사와 면담, 행동관찰을 통해 얻은 정보와 전문적 지식을 바탕으로 아동에 대한 포괄적이고 전문적인 결정을 내리는 과정**이다(하승민 외, 2008). 상담자의 이론적 배경에 따라 다르지만 초기면접과정에서 이러한 심리평가가 종종 시행된다. 이러한 심리검사를 통해 아동의 문제상태와 원인, 그리고 현재의 심리상태를 빠른 시간 안에 발견할 수 있다. 특히, 아동의 심리평가는 아동발달단계에 대한 풍부한 지식을 바탕으로 이루어져야 한다.

4) 사례개념화 및 치료계획

상담을 시작하기 전에 아동의 증상을 개념화하고 그것과 관련 있는 상담계획을 조직화하는 것은 중요하다. 보통 아동상담의 과정에서 심리평가가 이루어진 후에는 상담사례에 대한 사례개념화case formulation를 하고, 이에 따라 상담의 목표 및 방법과 같은 상담계획을 수립하게 된다.

(1) 사례개념화의 정의

사례개념화는 심리평가과정에서 실시한 접수면접, 아동관찰, 심리검사자료를 통해 내담아동이나 부모 및 아동 주변에 관한 모든 자료를 종합하여 **아동이 어떤 문제를 가지고 있으며, 그 문제의 원인이나 배경은 무엇이고, 현재 문제를 지속시키거나 강화시키는 요인은 무엇이며, 그 문제를 해결하기 위해서는 어떤 상담전략이 필요한지에 대한 모든 것을 설정하는 것**이다. 사례개념화는 상담 목표를 설정하고 상담전략을 수립하는 상담계획에서 중요한 토대가 되는 것으로, 효과적인 상담을 위해서는 매우 중요한 과정이 된다. 사례개념화와 상담계획은 상담진행과정에서 더 많은 정보와 자료가 밝혀지면서 언제든지 수정되거나 보완될 수 있지만, 개념화와 상담계획 없이 상담을 시작하면 상담과정에서 혼란을 경험하기가 쉽다. 따라서 사례개념화를 적절히 할 수 있으려면, 아동정신병리, 아동발달, 심리평가, 상담에 관한 다양한 이론적 지식 및 임상 경험 등으로 길러진 전문성이 요구된다(위영희 외, 2016).

(2) 사례개념화의 방법

아동과 그 아동의 가족을 둘러싸고 있는 다양한 요소를 탐색하기 위해서는 현재 나타나는 증상뿐만 아니라 증상이 나타난 시기에 있었던 일들도 함께 탐색할 필요가 있다. 또한 이러한 문제나 증상이 왜 존재하게 되었는지를 이해하려는 시도를 하게 된다. 아동의 장애 또는 문제에 대한 원인이 되는 몇 가지 구성요소를 찾고, 미리 영향을 끼쳤을 수 있는 주변 환경상의 가능성 있는 요소들을 탐색하는 것이 필요하다. 이런 점에서 아동이 현재 가지고 있는 질병요인은 무엇인지, 아동의 문제를 촉발시킨 요인은 무엇인지, 그리고 아동의 문제에 관해 지속적으로 강화시키는 요인은 무엇인지를 알고 관련 요소를 탐색하는 것이 필요하다.

① 질병요인

상담을 진행하기 위해서는 아동이 가지고 있는 특별한 질병의 요인predisposing factors을 평가하는 것이 중요하다. 질병요인으로는 생물학적 요인, 심리적 요인, 사회적 요인, 문화 및 종교적 요인 등이 있다(김춘경, 2006 ; 위영희 외, 2016).

생물학적 요인

생물학적 요인은 신경학상의 결함, 생화학약품, 다양한 핸디캡, 심각한 만성질환, 임신 중 정신에 영향을 미치는 물질알코올, 카페인 등, 발달장애, 가족병력 등의 유전적 요인 등으로 나누거나(김춘경, 2006), 아동의 생애 초기부터 가지고 있는 체질적 요인, 생물학적 요인의 직접적 영향, 생물학적 요인의 간접적 영향 및 신체화 증상으로 나누기도 한다(위영희 외, 2016).

- 체질적 요인 : 아동의 생애 초기부터 있었던 원인으로, 유전적 소인이나 가족력, 태내기나 출생과정에서의 문제 및 출생 직후 경험 및 아동의 기질에 대한 부모의 반응 등에 의한 것일 수도 있다.
- 생물학적 요인의 직접적 영향 : 머리 부상이나 뇌질환으로 인한 인지적 · 정서적 발달에 문제가 발생할 수 있다. 여기에는 ADHD, 투렛증후군, 강박장애 등의 정신장애는 신경학적 원인으로 알려져 있다.
- 생물학적 요인의 간접적 영향 : 아동의 질병에 대한 가족의 반응이 아동의 심리적 문제에 영향을 미칠 수 있다. 예를 들면, 아동의 질병으로 인한 가족의 상실감이나 우울 등은 아동의 불안 수준을 더욱 높일 수 있게 된다.
- 신체화 증상 : 신체화 증상은 실제 의학적인 문제가 없는 한, 거의 심리적 요인에 의해 발생하는 것이다. 예를 들어, 학교를 가려고만 하면 배가 아픈 아동의 경우, 심리적인 문제로 인한 신체적인 문제를 실제로 동반하게 되는 것이다.

심리적 요인

심리적 요인은 내담아동이 인지적 · 심리적 영역에서 연령에 맞게 발달하고 있는지를 알아야 하고, 문제 상황에서 아동이 대처하는 방식이 어떤 것인지에 관한 내용을 포함한다.

- 인지발달 : 아동의 인지적 수준이나 능력은 상담과정에서 보호요인이 될 수 있다는 점에서, 아동의 인지발달 상황과 그에 대한 부모의 이해 정도에 대해 알 필요가 있다.
- 심리적 발달 : 에릭슨Erikson, 1959의 심리사회적 발달단계에 근거하여, 아동이 발달단계에 따라 과업을 잘 수행하고 있는지, 또는 발달단계상 어느 단계에 머물러 있는지 등에 대한 내용을 탐색할 필요가 있다. 아동의 심리적 발달은 가족이나 사회환경과의 상호작용을 통해서 이루어지므로, 아동의 성장에 따른 환경에 대한 정보를 탐색할 필요가 있다.

사회적 요인

사회적 요인에는 아동발달에 영향을 미치는 가족관계, 또래관계, 학교 및 교직원과의 관계, 지역사회 및 사회의 영향 등을 들 수 있다.

- 가족관계 : 가족 안에서 일어나는 다양한 상호작용으로, 가족 간 상호작용에서 나타나는 부정적인 패턴을 찾아 이를 정상적인 궤도로 변화시키는 것이 필요하다. 아동의 발달에 부정적인 영향을 주는 위험요인으로는 부부간의 불일치, 가족구성원과의 갈등, 불안정한 애착, 학대, 부적절한 양육방식, 부모의 정신질환 및 차별적인 형제자매관계 등을 들 수 있다.
- 또래관계 : 또래관계는 가족관계와는 달리 자유롭고 동등한 관계를 사회적 능력을 발달시킬 수 있는 아동의 심리적 발달에 중요한 요소가 된다. 특히, 유아기는 또래관계가 확장되는 시기로 친구관계를 통해 모방의 기회를 제공하고, 서로에게 강화가 되기도 하며, 사회생활을 하는 방법을 배우고, 성취감과 자신감을 경험하게 된다. 따라서 또래관계의 긍정적인 면과 부정적인 면은 아동의 심리적 문제에 중요한 영향을 미치는 요소가 된다.

문화 및 종교적 요인

아동의 건강한 발달을 이해하는 데 있어서 가족의 문화 및 종교적인 배경도 중요

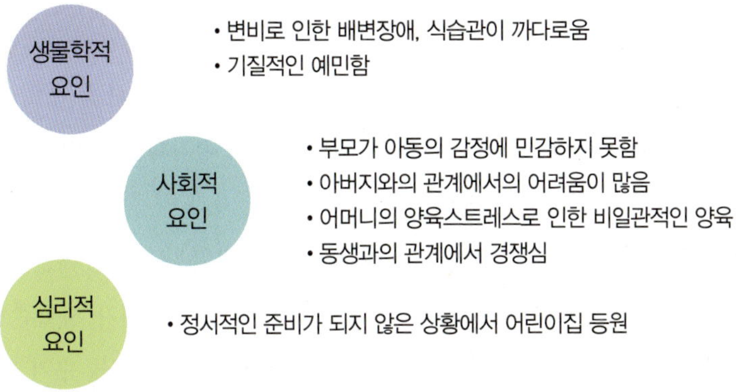

그림 7-1 질병요인

한 요인이 된다. 특히, 다문화가정이 늘고, 글로벌 사회가 되어감에 따라 각 아동이나 가족이 속한 문화를 이해하고, 그들의 적응상의 문제가 될 수 있는 상황을 고려하는 것은 다루어져야 할 요소라고 볼 수 있다.

② 촉진적인 요인

촉진적인 요인precipitating factors은 아동의 증상 유발과 상담 시 가족이 나타내는 증상을 이해하는 요소로 매우 중요하다. 이 촉진요소들은 **증상을 유발시키는 원인**일 뿐 아니라, 어떤 특정한 증상을 나타내는 데 책임이 있다. 예를 들면, 부모의 이혼은 아동의 증상을 촉진시키는 반면, 만성적인 부모의 갈등으로 인한 아동의 증상심한 불안, 위축을 발달시켜온 질병요인이기도 하다.

③ 강화적인 요인

강화적인 요인reinforcing factors은 현 아동의 질병요인이나 증상을 **지속시키는 요인**으로, 불유쾌하거나 심지어 고통을 주는 것으로 보고되어온 증상들이며 그 증상으로 인한 이차적 이득이 될 수 있는 좀 더 큰 목적을 가질 수도 있다. 대부분 이차적인 이득은 일반적으로 무의식과정이므로 부모 자신의 행동이 아동에게 충격을 준다는 것을 인식하지 못할 때 문제는 지속될 수 있다. 예를 들면, 아동의 떼쓰기를 감소시키기 위해 과자를 사주는 아버지로 인해 아동의 증상은 더욱 강화될 수 있으나, 이를 지각하지 못하는 경우 등이다.

(3) 상담계획

사례개념화를 통해 아동의 문제를 파악한 후에는 상담의 목표를 정하고 상담방법을 선정하는 등의 상담계획을 수립한다. 상담계획은 평가와 상담의 처치 단계 사이에 하는 것으로, 문제 행동의 변화는 상담자와 내담자가 공동으로 합의한 것이지만, 상담의 목표는 내담자와 상담자의 입장 차이가 발생할 수 있다. 예를 들면, 부모는 증상의 완전한 제거에 관심이 있지만, 상담자는 아동의 문제가 자아존중감으로 인한 것으로 보고 아동의 자아존중감 혹은 인지적 변화에 초점을 둘 수가 있다.

① 상담계획 단계

상담을 시작하기 위해서는 아동의 문제에 대한 충분한 정보를 통해 상담계획을 세우게 된다. 이 과정에는 아동의 문제 선정, 문제의 정의, 목표 및 목적 구성, 상담방법의 구성으로 진행된다.

단계 1 : 문제의 선정

아동의 문제 선정이나 부모 혹은 의뢰자의 호소 내용, 그리고 면담 및 심리검사, 행동관찰 등을 바탕으로 종합적인 평가를 통해 아동의 문제를 선정한다. 사정하는 동안에 내담자가 이야기하는 문제가 많다고 해도 상담자는 **상담과정에서 중점을 두어야 하는 가장 중요한 문제**를 찾아내야 한다. 효과적으로 상담계획을 세우려면 몇 개만 선택해야 하며 그렇게 하지 않으면 상담의 방향을 상실할 것이다. 선택된 문제가 명확해짐에 따라 내담자 문제의 우선순위를 고려하여 내담자의 의견을 포함시키는 것이 중요하다. 상담이 내담자의 욕구를 얼마나 다루어주느냐에 따라 내담자가 상담과정에 참여하고 협조하겠다는 생각을 하게 된다.

단계 2 : 문제의 정의

상담과정에 포함될 문제를 선정했으면, **아동이 가지고 있는 문제가 아동의 생활 중에 어떻게 나타나는지 구체적으로 정의**할 필요가 있다. 이 단계에서는 선정된 문제가 아동에게 구체적으로 어떻게 나타나는지 정의하여 현재 상태를 구체적으로 진술한다. 증상의 유형은 DSM이나 ICD와 같은 진단준거 및 부호와 관련시켜야 할 것이다.

단계 3 : 목표의 개발

표적문제의 해결을 위해서는 목표를 폭넓게 세워야 한다. 이는 **상담 결과에 대한 바람직한 긍정적 결과**를 시사하는 일반적인 장기 목표가 될 수 있다. 목표는 아동의 현재 문제를 해결하는 것, 아동의 심리적이고 정서적 적응을 강화하는 것, 아동의 모든 발달적 기능을 건강하게 해 나가도록 돕는 것 등이 있을 수 있다.

단계 4 : 목적의 구성

목적은 **행동적으로 측정하는 것이 가능한 언어**로 진술되어야 한다. 내담자가 설정된 목적을 성취했을 때 성취한 것이 분명히 나타나야 한다. 그러므로 애매하고 주관적인 목적은 인정되지 않는다. 각각의 목적은 광범위한 상담 목표를 달성하는 단계로 개발되어야 한다. 본질적으로 목적들이 수행되었을 때 장기 목표가 달성되는 연속적인 단계라고 생각할 수 있다. 각각의 문제마다 최소한 두 개의 목적이 있어야 하지만 상담자는 목표달성에 필요한 만큼 구성할 수 있다. 각각의 목적에 대해 목표 달성 날짜를 기입할 수 있다. 새로운 목적은 개별 상담과정에 따라 계획에 덧붙여져야 한다. 필수 목적들이 모두 성취되었을 때 내담자는 목표가 된 문제를 성공적으로 해결하게 될 것이다.

단계 5 : 상담의 개입방법

목적을 완수하기 위해서는 상담의 개입방법을 결정하는 것이 필요하다. 상담자의 이론이나 기법에 따라서 정신분석, 인지행동, 아동 중심, 아들러식 등의 이론이나 놀이치료, 모래놀이치료, 미술치료, 음악치료, 독서치료 등의 기법이 있을 수 있다. 또한 상담의 범위에 따라서 개인상담, 집단상담, 부부상담 및 가족상담 등이 필요한 경우도 있으므로, 아동의 성향이나 문제의 특성을 고려하여 적합한 상담방법을 구성해야 한다. 상담방법은 최소한 한 가지 이상의 방법이 필요하며, 경우에 따라서는 다양한 접근을 활용할 수 있다. 다만, 각 이론에 대한 명확한 이해나 전문적 지식이 없이 융합이나 절충적인 상담을 진행하는 것은 문제가 될 수 있다.

② 상담 목표

아동상담의 목표는 **아동의 목표를 최우선**으로 하고 부모와 상담자의 목표를 고려하여 결정하는 것이 바람직하다. 목표설정과정에는 아동과 부모, 가족 및 상담자가 참여하여 상호협력하에 이루어져야 한다. 일반적으로 아동상담의 목표는 다음의 세 가지를 들 수 있다. 첫째는 **아동의 현재 문제를 완화하거나 제거하는 것**이고, 둘째는 **아동의 심리 · 정서적인 적응을 전체적으로 강화하는 것**이며, 마지막으로는 **아동의 발달적인 궤도를 건강한 지점에 재진입시키도록 도와주는 것**이다(김춘경, 2006 ; 위영희 등, 2016). 세 가지 목표 모두 중요하지만, 목표들 간의 관련성을 고려해 볼 때 한 가지 목표가 달성되면 다른 목표가 자연스럽게 달성되기도 한다. 그러나 아동상담에 있어서 부모의 역할은 매우 중요하기에, 상담과정에 이루어지는 부모상담을 통해 부모의 변화가 긍정적일 때 아동의 변화가 자연스럽게 좋아질 수 있는 경우도 많다. 이런 점에서 볼 때, 부모의 변화를 이끌어 낼 수 있는 부모대상의 목표도 매우 중요하다고 볼 수 있다.

③ 상담방법

상담 목표를 설정한 후에는 상담 목표를 달성하기 위한 상담방법을 결정하게 된다. 상담방법은 상담자의 이론적 배경이나 내담아동의 특성에 따라 달리 선정될 수 있다. 보통은 상담자의 이론적 배경에 의해 진행되는 경우가 많은데, 상담자가 각 이론에 대한 명확한 지식이나 기술이 없이 통합적인 방법을 사용하는 것은 주의할 필요가 있다. 상담의 이론에 따라서는 정신분석, 사람중심아동중심, 아들러식, 인지행동 등의 이론이 있으며, 상담의 기법에 따라서는 놀이, 모래, 미술, 음악, 이야기, 게임 등을 활용할 수 있다.

2. 아동상담의 초기 단계

1) 상담 초기 단계의 주요 목표

상담의 초기 단계에서 이루어야 하는 상담의 주요 목표에는 치료적 환경 마련과 치료적 관계 형성, 그리고 상담 목표 합의가 있다.

(1) 치료적 환경 마련

상담을 시작하기 전, 상담자는 **안전하고 편안한 상담실 환경**을 만드는 것에 대해 충분히 고려해야 한다. 여기서 상담실 환경이란 상담실의 물리적 환경 구성뿐 아니라 아동이 편안하게 상담에 임할 수 있는 심리적 환경을 포함한다. 즉, 상담실에 들어오는 아동이 신체적인 안정은 물론 심리적인 안정도 경험할 수 있도록 해야 한다. 이는 아동이 자신의 감정을 자유롭게 표현할 수 있으며 강요받지 않음을 느끼는 것이다. 또한 신뢰롭고 비밀 보장에 대한 확신을 갖게 되는 것이다. 이러한 치료적 환경은 상담의 효과성을 가져오는 중요한 요인이 된다.

아동의 신체적 그리고 심리적 안정을 위해 상담자는 아동과의 상담을 시작하며 아동이 상담실 안에서 지켜야 하는 **규칙과 제한에 대해 설명**해 줄 필요가 있다. 너무 엄격한 규칙이나 많은 제한은 아이들로 하여금 자유롭게 활동하는 것을 막을 수 있으나 반대로 모든 것이 허용된다고 생각하도록 방치하는 것은 아동의 안전을 위험하게 할 수 있다. 특히, 신체적 안전을 위협하는 공격적 행동이나 파괴적 행동이 허용되지 않음을 상담 초기에 명확하게 설명할 필요가 있다. 이 외에도 **상담 회기의 시간과 구조에 대한 정보를 제공**하고 상담자와 상담실 도구들이 아동을 위해 준비되어 있는 것 역시 아동의 안정감과 신뢰 형성에 긍정적으로 작용할 수 있다.

(2) 치료적 관계 형성

상담 초기의 가장 중요한 과제는 아동과의 관계 형성이다. 상담의 초기과정은 상담자와 아동의 **상호 신뢰와 수용을 바탕으로 한 긍정적 관계**를 형성함으로써 시작된다. 때문에 상담자는 아동과의 관계 형성을 위한 노력에 초점을 맞추어야 한다. 아동과의 관계 형성을 위해서는 아동에게 초점을 맞춘 상호작용, 아동이 안전감과 편안함을 느낄 수 있는 배려와 보살핌, 아동에 대한 존중과 적절한 신체접촉, 아동의 은유와 상징에 대한 이해(Brems, 1993) 등이 중요하다. 이 외에도 비판단적인 태도로 아동을 이해하고자 하는 노력을 하는 동시에 상담과정에서의 비밀 보장에 대하여 아동과 부모에게 확인하는 과정이 필요하다.

(3) 상담 목표 합의

보다 효율적인 상담을 위해 상담자는 **아동과 함께 서로 수용할 수 있는 상담 목표를 결정**하는 것이 중요하다. 이때 상담자와 아동, 그리고 부모나 교사가 생각하는 목표에 차이가 발생하기도 한다. 상담자는 아동을 돕기 위해 거기에 있다는 사실을 아동에게 짧지만 분명하게 이야기하고, 아동이 중요하게 생각하는 상담의 목표에 초점을 맞추어 상담을 시작하는 것이 바람직하다(김춘경, 2004).

2) 상담 초기 단계의 주요 기술

초기 단계에서 아동과의 관계를 형성하기 위해서는 **지지적이고 수용적인 태도**가 필요하다. 특히, 상담이 진행되면서 아동이 자신의 공격적 행동이나 부정적 감정을 있는 그대로 표출하는 것이 필요한데, 이는 상담자가 아동에 대해 무조건적인 수용을 보여 줄 때 가능하다. 비판이나 과잉동정, 지시 등을 배제한 무조건적 수용하에서 아동들은 그동안 억압했던 부정적 감정을 죄책감이나 수치감 없이 표현하고 이 과정에서 아동 스스로가 자신의 참모습에 직면하고 대처하는 방법을 탐색해 나갈 수 있다(Saint-Exupery, 2000). 또한 초기 단계에서 상담자가 아동을 이끌기보다는 아동이 스스로 놀이를 구조화할 수 있도록 허용하고, 상담자가 이를 따라가는 과정에서 아동이 자신만의 이야기를 시작할 수 있도록 대화를 이끌어 나가는 것이 좋다. 인형 등을 활용한 가상놀이를 통해 드러나는 아동의 이야기에 귀를 기울이고, 이를 통해 표현되는 아동의 자기 말을 상담자가 지속적으로 말로 표현해 주는 것이 중요하다.

아동과의 상담에서 다양한 기술이 활용된다. 상담의 전체 과정에서 중요한 역할을 하지만, 특히 상담의 초기 단계에서 주로 많이 사용되는 상담의 기술들은 수용과 반영, 공감, 침묵, 명료화, 질문, 비언어적 단서의 활용, 역할놀이, 주목하기 등이 있다.

(1) 수용

수용acceptance은 **내담자의 감정, 행동, 의견이 무엇이든 그것을 판단하거나 칭찬, 평가하지 않고 있는 그대로 받아들이는 것**(Rogers, 1980)을 말한다. 이를 통해 아동은 상담과정에서 자신이 안전하고 보호받고 존중받는다는 느낌을 갖게 되며, 상담자는 아동이 보다 생산적이고 창조적으로 자신의 가능성을 최대한 실현할 수 있도록 도울 수 있다. 특히, 아동의 부정적 감정에 대해 상담자가 그대로 수용할 때, 아동은 자신의 부정적 감정을 온전히 표출하고 이에 대처할 수 있는 방법을 스스로 탐색하고 해결해 나갈 수 있게 된다.

(2) 반영

반영reflection은 **아동의 의사소통에 중요한 요소를 비추는 기법**(Hutchins & Cole, 1986)이다. 아동의 감정과 내용, 행동을 반영해 줌으로써 아동은 상담자가 자신을 깊이 있게 이해하고 있다고 느끼게 된다. 또한 반영을 통해 아동이 상담자에게 말한 것을 분명하게 확인하는 방법이 될 수 있다. 반영은 아동이 그들의 독특한 자기지각을 계속적으로 탐색하고 논의할 수 있도록 격려하는 강력한 임상적 도구가 된다. 이를 위해 반영은 아동이 말한 것의 단순한 반복이 아니라 상담자가 아동이 어떻게 느끼는가를 진실로 이해하고 있음을 전할 수 있는 방식이어야 한다.

(3) 공감

공감empathy은 **아동이 경험한 정서를 같이 경험하는 것**(김춘경, 2004)으로 이는 단순히 아동의 말을 이해하는 것 이상으로 아동의 세계에 들어가는 것이다. 즉, 아동의 '입장이 되어 보려' 시도하는 것이고 그 '마음 깊숙이 들어가는' 시도를 하는 것이다. 공감은 아동의 감정을 그의 입장에서 이해하고 느끼는 것뿐 아니라 이를 말로 표현해서 전달해 주는 것까지 포함한다. 먼스와 손(Mearns & Thorne, 1988)은 공감이 내담자의 자기 존중감을 증진시키고 소외감을 해소하며, 자신을 이해해 주려 노력하는 사람의 존재에 기뻐하고, 정확한 공감을 통해 내담자의 자기 각성을 증진시키고 보다 깊이 있는 자기탐색을 격려하기 때문에 중요하다고 말한다.

(4) 침묵

침묵slience은 **아동이 생각을 정리하여 자신의 말로 표현하는 데 필요한 시간을 기꺼이 허락해주고 기다려 주는 아동 중심의 끈기 있는 상담자의 태도**(Gumare, 1984)

라고 할 수 있다. 침묵은 아동을 더 깊은 수준의 사고와 감정으로 들어가도록 동기화하는 기법이며, 이러한 침묵을 잘 이해하는 것은 상담을 생산적으로 하는 데 중요하다. 하지만 때로 아동을 처벌할 목적으로 침묵의 방법을 사용하는 어른들이 있어 아동이 상담자의 침묵에 대한 잘못된 해석을 할 수 있기 때문에 상담자는 이러한 침묵의 의미를 아동에게 알려줄 필요가 있다.

(5) 명료화

명료화clarification는 **아동의 문제를 거울에 비춰 보듯이 분명하게 하는 작업**(김춘경, 2004)을 말한다. 명료화는 아동의 문제 갈등을 분명하게 하는 것뿐 아니라 문제 갈등에 연관된 내부적 진실을 분명히 한다. 또한 상담자의 통찰력으로 새로운 관점이나 다른 시각으로 보게 해 줌으로써 아동이 자신의 세계를 이해하도록 돕는다.

(6) 질문

질문questions은 상담자가 **아동과의 관계 형성과 아동의 입장을 이해하기 시작할 때 필요한 정보를 얻는 가장 효과적인 최선의 방법**이다. 상담의 초기 단계에서는 주로 개방식 질문이 사용된다. 질문을 할 때는 "왜"라는 이유를 묻는 질문을 피해야 하고 어렵거나 심각한 질문으로 아동을 압도하지 않아야 하며 아동이 질문에 대한 답을 하지 않을 권리가 있음을 알려줄 필요가 있다. 또한 상담자는 질문에 대한 아동의 표정과 신체언어 등의 비언어적 반응을 살펴봄으로써 질문에 대한 답변 이상의 다양한 정보를 얻을 수 있다.

(7) 비언어적 단서의 활용

상담자는 지속적으로 **아동의 신체언어를 탐색**하고 이를 통해 아동의 내적 세계에서 일어나는 일에 관심을 가져야 한다. 이때 일반적으로 신체언어가 말보다 아동의 진정한 감정에 더 근접할 수 있는 것은 사실이지만, 신체언어가 항상 구체적인 감정이나 생각을 나타낸다고 확신할 수 없음도 명심해야 한다.

(8) 역할놀이

역할놀이role play는 **치료적 관계 형성에 도움을 주고 아동과 적극적으로 상호작용하는 데 도움이 되는 기술**이다. 아동은 역할놀이를 통해 자신의 선택과 오류적 행동을 탐색할 수 있고, 자신과 다른 사람에 대해 보다 나은 이해를 가지게 된다.

(9) 주목하기

주목하기attention는 상담자가 **아동에게 관심을 갖고 아동의 모든 것에 집중하는 태도**를 말한다. 이는 아동과 진심으로 함께 하는 것으로 아동으로 하여금 수용받고 존중받는다는 느낌을 갖게 만든다. 또한 상담자는 주목하기를 통해 아동의 욕구, 정서, 무의식적 표현 등을 민감하게 파악할 수 있다.

3) 저항의 극복

상담 초기의 과정에서 아동의 저항이 발생하기도 하는데, 다음과 같은 다양한 원인으로 비롯된다(하승민 외, 2008). 첫째, 아동은 성인에 대한 어느 정도의 두려움이 있고, 아동의 환상 속에서 이러한 두려움은 실제보다 더 과장되어 나타날 수 있다. 둘째, 상담에 대한 사전 지식이 부족한 아동들의 경우 상담자의 설명에도 불구하고 상담에 대한 두려운 환상에서 벗어나는 것이 쉽지 않다. 셋째, 아동의 인지기능은 모든 것을 좋은 것과 나쁜 것의 양 극단으로 해석하는 경향이 있다. 이러한 경향은 아동 자신에게 변화되어야 하는 부분이 있다는 것을 자신 안의 나쁜 부분을 발견하고 제거하는 것, 즉 일종의 처벌로 받아들임으로써 상담에 저항하는 모습을 보이기도 한다.

이 뿐만 아니라 해석을 자신의 나쁜 면에 대한 판단으로 받아들이거나, 자아정체성이 충분히 확립되지 않은 상태에서 자신의 생각이 왜곡되었다는 것을 자신에 대한 부인으로 받아들일 수 있기 때문에 상담과정에서 이루어지는 해석에 대해 저항할 수 있다. 이러한 저항이 적절하게 해소되거나 다루어지지 않을 때 상담의 진전이 어렵거나 상담의 조기 종결, 또는 조기 탈락의 가능성이 높아지게 된다. 때문에 상담 초기에 발생할 수 있는 이러한 저항을 극복하기 위한 적극적인 노력이 이루어질 필요가 있다.

엑슬린(Axline, 1947)은 놀이치료 시 초기의 저항을 극복하기 위한 기본 원칙을 다음과 같이 제시하고 있다. 첫째, 상담자는 아동과 **따뜻하고 친밀한 관계**를 이루어야 한다. 가능한 한 빨리 친밀한 관계를 형성하여 아동의 신뢰를 얻을 수 있도록 한다. 둘째, 상담자는 아동을 **있는 그대로 수용**한다. 셋째, 아동이 자기의 감정을 자유로이 표현할 수 있도록 **허용적인 분위기**를 조성해 준다. 넷째, 상담자는 **아동이 놀이를 이끌어 가도록** 한다. 다섯째, 상담자는 아동이 자신의 행동에 대해 통찰력을 가질 수 있도록 아동이 표현한 놀이 행동과 감정을 아동에게 **반영**해 준다. 여섯째, 상담자는 언제나 아동을 존중해 주며, 스스로 문제를 해결하고 결정할 수 있는 능력이 있음을 **존중**한다. 일곱째, 치료는 점진적인 과정임을 기억하고 상담자는 아동과 **보조를 맞추며** 치료를 재촉하지 않는다. 여덟째, 상담자는 신체적인 상해와 재산상의 피해를 막기 위해 **필요한 경우에는 제한**을 둔다.

3. 아동상담의 중기 단계

중기 단계는 초기 단계가 끝나는 시기부터 상담 목표가 어느 정도 달성될 때까지의 과정에 해당한다. 초기 단계가 아동이 상담자와 관계를 맺고, 자신의 문제를 드러내기 시작하는 단계라면, 중기 단계는 **본격적으로 아동이 내면 깊은 곳의 무의식적인 욕구나 충동을 탐색하며 치료적 효과가 나타나는 단계**이다. 하지만 이렇게 아동이 자신을 점점 알아가는 과정에서 정서적인 힘겨움을 경험할 수도 있다. 자신에 대한 심층적 탐색과 자각은 자신의 사고, 감정, 행동 등에서의 불일치와 모순으로 나타나기도 하고 이는 불안과 저항을 유발한다. 또한 상담이 진전을 보이지 않고 답보상태를 보이기도 한다. 이때 적절한 직면이나 해석, 상담과정의 재검토 등을 통해 상담의 초점을 분명히 해 나가는 것이 필요하다.

1) 상담 중기 단계의 주요 목표

중기 단계는 상담과정의 대부분을 차지하는 긴 기간으로 내담자와 상담자의 보다 깊어진 신뢰를 바탕으로 아동이 자신의 문제에 대해 심층적으로 탐색하고 통찰하며 문제를 해결해 가는 단계이다. 이를 위해 상담자는 목표 달성을 위해 아동과 아동의 문제에 대한 심도 깊은 탐색과 분석을 실시해야 한다. 또한 상담 목표에 도달할 수 있도록 지원해야 한다.

2) 상담 중기 단계의 주요 기술

이 시기는 아동이 다양한 내면적 정서를 표현하며 동시에 자신의 안전과 상담자와의 관계를 확인하는 시기이다. 또한 아동은 자아수용의 증가, 반복적인 활동의 감소, 공포의 극복, 죄책감의 감소, 공격성의 감소, 자기표현과 자기조절의 증가, 긍정적인 정서표출의 증가 등 다양하고 의미 있는 변화의 모습을 보이게 된다. 아울러 신뢰관계가 형성되고 아동의 긴장이 풀어지면서 다양한 형태의 퇴행 행동이 나타나기도 한다. 이러한 퇴행 행동이 나타날 때 상담자는 당황하거나 아동의 상태에 대해 부정적인 평가를 하기보다는 상담의 자연스러운 한 과정으로 받아들이고 상담을 지속하는 것이 필요하다. 상담자와의 관계에서 안전과 신뢰가 확인되면서 아동은 자신의 심리적 고통과 상처를 꺼내 볼 수 있는 힘이 생긴다.

상담 중기 단계는 내담자의 자기탐색과 통찰을 가져오게 되는 시기로서 공감과 반영 외에 재진술, 직면, 해석, 제안, 정보, 미완성된 생각, 질문, 임시 분석과 임시 가설, 자기 노출 등의 기법이 사용된다(위영희 외, 2016 ; 김춘경, 2004). 하지만 이는 중기 단계에만 사용되는 배타적인 기법이라기보다는 초기 단계에서도 사용될 수 있는 기법들이다.

(1) 재진술

재진술은 **내담자의 이야기를 듣고 이를 상담자 자신의 표현방식으로 바꾸어 말해 주는 것**으로 반영이 내담자의 느낌에 초점을 두는 것에 반해 대화의 내용에 보다 초점을 두는 기법이다. 이를 통해 내담자를 이해하고 있음을 전달하고 대화 내용을 요약하며, 상담자가 내담자의 말을 올바로 이해하고 있는지를 확인할 수 있다.

(2) 직면

직면은 **내담자가 잘 모르고 있거나 인정하지 못하는 생각이나 감정을 바라볼 수 있도록 돕는 기법**이다. 이를 통해 내담자는 현재의 문제와 과거의 경험을 연관시킬 수 있고, 말과 행동, 감정의 불일치를 알아차리게 된다. 또한 자신의 내적 자원이나 감정을 확인할 수도 있다. 상담자와 내담자 간의 신뢰관계를 기반으로 내담자가 충분히 준비되었을 때 사용하게 되면 강력한 효과를 가져올 수 있지만 그렇지 않은 경우 내담자의 저항을 경험하게 되고 부정적 결과를 가져올 수도 있다.

(3) 해석

해석은 **왜 그런 행동을 하는지 이유를 파악하게 하는 것**으로 아동이 자신의 감정과 행동, 자신의 문제에 대한 통찰력을 발달시키고 새로운 관점의 개발과 폭넓은 대안 조사를 위해 사용되는 기법이다. 해석이 내담자에게 도움이 되기 위해서는 해석 이전에 치료적 관계의 확인을 통해 내담자가 받아들일 준비가 되었는지 확신할 수 있어야 하고, 너무 조급한 해석을 피해야 하며, 해석할 때 상담자의 가치나 태도, 감정을 투사하지 않도록 해야 한다(Gumaer, 1984). 이러한 충분한 고려가 되지 않았을 때 아동은 해석에 대해 격렬한 거부나 항의를 나타내기도 한다.

(4) 제안

상담자들은 미숙해 보이고 스스로 의사결정을 할 능력이 없어 보이는 아동에게 충고를 하고 싶은 함정에 빠지기 쉽다. 하지만 이는 신중히 사용해야 하는 것으로 충고보다는 다소 덜 직접적인 방법인 제안을 고려해 보는 것도 좋다. 제안은 **상담자가 아동에게 어떤 과정에 실제로 맞는 것인지에 대해 구체화하지 않고 많은 행동과정들을 포함하는 대안을 제시하는 방법**이다. 이때 상담자는 아동에게 대안을 거부할 선택과 자유를 주어야 한다(김춘경 외, 2004).

(5) 정보

상담자는 아동으로부터 지식, 경향, 흥미 등에 대한 정보를 제공해 줄 것을 요청

받는데, 아동이 정보를 찾고 있고, 상담자가 정보를 가지고 있다면 이를 제공하고자 할 것이다. 하지만 상담자는 이때 정보 그 자체보다 아동이 정보를 어떻게 인식하고 사용하는가를 이해하는 것이 필요하다. 상담자는 단순히 아동의 요청에 따라 많은 양의 정보를 제공하지 않도록 주의하고 아동이 자신의 문제를 숨기기 위해 정보를 요구하는 것은 아닌가를 분별할 수 있어야 한다.

(6) 미완성된 생각

미완성된 생각은 **내담자로 하여금 표현하게 하거나 상담자들이 생각이나 주제의 부가적인 측면들을 논의하거나 좀 더 표현하고자 할 때 사용**된다. 상담자와 아동이 어떤 논의를 하는 과정에서 상담자는 문장이나 생각을 시작만 하고, 아동이 이를 완성하도록 중간에 멈추는 방법이다. 아동이 문제에 대해 어느 정도 논의를 한 다음 자기 이해가 증가했다고 생각될 때 유용한 방법으로 자기탐색이 일어난 후 더 효과적이기 때문에 상담 중기에 사용하는 것이 보다 적절하다고 할 수 있다.

(7) 질문

질문은 상담자가 다음에 무엇을 말해야 할지 확실하지 않을 때 가장 자연스러운 반응으로 상담에서 반드시 나쁜 것은 아니지만 너무 많은 질문은 오히려 역효과를 가져올 수 있다. 이러한 질문은 정보탐색과 교정, 그리고 반영을 위해 사용될 수 있다(Tomm, 1987 ; 김춘경, 2004 재인용). 아동 역시 상담과정에서 질문을 사용할 수 있는데, 이때의 질문은 정보를 얻고자 하는 것보다 오히려 상담자의 지지와 동의를 얻고자 하는 감정과 생각의 표현인 경우가 많다. 또한 어떤 주제에 대한 상담자의 의견을 이야기하도록 유도하기 위해 질문을 하기도 한다.

(8) 임시분석과 임시가설

임시분석과 임시가설은 **아동이 자신의 행동의 목적과 원인을 이해할 수 있도록 돕기 위해 사용되는 기법**이다. 아이가 보여 주는 행동에 대해 일종의 해석을 제공하는 것으로서 "혹시 ~가 아닐까", "내 생각에는~" 등의 표현법을 사용하여 진술이 이루어진다.

(9) 자기노출

자기노출은 **상담자의 과거 경험에 입각한 실제적 정보를 주는 것**으로 내담자의 문제와 직접적으로 관련되고 치료에 도움이 되는 것이어야 한다. 긍정적 자기노출은 내담자의 자기노출이 더욱 적극적이고 심도 깊은 수준으로 이루어질 수 있도록 격려하는 효과를 가져올 수 있다. 하지만 지나친 자기노출의 사용이나 아동에 대한 암시적인 자기노출은 오히려 역효과가 나타날 수도 있다.

4. 아동상담의 종결 단계

상담의 마지막 단계는 **행동을 통하여 목표를 성취하는 단계**로 아동들이 보다 건설적인 방법으로 행동하는 것을 배우고 익히게 된다. 이 시기 아동은 상담 중기 단계에 되풀이되던 핵심갈등과 관련된 놀이가 줄어들면서 좀 더 긍정적이고 건설적인 놀이로 변화되는 모습을 보이게 된다. 현실 지향적인 역할놀이, 꼭두인형놀이, 다른 공상놀이 등을 하며, 공격성이 더 일반화되고 현재 사건과 관련된 공격성이 나타난다. 좌절에 대한 내성이 생겨 게임에 져도 웃을 수 있는 모습을 보인다(하승민 외, 2008). 이러한 과정 속에서 아동은 적절한 자신감과 통제력, 안정감 등을 획득하게 되고 상담에 대한 욕구가 줄어들면서 종결 시기로 접어들게 된다.

1) 상담 종결 단계의 목표

상담의 종결단계에서는 지금까지 목표에 도달하기 위해 작업해 온 결과와 성취가 요약되고 평가된다. 이때 상담자는 아동이 자신의 문제와 문제에 영향을 미치는 관련 능력을 잘 이해하고 있는지 평가해야 한다. 또한 이에 기반하여 아동이 수행할 수 있는 행동방침을 아동과 합의하여 마련한다.

2) 상담 종결의 기준

상담의 종결은 상담자에게 민감성을 요구한다. 상담의 종결 시점이 너무 이를 때 아동은 상실감, 거부감 등의 감정을 가질 수 있고, 이는 새로운 문제를 유발할 수 있기 때문에 상담의 종결 시기는 신중하게 결정되어야 한다. 가장 좋은 상담 종결시기는 **아동이 자신의 연령에 맞는 발달단계의 과제를 다루는 시기가 왔을 때**이다(Hong & Greenberg, 1980). 불안 감소, 자신감 증진, 좌절 내성의 증가, 증상 해소, 보다 나은 적응전략, 어느 정도의 독립, 또래나 성인과의 좋은 관계, 만족스러운 학교 생활, 기쁨과 즐거움 그리고 발달을 이루어 나가는 것과 같이 상담 목표의 실제적인 성취가 어느 정도 이루어지는 시기를 상담 종결의 기준으로 삼을 수 있다(하승민 외, 2008).

하워스(Haworth, 1964)는 종결 준비를 결정하는 지침으로 다음의 열네 가지 질문을 던진다.

첫째, 상담자에게 덜 의존적인가? 둘째, 아동이 상담자를 만나는 것에 대해 관심을 덜 가지는가? 셋째, 아동이 한 사람 안에 선과 악이 둘 다 존재한다는 것을 수용하고 이해하는가? 넷째, 시간, 자각, 관심, 수용이라는 용어에 대한 아동의 태도에 변화가 있는가? 다섯째, 방을 정리한다는 것에 대한 아동의 반응에 변화가 있는가? 여섯째, 아동이 이제 자신과 자신의 성sex을 수용하는가? 일곱째, 통찰과 자기평가의 증거가 있는가? 여덟째, 언어화의 능력이나 양의 변화가 있는가? 아홉째, 놀잇감에 대한 공격성이 줄어들었는가? 열째, 아동이 제한을 좀 더 즉시 받아들이는가? 열한째, 아동의 예술적 표현 형태의 변화가 있는가? 열두째, 유아적이거나 퇴행적인 놀이가 줄어들었는가? 열셋째, 환상과 상징적인 놀이가 줄고 좀 더 창의적 · 건설적 놀이가 증가되었는가? 열넷째, 공포의 강도, 횟수가 감소되었는가?

3) 상담 종결 단계의 주요 기술

상담의 종결과정에는 아동의 불안이나 퇴행, 상담자의 상실감 등 어려움이 발생할 수 있다. 때문에 상담의 종결은 서서히 진행되어야 하며 종결로 인한 이별에 대하여 아동과 상담자의 감정을 다루어 가는 것이 필요하다. 이러한 과정에서 문제해결과 결정 내리기, 직면, 즉각성, 격려 등의 기법이 사용될 수 있다(김춘경, 2004).

(1) 문제해결과 결정 내리기

상담자는 내담자의 문제를 해결해 주는 것이 아니라 내담자 스스로 자신의 문제해결에 책임이 있음을 깨우치고 자신이 가진 문제해결능력을 향상시킬 수 있도록 도와야 한다. 이를 위해 내담자의 기존 해결노력을 탐색하고, 위로하며 격려하고, 기존 노력의 역할과 한계가 무엇인지 평가하는 등 보다 나은 대안 모색을 탐색해 보는 과정을 밟아 나가야 한다.

(2) 직면

직면은 고찰을 위한 새로운 통로를 열고 자각을 증대시키기 위해 '내담자로 하여금 자신이 방금 말한 것이나 행동한 것에 대해 주의를 집중하도록 유도하거나 강요하는 것'이라고 할 수 있다(Devereux, 1951 ; 김춘경, 2004 재인용). 내담자의 주관적 기분상태와 감정, 이야기에 숨겨진 이유, 사적 논리, 드러나지 않은 사적 목적, 좌우명, 즉각적 행동, 자기-패배적 행동, 시간적 요소 등 다양한 내용에 직면할 수 있고, 타인에 대한 반응에 책임지도록 직면하거나 대안을 제시하면서 직면시키고 내담자에게 변화에 대한 책임을 알려주는 데에도 직면기법을 사용할 수 있다(Shulman, 1999). 직면은 부드럽고 내담자가 그 의도를 잘 이해할 수 있도록 이루어질 때 효과적이다. 만일 상담자가 화가 나거나 불편한 감정상태에서 이루어지는 직면은 역효과로 나타날 수 있으므로 상담자는 직면을 하고자 할 때 자신의 감정을 잘 인식해야 할 필요가 있다.

(3) 즉각성

즉각성은 상담관계에서 현재의 순간, 또는 '지금 그리고 여기'에서 상담자와 아동 사이에 무엇이 일어났는가를 설명하는 것이다. 즉각적인 반응은 내담자와 그 순간의 상담문제에 대한 상담자의 감정을 솔직하게 표현해야 할 필요가 있을 때 사용한다. 또한 내담자의 무의식 속에 억압된 것을 탐색할 수 있도록 돕기 위해 상담자가 의식적으로 사용하기도 한다.

(4) 격려

격려의 목적은 아동의 행동을 적극적으로 지지해주고 강화해 주어서 아동으로 하여금 용기와 책임감, 그리고 부지런함을 일깨워 자신의 삶의 문제에 당당히 직면하여 자신의 문제를 해결할 수 있도록 돕는 것이다. 격려받은 아동은 자신이 가치 있고 힘이 있으며 스스로 잘 통제하고 잘 행동하고 있다고 느낀다. 격려를 잘 하기 위해 아동의 능력에 대한 믿음을 보여 주고, 노력을 인정해 주며 강점과 장점에 초점을 두어야 한다. 또한 무조건 수용하고 행위자가 아니라 행위를 강조해야 하며 긍정적인 면에 초점을 둔다. 아동의 흥미에 관심을 표현하고 불완전한 것을 보여 주는 것도 필요하다. 실수로부터 배우고 아동이 소속감을 형성하는 긍정적인 방법을 배울 수 있도록 도와야 한다(Kottman, 1995).

CHAPTER

08

심리평가

1. 심리평가

상담에 의뢰된 아동의 문제를 해결하기 위해서는 아동의 전반적인 심리적 특성과 행동을 이해하는 과정이 꼭 필요하다. 이를 위해 아동에 대한 행동관찰, 심리검사, 부모, 아동 및 교사에 대한 면담 등 다양한 정보를 활용한 종합적인 평가가 이루어진다. 즉, 심리평가는 **아동에 대한 행동관찰, 임상면담 및 심리검사자료에 근거하여 상담자의 전문 지식을 바탕으로 아동에 대한 진단 및 치료적 제언을 하는 과정**을 의미한다. 이는 개인의 심리적 특성을 이해하기 위한 일련의 과정으로서 면담과 다양한 평가를 통하여 종합적인 해석 및 진단과 치료적인 제언을 하는 전문과정이다. 이를 위해 상담자는 다양한 지식과 경험을 필요로 한다. 성격, 정신병리 및 신경학적 장애의 발현 양상 등에 대한 폭넓고 정확한 지식과 함께 심리측정학, 통계학 및 연구방법론에 대한 지식, 척도의 실시와 채점방법, 해석방법 및 각 척도의 장단점에 대한 정확한 이해와 지식, 검사 결과, 면담자료, 행동관찰, 의뢰 사유 등을 분석/종합하여 전체적으로 이해하고 파악할 수 있는 능력과 경험, 내담자, 보호자, 혹은 심리평가를 의뢰한 상담자에게 평가 결과를 효과적으로 전달하고 의사소통할 수 있는 대인관계 기술과 정서적 민감성 등이다.

1) 아동상담에서 심리평가의 필요성

아동상담에 있어 심리평가는 다음의 이유로 의미를 갖는다(최영희 외, 2009).

(1) 상담자의 전문성

내담아동에 대한 상담자의 정확한 평가와 진단은 이후의 아동상담 전체 과정에서 중요한 영향을 미치게 된다. 때문에 상담자는 객관적이고 타당한 방법으로 내담자를 평가할 수 있는 전문성을 가져야 하며 이를 위해 심리검사도구와 기술을 활용하고 진단할 수 있는 전문적 훈련을 받아야 한다.

(2) 치료적 목표 설정

심리평가를 통한 객관적 자료를 바탕으로 아동 및 부모와 상담자가 공통의 치료적 목표를 설정할 수 있다면 상담에 대한 아동과 부모의 자발성을 증가시킬 수 있다.

(3) 아동에 관한 다양한 정보 수집

다양한 심리검사 결과들은 상담자가 아동을 이해하는 데 필요한 다양한 정보를 제공한다.

(4) 아동의 자원 확인

상담의 궁극적 목표는 단순히 문제 행동의 제거뿐 아니라 아동의 적절한 발달의 촉진에 있다. 따라서 가족 역동, 성격의 변화가 가능한 측면, 환경적 스트레스, 대처 전략, 학습 형태 등의 변화될 수 있는 요인들을 규명하고 개입전략을 수립하기 위해 심리검사를 활용할 수 있다.

2) 아동심리평가의 과정

아동의 심리평가과정은 다음의 4단계로 구성된다(Kaufman, 1979).

(1) 욕구평가

부모면담이나 주변 사람들과의 전화 접촉, 아동에 대한 보고서 등에서 제공된 정보를 바탕으로 아동의 발달상태나 현재 심리상태, 아동의 잠재력 등을 파악한다.

(2) 검사

아동에 대한 심리검사나 부모, 교사를 대상으로 한 행동평정척도, 관찰평가 등이 이루어진다. 여기에는 면담과 관찰, 지적 능력, 학업 성취, 성격에 대한 평가 등이 포함된다. 지적 능력평가는 아동의 이해와 인지적 결함의 파악, 양육에 대한 제안을 위해 필수적이다. 성격평가는 아동의 현재 문제의 근원과 문제 행동의 원인을 이해하는 데 중요하다. 이를 통해 아동에 대한 풍부한 자료를 얻을 수 있다.

(3) 분석

검사자는 면담 내용과 관찰된 내용, 심리검사의 결과를 종합하고 분석하여 아동의 현재 발달상태, 특별한 능력이나 가능성, 결함이나 문제를 다루기 위한 치료적 제안, 잠재력 개발을 위한 기회의 제안, 부모나 주변 사람들이 아동에게 지지적인 환경을 제공하는 데 필요한 지침들을 계획한다.

(4) 검사 결과의 해석과 활용

검사자는 심리검사의 분석 결과를 부모나 교사 혹은 주변사람들에게 효과적으로 전달해야 하며, 이를 위해 그들이 이해할 수 있도록 명료하고 구체적인 심리검사 보고서를 작성하게 된다.

3) 아동심리평가 시 고려사항

아동의 심리검사를 실시하기 전에 다음의 사항을 고려해야 한다(위영희 외, 2016).

① 검사의 내용이 아동의 연령과 능력 수준에 적합한가

검사 내용이나 지시를 이해하고 적절히 반응하기 위해 필요한 읽기 능력이나 언어능력이 아동의 연령이나 능력 수준에서 적합한가를 고려해야 한다.

② 검사의 길이가 아동의 연령과 주의집중능력에 적합한가

아동의 연령이나 주의집중능력에 적합한 검사 길이인가를 고려한다. 검사가 너무 길어 많은 시간이 필요한 경우 아이의 피로감이나 좌절감을 유발할 수 있으므로 적절한 소요시간을 고려한 검사를 선택할 필요가 있다.

③ 심리검사를 실시하는 물리적 환경이 아동에게 적합한가

책상이나 의자, 조명, 온도, 통풍, 소음 등의 물리적 환경이 아동이 심리검사를 실시하는 데 방해가 되지 않는 만족스러운 환경인가를 고려해야 한다.

④ 검사자의 전문적 지식과 기술, 훈련, 경험이 심리검사 실시에 적합한가

심리검사의 올바른 실시와 해석을 위한 검사자의 전문적 지식과 기술, 훈련, 경험 등을 고려하고 이를 갖추기 위해 노력해야 한다.

2. 심리검사

1) 심리검사의 이해

한 인간에 대한 포괄적 이해가 목적인 심리평가에 있어 심리검사는 핵심적인 자료를 제공하는 중요한 절차이다. 아동이 보이는 문제의 상태와 원인, 그리고 현재의 심리상태를 빠른 시간 안에 발견하고 아동의 다양한 능력과 장단점을 파악하여 상담의 개념화와 목적 설정, 계획 등에 도움을 받기 위해 이러한 심리검사를 활용하게 된다.

심리검사는 **성격, 지능, 적성 같은 인간의 다양한 심리적 특성들에 대해서 파악하고자 하는 목적을 가지고 다양한 도구를 이용하여 이런 특성들을 양적, 질적으로 측정하고 평가하는 일련의 절차**로서 이를 통해 각 사람마다의 개인차 파악과 심리적 과정 자체에 대한 이론적 통찰의 습득이 가능하다. 뿐만 아니라 내담자 역시 심리검사를 통해 자신을 더 잘 이해하고 미래를 위한 계획을 세우는 데 도움이 되는 정보를 얻을 수 있으며, 심리검사를 하고 검사 결과에 대한 해석을 받는 과정만으로도 치료적 효과를 볼 수 있다. 탤벗(Talbott, 1988)은 임상적 진단의 명료화와 세분화, 증상과 문제의 심각도 구체화, 자아강도 평가, 인지기능 측정, 적절한 치료 유형 제시, 치료전략 기술, 치료효과 평가의 7가지를 심리검사의 목적으로 제시하고 있다.

상담자는 이러한 심리검사에 대하여 과도한 기대를 갖거나 지나치게 평가절하하는 태도보다는 이를 통해 최선의 결과를 얻을 수 있도록 하는 태도가 필요하다. 이를 위해 심리검사를 문제해결에 도움이 되는 하나의 정보제공 매체로서 인식하고, 다양한 검사가 갖는 장점과 한계를 모두 이해해야 한다. 또한 검사의 심리측정학적 특성을 이해하고 서로 다른 배경을 가진 내담자에게 어떤 검사를 적용하고 어떻게 실시 · 해석할 것인지에 대해 학습해야 한다. 마지막으로 상담과 검사를 종합할 수 있는 능력을 갖추어야 한다.

2) 심리검사의 유형

심리검사는 크게 객관적 검사objective test와 투사적 검사projective test로 나뉜다. 어떤 심리검사도 완벽하지 않고 각각의 장 · 단점을 가지므로 상담자는 검사 실시 및 해석과정에서 이를 고려해야 한다. 또한 객관적 검사와 투사적 검사를 동시에 사용함으로써 각 검사가 지니는 단점을 상호 보완할 수 있다.

(1) 객관적 검사

객관적 검사는 **과제가 구조화되어 있고, 채점과정이 표준화되어 있으며, 해석의 규준이 제시되어 있는 검사**를 말한다. 개인의 독특성보다는 상대적인 위치를 비교 평가할 수 있어 개인 대 개인 간 비교가 가능하다.

객관적이고 과학적인 특성을 가지고 있어 신뢰도와 타당도가 검증되어 있으며, 검사 실시와 해석이 간편하다. 또한 검사자 변인이나 검사 상황 변인의 영향을 적게 받기 때문에 객관성이 증대한다는 장점이 있다(Kline, 1993). 하지만 사회적 바람직성이나 반응 경향성이 있어 피검자가 의도하는 방향에 따라 문항에 반응할 수 있는 여지가 있으며, 양적 측면에 치우쳐 개인의 질적 독특성에 대한 정보가 무시될 수 있다. 또한 객관적 검사 문항이 특성 중심적 문항에 머무르기 때문에 특정 상황에서의 특성-상황 상호작용 내용이 밝혀지기 어렵다. 대표적인 객관적 검사로서 한국판 지능검사K-WPPSI, K-WISC-4, K-WAIS가 있다.

(2) 투사적 검사

투사적 검사는 **비구조적인 검사과제를 통해 개인의 독특성을 최대한 이끌어 내려**

는 목적으로 시행되는 검사이다. 개인의 다양한 반응을 도출하기 위하여 가능한 한 간단한 지시방법을 사용하며 검사자극 또한 불분명하고 모호하다. 이 과정에서 불확실한 자극에 대해 자유로운 반응을 인출함으로써 개인의 경험, 과거 및 현재의 심리적 갈등, 사고, 성격특성이 드러나게 된다.

역동적인 방법으로 독특하고 다양한 반응의 도출이 가능하며 방어적 반응이 어려워 무의식적 갈등을 잘 평가해 줄 수 있다는 강점을 가지고 있다. 클라인(Kline, 1993)이 제시한 투사검사의 장점은 반응의 독특성, 방어의 어려움, 반응의 풍부함, 무의식적 내용의 반응 등이 있다. 하지만 검사의 신뢰도나 타당도 검증이 어렵고, 평가자의 주관이 개입될 우려가 있으며 여러 상황적 요인에 의해 강한 영향을 받을 수 있다는 것이 문제점으로 지적되고 있다. 로흐샤흐 검사Rorschach Test가 대표적인 투사적 검사이다.

Box 8-1

신뢰도와 타당도

- **신뢰도** : 신뢰도란 한 검사가 측정하고자 하는 내용을 어느 정도 **일관성 있게 측정**하고 있는지를 말해주는 것으로 검사 결과의 일관성을 확인한다. 신뢰도를 구하는 대표적인 방법으로는 검사-재검사 신뢰도, 동형검사 신뢰도, 반분신뢰도 등이 있다.
- **타당도** : 타당도란 측정하려고 하는 것을 **제대로 측정**함으로써 필요한 정보를 얻을 수 있는가의 문제로, 검사가 어떤 목적으로 얼마나 적절하게 사용될 수 있는 유용한 검사인지를 의미하는 것이다. 타당도의 종류에는 내용타당도(content validity), 안면타당도(face validity), 준거타당도(criterion validity), 구인타당도(construct validity)가 있다.

3) 심리검사의 종류

(1) 행동평가척도 : 한국판 아동 행동척도

아동을 대상으로 한 행동평가척도는 오랫동안 널리 사용되어온 검사 중의 하나

표 8-1 K-CBCL의 전체 척도 구성 내용

구성	하위 척도	문항 수
사회 능력 척도	사회성	6
	학업수행	7
	총사회능력	13
문제 행동 증후군 척도	위축	9
	신체증상	9
	불안/우울	14
	사회적 미성숙	8
	사고의 문제	7
	주의집중문제	11
	비행	13
	공격성	20
	성문제	6
	정서불안정	10
	내재화문제 : 위축, 신체증상, 불안/우울	31*
	외현화문제 : 비행, 공격성	33
	총문제행동	117**

* 문항 103은 '슬퍼하고 우울해한다'는 위축 척도와 불안/우울 척도에 모두 포함되므로 합산 시 한 번 빼줌
** 모두 119개의 문항 가운데 임상집단과 정상집단 사이의 변별력이 낮은 2번, 4번을 제외한 총 117개 문항의 합으로 산출함. 단 문항 52. 신체증상 관련 문항은 하위문항 8개로 구성되어 있음.
출처 : 오경자 외(1997).

이다. 이것은 **아동의 행동에 관한 표준화된 형식을 사용함으로써 체계적이고 포괄적인 이해를 가능하게 하며 비교적 쉽고 경제적이므로 효율성이 높은 평가방법**이다.

한국판 아동행동척도Korea-Child Behavior checklist : K-CBCL는 미국의 아헨바하Achenbach와 에델브룩Edelbrock이 개발한 아동행동 체크리스트Child Behavior Checklist : CBCL, 1983를 우리나라에 맞게 표준화(오경자, 이혜련, 홍강의, 하은혜, 1997)한 것이다. 표준화된 행동평가 도구로서 만 4~17세 아동과 청소년을 대상으로 하고 있으며, 사회적 적응 및 정서・행동문제를 평가하도록 한다. 아동・청소년과 함께 생활하는 어른이 평가하도록 하는 행동조사표로서 부모용과 교사용이 있다. 검사소요시간은 약 15~20분 정도 소요된다.

만 18개월에서 만 5세의 영유아만 6세 유치원생 포함를 대상으로 주 양육자가 실시하는 **CBCL 1.5-5 유아 행동평가척도**와, 만 6~18세의 아동 및 청소년을 대상으로 시행되는 **CBCL 6-18 아동 · 청소년 행동평가척도**로 다시 분류될 수 있다. CBCL 1.5-5 유아 행동평가척도는 영유아의 주 양육자가 자녀의 문제 행동을 평가하는 표준화된 도구로서 영유아의 정서 및 행동문제에 대한 평가와 언어발달 측면까지 폭넓게 다루는 종합적인 평가도구이다. CBCL 6-18 아동 · 청소년 행동평가척도 역시 아동 · 청소년의 주 양육자가 자녀의 적응상태 및 문제 행동을 평가하는 표준화된 도구로서 문제행동척도와 적응척도가 있고 적응척도에서는 사회성과 학업수행을 평가하게 된다.

사회적 능력척도Social Competence Scale와 문제행동증후군 척도Behavior Problem Scale를 포함한 117문항으로 구성되어 있다. 사회능력척도는 친구나 또래와 어울리는 정도, 부모와의 관계 등의 사회성을 평가하는 사회성척도Social Scale와, 교과목 수행 정도, 학업수행상의 문제 여부 등을 평가하는 학업수행척도School Scale 그리고 총 사회능력척도 등 모두 3부분으로 이루어져 있다. 문제행동증후군 척도는 위축, 신체증상, 불안/우울, 사회적 문제, 사고의 문제, 주의집중문제, 비행, 공격성, 내재화 문제, 외현화 문제 등 10개의 하위척도와 4~11세에만 적용되는 특수척도인 성문제 척도, 우리나라 특유의 정서불안정 척도 그리고 총문제행동척도 등 13개의 척도로 구성되어 있다.

검사 결과 해석은 행동문제가 의미 있게 높다고 판단되는 아동을 선별screening해 내는 경우와 임상장면에서 각 하위척도의 어떤 특정 증상이 유의미하게 높은지를 판단하는 경우에 다르게 적용할 수 있다. 대체로 8개의 문제행동증후군 척도들에 대해서는 전체 상위 98%에 해당하는 표준점수 70을 기준으로 그 이하는 정상, 70T 이상은 임상적으로 유의미한 수준으로 해석할 수 있다. 한편, 내재화 문제, 외현화 문제, 총문제행동척도 점수는 63T90%tile이상이면 임상범위에 해당하는 것으로 본다(오경자 외, 1997).

(2) 지능검사 : 한국 웩슬러 지능검사

지능검사는 **학교에서의 학업적 수행을 예언하는 인지능력을 평가하는 것**으로 아동들을 대상으로 광범위하게 사용된다. 지능은 성격, 정서, 가치 동기와 같은 여러 가지 특성들과 함께 한 개인의 총체적인 모습을 구성하는 중요요소로, 웩슬러(Wechsler, 1939)는 **지능이란 '개인이 목적에 맞게 활동하고 합리적으로 사고하며 자신을 둘러싼 환경을 효과적으로 처리해 나가는 전반적**global, **총합적**aggregate **능력'** 이라고 정의한다. 때문에 웩슬러 지능검사는 지능의 다차원적이고 총체적인 평가가 가능할 뿐 아니라 단순히 '지능 수준'의 평가뿐 아니라 개인의 성격을 반영해 주는 역동적 도구로 사용될 수 있는 기초를 제공한다.

검사의 실시방법은 소검사마다 다르다. 각 소검사마다 실시요강에서 제시하고 있는 표준화된 절차를 철저하게 지키는 것이 매우 중요하다.

지능검사는 다른 심리검사에 비하여 수검자의 불안과 저항을 유발하기 쉬우므로 시작 전에 검사에 대한 자세한 소개를 해주는 것이 좋다. 이때 검사의 실시 목적이 지능을 평가하는 데 있지 않고 수검자의 문제해결에 도움이 될 수 있는 자료를 얻는 데 있음을 강조하는 것이 좋다. 수검자의 능력이 최대로 발휘될 수 있는 분위기에서 수행되어야 하며 수검자의 행동특성을 잘 관찰하고 기록함으로써 유용한 정보를 얻을 수 있도록 한다. 시간 제한이 있는 소감사의 경우 원칙적으로 시간 제한을 지켜야 하며 시간 제한이 없는 경우에는 충분한 시간을 준다. 수검자의 반응을 기록할 때는 항상 수검자의 한 말을 그대로 기록하도록 한다.

① 한국 웩슬러 유아용 지능검사

한국 웩슬러 유아용 지능검사Korean Wechsler Preschool and Primary Scale of Intelligence : K-WPPSI는 **만 3~7세 3개월까지의 아동**의 지능 측정을 위한 지능검사이다. 동작성 검사와 언어성 검사로 분류될 수 있는 총 12개의 하위 소검사로 구성되어 있으며, 이 중에는 보충검사 2개가 포함되어 있다. 검사 결과는 동작성 IQ, 언어성 IQ, 전체 IQ의 3개 지표 점수를 제공한다. IQ를 산출할 때에는 '문장'과 '동물 짝짓기'의 두 보충검사를 제외한 10개의 소검사만이 사용된다. 5개의 동작성 소검사의 합을 통하여 동작성 IQ 점수를 산출하고, 5개의 언어성 소검사의 합을 통하여 언어성 IQ 점수를 산출한다. 마지막으로 동작성 소검사와 언어성 소검사의 점수를 합하여 전체 IQ 점수를 산출한다. 검사 결과의 해석에서는 아동의 연령에 따른 규준에서의 아동의 위치를 파악할 뿐 아니라 아동의 총체적 능력 안에서의 강점과 약점을 분석하는 것이 필요하다(송영혜, 강지예, 이정자, 2000).

표 8-2 웩슬러 유아용 지능검사 소검사

동작성 검사	설명	문항 수	언어성 검사	설명	문항 수
1. 모양 맞추기	여러 조각을 나열하여 제시한 후 제한된 시간 내에 그 모양을 맞추도록 한다.	6	2. 상식	일상의 사건이나 물건에 대한 지식을 알아보기 위한 것이다.	27
3. 도형	아동에게 그림을 제시한 후 제시 그림과 똑같은 도형을 4개의 보기에서 찾는 것과 아동이 그림을 보고 따라 그리도록 한다.	16	4. 이해	행동의 원인과 사건의 결과에 대한 생각을 표현하도록 한다.	15
5. 토막 짜기	제시된 모양과 같은 모양을 제한된 시간 내에 주어진 토막으로 재구성하도록 한다.	14	6. 산수	기본적인 수 개념에 대한 이해의 정도를 알아보기 위한 것이다.	23
7. 미로	제한된 시간 내에 점점 더 어려워지는 미로의 통로를 찾는 지필 검사이다.	11	8. 어휘	구체적인 실물에 대한 의미부터 추상적인 의미까지 단어들의 의미를 묻는다.	25
9. 빠진 곳 찾기	일상적인 물건의 그림에서 빠진 부분을 찾아낸다.	28	10. 공통성	사물의 공통성을 알아내는 검사이다.	20
11. 동물 짝짓기(보충검사)	동물 그림 아래에 있는 구멍에 맞는 색깔의 원통막대를 끼우는 것이다.	20	12. 문장 (보충검사)	검사자가 기록 용지에 있는 문장을 읽어주면 아동은 이를 그대로 따라한다.	12
비고	각 소검사 앞에 붙은 번호는 검사가 시행되는 순서를 나타내며 아동의 검사 실시 동안 흥미를 계속 유지하도록 동작성검사와 언어성검사를 교대로 제시한다.				

출처 : 위영희 외(2016).

② 한국 웩슬러 아동용 지능검사

한국 웩슬러 아동용 지능검사Korean Wechsler Intelligence Scale for Children : K-WISC는 **만 6~16세 11개월까지 아동**의 지능을 임상적으로 평가할 수 있는 개인용 지능검사이다. 언어성 검사 6개, 동작성 검사 7개의 총 13개의 하위 소검사로 구성되며, 이는 상식, 공통성, 어휘, 이해의 측정을 통해 언어적 이해를 측정하는 요인 Ⅰ, 빠진 곳 찾기, 차례 맞추기, 토막 짜기, 모양 맞추기를 통해 지각적 조직화를 측정하는 요인 Ⅱ, 산수와 숫자를 실시하여 주의집중을 측정하는 요인 Ⅲ, 기호 쓰기와 동형 찾기를 통해 처리속도를 측정하는 요인 Ⅳ의 네 개 요인으로 나뉜다. 우리나라에서는 1991년부터 K-WISC-Ⅲ가 개발되어 사용되어 왔으나, 2011년 K-WISC-Ⅳ(Korean

표 8-3 K-WISC-Ⅳ 아동용 지능검사 구성요인과 소검사

지표	주요 소검사	보충 소검사	내용
언어이해 (Verbal Comprehension Index : VCI)	공통성		공통점을 가진 두 개의 단어를 듣고 두 단어가 어떻게 유사한지 말하기
	어휘		그림 문항에서 소책자에 있는 그림의 이름 말하기, 말하기 문항에서는 검사자가 읽어주는 단어의 정의 말하기
	이해		일반적 원칙과 사회적 상황에 대한 질문에 답하기
		상식	일반적 지식에 관한 다양한 질문에 답하기
		단어 추리	일련의 단어에서 공통된 개념을 찾아내어 단어로 말하기
지각추론 (Perceptual reasoning Index : PRI)	토막 짜기		제한시간 내에 흰색과 빨간색의 토막으로 제시된 모형이나 그림과 같은 모양 만들기
	공통그림 찾기		제시된 그림들을 보고 공통된 특성으로 묶일 수 있는 그림 고르기
	행렬 추리		불완전 행렬을 보고 다섯 개의 반응선택지에서 제시된 행렬의 빠진 부분 찾기
		빠진 곳 찾기	제한시간 내에 그림 속에서 빠져 있는 중요부분을 가리키거나 말하기
작업기억 (Working Memory Index : WMI)	숫자		'숫자 바로 따라하기'와 '거꾸로 따라하기' 검사자가 읽어주는 숫자를 같은 순서, 또는 반대 순서로 따라하기
	순차 연결		연속되는 숫자와 글자를 읽어주고, 숫자가 많아지는 순서와 한글의 가나다 순서대로 암기하도록 하기
		산수	구두로 주어지는 일련의 산수문제를 제한된 시간 내에 암산으로 풀기
처리속도 (Processing Speed Index : PSI)	기호 쓰기		간단한 기하학적 모양이나 숫자에 대응하는 기호를 그리고 제한시간 내에 기호표를 이용하여 해당 모양이나 빈칸에 각각의 기호 그리기
	동형 찾기		제한시간 내에 반응 부분의 모양 중 표적모양과 일치하는 것이 있는지 표시하기
		선택	무선으로 배열된 그림과 일렬로 배열된 그림들을 훑어보고 제한된 시간 안에 표적 그림들에 표시하기
전체검사 IQ (Full Scale IQ : PSIQ)			주요 소검사 10개 점수의 합계

Wechsler Intelligence Scale for Children- Forth Edition : K-WISC-IV)가 출시되어 현재 주로 사용 중이다. 현재 4판 K-WISC-IV에서는 4개 영역으로 소검사를 시행한 후, 전체지능지수를 산출한다.

(3) 밴더-게스탈트 검사

벤더-게스탈트검사Bender-Gestalt Test : BGT는 **간단한 기하학적 도형이 그려져 있는 9개의 자극카드들을 아동에게 한 장씩 차례로 보여 주면서 그것을 종이 위에 따라 그리도록 하고 여러 변형된 추가 단계를 실시하여 나온 정보를 통해 인지, 정서, 성격 등의 다양한 심리적 특성을 분석하는 검사방법**이다. 아동용 BGT는 5~10세 아동을 대상으로 실시하게 되며 아동의 성격특징, 기질성 장애 및 정서장애를 진단하는 데 널리 사용된다.

아동에 대한 종합심리검사full battery를 할 때 제일 먼저 시행되는 검사로서 비교적 쉬운 검사이기 때문에 아동과 검사자의 라포 형성이나 검사에 대한 부담이나 긴장감 감소에 도움이 된다. 또한 의사소통능력이 없거나, 있다 하더라도 언어적 행동에 의해 성격에 대한 충분하고 적절한 정보 제공을 받을 수 없는 경우, 뇌기능 장애나 정신 지체가 있는 피검자, 문맹자나 외국인의 경우에도 사용 가능한 장점이 있다.

검사 실시방법은 우선 A4용지와 연필, 지우개를 준비한다. 피검자가 불안을 느끼는 경우도 있으므로 검사자는 이 검사가 도움을 주는 것이라는 인식을 심어주면서 피검자의 심리적 안정을 도와야 한다. 종이를 세로로 제시하며 BGT 도형을 보여

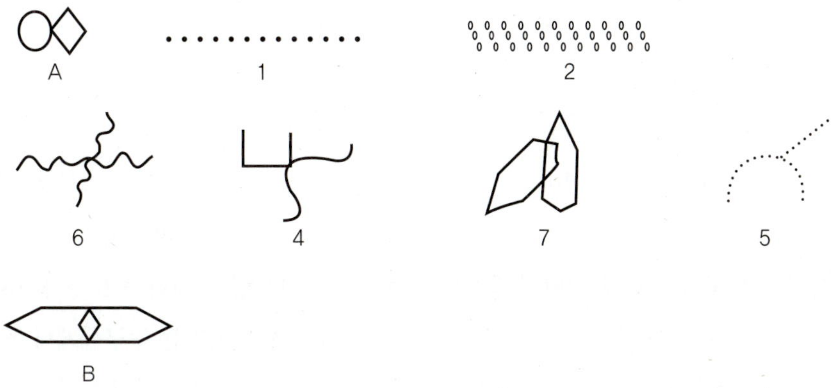

그림 8-1 BGT 도형카드

주게 되는데, 이때 한 장씩 제시된 그림을 보고 종이에 그대로 따라 그리도록 지시한다. 시간 제한이 없는 검사이나 너무 빨리 그리거나 오래 끄는 것 자체가 진단적 의미가 있으므로 소요시간을 적어 놓도록 한다. 그림을 모사할 때는 자 등의 보조도구를 사용하지 않도록 하고, 제시 내용 이외의 질문에 대해서는 '좋을 대로 하십시오' 또는 '마음대로 해도 됩니다'라고 답하면 된다. 피검자의 검사 태도나 검사 행동을 잘 관찰하여 해석에 참고하도록 한다.

BGT의 실시방법은 **모사, 변용묘사, 연상, 회상, 순간 노출 단계, 한계 음미**의 6가지가 있으며, 필요에 따라 임의로 채택하여 사용한다. 일반적으로 심리적 문제를 가진 피검자에게는 '모사' 단계를 기본으로 하고 '변용 묘사' 단계, '연상' 단계를 조합하여 사용하며, 기질적 손상이 의심되는 경우에는 '순간 노출' 단계를 먼저 실시한 뒤 '모사' 단계, '회상' 단계의 순으로 실시한다.

검사의 해석은 크게 '**조직화 방식**organization', '**크기의 일탈**deviation in size', '**형태의 일탈**deviation in form', '**전체적 왜곡**gross distortion', '**그려 나가는 방식**movement' 등 5개의 유목으로 나뉘어진다. 조직화 방식에서는 배열 순서, 도형 A의 위치, 공간의 사용, 그림의 중첩, 가장자리의 사용, 용지의 회전 등을 살펴보고, 크기의 일탈에서는 전체적으로 크거나 작은 그림, 점점 커지거나 작아지는 그림, 고립된 큰 그림과 작은 그림 등을 본다. 형태의 일탈은 폐쇄 곤란, 교차 곤란, 곡선 묘사 곤란, 각의 변화 등을, 형태의 왜곡에서는 지각적 회전, 퇴영, 단순화, 단편화, 중첩 곤란, 정교화 또는 조잡, 보속성, 도형의 재묘사 등이 검토된다. 마지막으로 그려 나가는 방식에서는 방향의 일탈과 방향의 비일관성, 그리고 선의 질을 살펴보게 된다.

(4) 그림검사

① HTP(집/나무/사람)

그림은 인간의 기본적 언어로서 글을 배우기 전부터 그림을 통해 스스로 생각하는 자신의 모습이나 혹은 되고 싶은 모습 등의 자기표현을 한다. 때문에 그림검사는 투사적 검사의 하나로서 개인의 정서와 성격, 지각, 태도를 평가하는 도구가 될 수 있다. 그중에서도 HTPHouse-Tree-Person는 '**집**', '**나무**', '**사람**'**이라는 누구에게나 친숙하면서도 상징성이 강한 대상을 그려보게 하는 검사**로, 가장 잘 알려진 투사적 그림검사 중의 하나이다.

'집' 그림은 전반적으로 **가정생활과 가족 간의 관계에 대한 인상**을 반영한다. **'나무'**와 **'사람'**은 주로 **성격의 핵심적인 갈등 및 방어에 대한 정보**를 제공하는데, **'사람'** 그림이 보다 **의식적인 측면**, **'나무'** 그림이 **보다 깊고 무의식적인 감정**을 반영한다. 또한 '사람' 그림은 기본적으로 자기개념이나 신체 심상을 나타내며, 때로는 상황에 따른 태도나 정서가 나타나기도 한다.

표 8-4 HTP검사의 사후 질문 내용

구분	질문 내용
집	1. 누구의 집인가? 누가 살고 있는가? 2. 누구와 이 집에서 살고 싶은가? 3. 이 집의 분위기는 어떠한가? 4. 이 집이 멀리 있나? 가까이 있나? 너보다 위에? 아래? 비슷한데? 5. 이 집을 보니 어떤 생각이 나는가? 누가 생각이 나는가? 6. 어떤 사람이(또는 무엇인가가) 집을 망가뜨린 적이 있는가? 7. 이 집은 무얼 제일 갖고 싶어하는가? 왜? 8. 나중에 이 집은 어떻게 될 것 같은가? * 각 방의 문과 창문 모습, 입구 등을 기록함
나무	1. 무슨 나무인가? 2. 나무의 나이는 몇 살쯤 되었는가? 3. 나무는 지금 어디에 있는가? 혼자 있나? 여럿이 함께 있나? 4. 나무의 상태는 어떠한가? 나무는 살아 있나? 죽어 있나? 5. 나무를 보니까 무슨 생각이 나는가? 누가 생각이 나는가? 6. 어떤 사람이(또는 무엇인가가) 나무를 다치게 한 적이 있는가? 7. 나무는 무얼 제일 갖고 싶어하는가? 8. 나중에 이 나무는 어떻게 될 것 같은가? * 나무의 흠집, 부서진 가지, 죽은 가지, 그 외 특이한 것 등을 기록함
사람	1. 이 사람은 남자? 여자? 2. 누구인가? 몇 살인가? 3. 이 사람은 무엇을 하고 있는가? 4. 이 사람은 어떤 생각을 하고 있는가? 5. 이 사람의 기분은 어떠한가? 왜? 6. 이 사람을 보니 무슨 생각이 나는가? 아는 사람 중 누가 생각나는가? 7. 이 사람의 건강상태는 어떠한가? 8. 이 사람을 다치게 한 사람(또는 사건)이 있었는가? 어떻게? 언제? 9. 이 사람의 소원이 있다면 무엇일까? 10. 나중에 이 사람은 어떻게 될 것 같은가?

출처 : 위영희 외(2016).

그림검사의 시행에는 연필과 지우개, A4용지 4장의 검사도구면 충분하다. 집, 나무, 사람의 순으로 시간 제한 없이 그림을 그리게 하고 검사 소요시간을 기록한다. 그림의 크기, 모양, 위치, 방법 등에 대해 언급하지 않고 자유롭게 그리도록 하되, 다만 집을 그릴 때는 종이를 가로방향으로, 나무와 사람을 그릴 때에는 종이를 세로방향으로 제시한다. 그림을 다 그리고 난 뒤에는 각 그림에 해당하는 질문을 한다.

그림검사의 해석은 형식적 요소와 내용적 요소 모두를 고려해서 이루어져야 한다.

- **형식적 분석** : **어떻게 그렸는가**를 분석하는 것이다. 검사 태도와 검사시간, 그림을 그리는 순서, 위치, 크기, 필압, 선의 강도, 음영, 세부묘사, 생략과 왜곡, 그림의 대칭성, 운동성, 원근법, 지우기 등을 다루며, 이것으로 성격의 단면을 이해해 나가는 방법이다.
- **내용적 분석** : **무엇을 그렸는지**를 분석하는 것이다. 내용분석에 있어서는 명백하고 큰 특징을 먼저 다루는데, 그림을 그린 후에 질문을 실시하여 피검자가 질문에 따라 연상하는 것을 묻는 것이 해석에 효과가 있다. 집 그림에서의 지붕, 벽, 문, 창문, 굴뚝, 진입로와 계단 등에 대해 살펴보게 된다. 나무 그림에서는 줄기나 가지, 수관, 뿌리, 잎, 나무껍질 및 기타 나무의 모양과 종류 등을 살펴보게 되고, 머리, 얼굴, 몸통 등 사람 신체의 각 부분뿐 아니라 의상이나 인물 조망 등 다양하게 분석된다.

그림검사는 연필과 종이만 있으면 쉽게 실시할 수 있고, 시간이 많이 걸리지 않아 실시가 용이하다. 또한 연령, 지능, 예술적 재능에 의해 제한받지 않고 언어표현이 어렵거나 억압된 아동, 외국인, 문맹자 등 대상에 구애를 받지 않는다는 장점이 있다.

② KFD

KFDKinetic Family Drawing, 동적가족화는 **가족구성원이 무엇인가를 하고 있는 것을 그리도록 하는 것**으로, **피검자의 성격 형성 및 가족체계, 가정환경 등을 파악**할 수 있다는 장점이 있다. KFD를 통해서는 그림양식, 행위, 상징, 역동성, 인물상의 특징과 함께 PDI를 통한 내용적 분석을 하게 된다.

Box 8-3

KFD의 분석

1. 그림 양식

- 일반적 양식 : 가족구성원들의 긍정적이고 온정적인 언어적 · 행동적 상호작용. 가족구성원 간에 거리감을 느낄 수 있는 사물이나 벽이 존재하지 않음. 친밀감이 있고, 온정적인 상호작용을 경험
- 구획화 : 선을 긋거나 접어 가족원들을 의도적으로 분리, 가족 상호 간의 적극적인 애정표현이 이루어지지 않거나, 가족 간의 응집력과 상호작용이 부족한 가정의 아동, 외롭거나 억압된 분노감, 자신의 감정을 철회하고 분리시키려고 하기도 함
- 포위 : 줄넘기, 책상 등으로 사물을 둘러싸이게 함. 위협적인 대상으로부터의 분리 혹은 그 사물과의 정서적 단절, 두 인물이 같이 포위되면 두 사람을 동일시하는 것
- 가장자리 : 방어적, 문제 회피 및 가족구성원과의 관계 맺는 것에 저항

2. 행위 : 내용, 언어적 · 행동적 상호작용 정도

3. 상징

- 공격성, 경쟁심 : 공, 축구공, 그 외 던질 수 있는 물체, 빗자루, 먼지떨이 등
- 애정, 온화, 희망 : 태양, 전등, 난로 등 열과 빛을 표현하는 그림
- 분노, 거부, 적개심 : 칼, 총, 방망이, 날카로운 물체, 폭발물 등
- 힘의 과시 : 자전거, 오토바이, 차, 기차, 비행기 등
- 우울감 : 비, 바다, 호수, 강 등 물과 관계되는 것

4. 역동성

- 인물묘사의 순서 : 아동이 지각하는 가족 내 힘의 서열 반영, 정서적 · 심리적 중요 대상
- 인물상의 위치 : 용지 상단에 위치한 인물은 가족 내에서 가족을 이끌어 가는 주도적 인물, 용지 하단은 우울하거나 활력이 부족한 인물, 중앙에 그려진 인물은 실제로 가족의 중심인물, 우측은 외향성 및 활동성, 좌측은 내향성 및 침체성
- 인물상의 크기 : 실제 키의 반영 혹은 큰 인물상은 권위적이거나 존경하는 대상, 작은 인물상은 가족들에게 무시당하거나 덜 중요하다고 지각되는 대상
- 인물상 간의 거리 : 친밀성 정도 및 심리적 거리감
- 인물상의 생략 : 양가감정이나 가족구성원 간의 갈등적 관계 및 실제로 만날 수 있는 횟수 적음

5. 인물상의 특징

- 음영 : 그 신체부분에 몰두하거나 불안감을 느낌, 음영이 표시된 인물에 대한 분노감이나 적개심이 있을 수 있음

- 얼굴 표정 : 실제 가족활동 안에서 아동이 지각하는 정서반응. 얼굴 표정이 생략된 경우는 가족 내에서 느끼는 갈등이나 정서적 어려움을 회피하거나 거리감을 두려는 시도
- 막대기 모양 인물상 : 정서적 유대감과 애정적 교류가 부족, 갈등관계 → 막대기 사람일 경우 다시 한번 그리길 격려, 그래도 막대 사람으로 나타났을 경우만 해석

6. PDI

- 각 사람들이 누구인지, 나이는 몇 살인지?
- 어떤 일을 하고 있는 중인지 이야기해보자.
- 현재 각 가족들의 기분은 어떨까?(한 명씩 짚으면서)
- 제외된 사람이 있다면, 그 사람은 어디에 있을까? 그 사람의 기분은?
- (이해되지 않는 그림이 있을 때) 이 사람이 하고 있는 일을 이야기해줄래?(혹은, 들고 있는 게 뭘까?)
- 혹, 그리기 힘들었던 것 있니? 고치고 싶은 것은?
- 가족들은 앞으로 어떤 일을 할 것 같아?
- ○○가 아빠하면 생각나는 것, 엄마하면 생각나는 것, 언니하면 생각나는 것… (가족들을 다 지칭), 나하면 생각나는 것 등

(5) 문장완성검사

문장완성검사Sentence Completion Test : SCT는 **다수의 미완성 문장을 아동의 생각대로 완성하도록 하는 검사**로서 **개인의 욕구상태, 부모 및 교사, 동성과 이성 친구에 대한 태도를 파악할 수 있고, 성격 역동에 대한 정보와 전반적인 심리적 적응과 부적응을 판단할 수 있는 검사**이다. 단어연상검사word association test가 변형되어 발전된 것으로 문장에 나타난 감정적 색채나 문장의 맥락 등을 통해 아동의 태도, 아동이 주의를 쏟는 특정 대상이나 영역을 보다 잘 알 수 있고, 반응의 자유와 가변성이 허용된다는 점 등이 단어연상검사에 비해 강점으로 제시되고 있다.

문장완성검사는 일반적으로 투사적 방법의 검사로 분류되며, 숙련되고 경험 많은 임상가의 경우 문장의 전반적 흐름뿐 아니라 미묘한 뉘앙스를 통해 아동 성격의 복잡한 패턴을 도출해 낼 수 있다.

성인용 문장완성검사가 50개의 문항으로 구성되었으나 아동용은 총 33개의 문항으로 주어, 동사 부분만 제시된 미완성 문장을 아동이 자신의 생각대로 나머지의

부분을 완성하도록 한다. 각 문장을 읽으면서 맨 먼저 떠오르는 생각을 기록하도록 하고, 시간 제한이 없는 검사이나 너무 오래 생각하지 않고 가능한 한 빨리 문장을 완성할 수 있도록 한다. 검사 시작시간과 끝낸 시간을 적어 검사 소요시간을 기록하도록 한다.

표 8-5 아동용 문장완성검사의 구성 내용

4영역	문항 내용
가족	5. 우리 엄마는… 13. 우리 아빠는… 29. 우리 엄마, 아빠는…
사회	3. 나는 친구가… 4. 다른 사람들은 나를… 9. 대부분의 아이들은… 11. 내가 가장 좋아하는 사람은… 12. 내가 가장 싫어하는 사람은… 18. 여자애들은… 24. 남자애들은…
학교	25. 선생님들은… 27. 나는 공부가…
자기	1. 내가 가장 행복한 때는… 2. 내가 좀 더 어렸다면… 6. 나는 ________ 공상을 잘 한다. 7. 나에게 가장 좋았던 일은… 8. 내가 제일 걱정하는 것은… 10. 내가 좀 더 나이가 많다면… 14. 내가 가장 무서워하는 것은… 15. 내가 가장 좋아하는 놀이는… 16. 내가 가지고 있는 것 중 제일 아끼는 것은… 17. 내가 가장 가지고 싶은 것은… 19. 나의 좋은 점은… 20. 나는 때때로… 21. 내가 꾼 꿈 중에서 제일 좋은 꿈은… 22. 나의 가장 나쁜 점은… 23. 나를 가장 슬프게 하는 것은… 26. 나를 가장 화나게 하는 것은… 28. 내가 꾼 꿈 중에서 제일 무서운 꿈은… 30. 나는 커서 ______________ 이(가) 되고 싶다. 31. 내 소원이 마음대로 이루어진다면… 32. 내가 만일 외딴 곳에서 혼자 살게 된다면 ________ 와 제일 같이 살고 싶다. 33. 내가 만일 동물로 변할 수 있다면 ______ 이(가) 되고 싶다. 왜냐하면…

성인대상의 문장완성검사는 가족, 성, 자기개념, 대인관계라는 네 가지 영역에 관한 태도를 알아볼 수 있는 데 반해, 아동용 문장완성검사는 가족, 사회, 학교, 자기의 네 가지 영역으로 구성된다. '가족'영역은 어머니, 아버지, 가족에 대한 지각, 정서적 관계 등을 파악하는 세 문항으로 구성되어 있고, '사회'영역은 또래에 대한 지각, 또래와의 상호작용, 일반적인 대인관계 파악을 위한 일곱 문항으로 구성된다. 학교에 대한 지각, 성취와 욕구에 대한 지각 파악을 위한 '학교'영역은 총 두 문제이며, 자기지각, 미래 지향, 소원, 일반적 정신건강 등의 개인 내적 기능을 파악할 수 있는 '자기'영역은 총 21문항으로 구성된다.

성인용 문장완성검사는 가족영역, 성적 영역, 대인관계영역, 자기기념영역의 네 가지 영역이 있다. 가족 영역은 어머니와 아버지 및 가족 전체에 대한 태도를 측정한다. '어머니와 나는…', '내가 바라기에 아버지는…', '우리 가족이 나에 대해서…'와 같은 문항들이 이에 해당한다. 성적 영역은 이성관계에 대한 태도를 알아보는 것으로 여성과 남성, 결혼, 성적 관계에 대하여 알 수 있다. '내 생각에 여자들은…','내가 성교를 했다면…'과 같은 문항들이 포함된다. 대인관계영역은 가족 외의 사람들인 친구나 지인, 권위자 등에 대한 감정이나 그들이 자신을 어떻게 보고 있는지에 대한 생각을 표현하도록 한다. '내가 없을 때 친구들은…', '윗사람이 오는 것을 보면 나는…' 등의 문항이 있다. 자기개념영역에서는 자신의 능력, 과거, 미래, 두려움, 죄책감, 목표 등에 대한 태도에 대한 정보를 알 수 있다. '내가 저지른 가장 큰 잘못은…', '언젠가 나는…' 등의 문항이 포함된다.

(6) 아동용 주제통각검사

아동용 주제통각검사Korean Child Apperception Test : K-CAT는 1949년 벨라크Bellak에 의해 개발된 만 3~10세의 아동을 대상으로 하는 아동용 투사검사로서 주제통각검사Thematic Apperception Test : TAT의 아동용이다. 주제통각검사는 로르샤흐 검사와 함께 전 세계적으로 널리 사용되는 대표적 투사적 검사로서 모호한 대상을 지각하는 과정에서 개인 특유의 심리적인 과정이 포함되어 독특한 해석을 도출하게 된다는 이론적 입장에서 출발한다. 로르샤흐 검사에 비해 **다양한 대인관계상의 역동적 측면의 파악**에 보다 유용하며, **인물들이 등장하는 모호한 내용의 그림자극에 대한 이**

그림 8-2 CAT 검사도구

야기를 구성하는 방식으로 진행된다.

아동용 주제통각검사CAT의 경우 아동이 사람보다는 동물에 보다 쉽게 동일시하는 경향을 반영하여 도판에 등장하는 인물 대신 동물을 그려 넣었다는 차이가 있다. CAT는 과거 경험과 지각의 기억흔적이 현재 지각에 영향을 미친다는 가정하에 구강기 문제, 형제관계, 고독과 공포, 청결과 배설습관에 대한 관심 등 기본적 문제를 알아내고자 수행된다. 아동은 성인과 비교하여 경험의 폭이나 통각이 풍부하거나 다양하지 못하기 때문에 그림에 대한 반응이 비교적 직설적일 것이다. 또한 자기 가족 외에 다른 가족에 대한 경험이 적은 아동의 경우 그림에 대한 반응이 자신의 가족과 관련 있는 이야기로 가족에 대한 유용한 정보를 제공할 수 있다(김춘경, 2009).

검사의 진행방식은 카드를 보여 주면서 각 그림에 대한 극적인 이야기를 만들어 보도록 한다. 피검자는 이 장면이 있기까지 어떤 일이 있었을지, 현재 무슨 일이 일어나고 있는지, 등장하는 사람들이 어떻게 느끼고 무엇을 생각하고 있는지, 그리고 그 일의 결과가 어떻게 되었을지에 대하여 각 카드마다 5분 정도로 이야기를 하게 된다.

4) 심리검사의 시행

(1) 검사의 선택

다양한 검사도구 중 어떤 검사를 선택해야 하는가는 대부분의 상담자에게 고민

되는 부분이다. 검사를 선택할 때에는 시행하고자 하는 검사가 아동의 문제와 관련성을 가져 아동을 이해하는 데 정보를 제공할 수 있는 것이어야 한다. 또한 표준화되고 타당도와 신뢰도가 확인된 검사를 선택하는 것이 좋다. 검사를 실시하는 데 있어서의 실용성을 고려하는 것도 필요하다. 검사를 실시하고 채점하는 데 있어 간편하고 시행시간이 적절하며 비용이 부담되지 않는 검사를 선택해야 한다. 또한 상담자는 검사의 적절성과 제한점 등을 신중히 고려해야 한다. 특히, 다문화집단을 위한 검사의 선택 시 사회화된 행동과 인지 양식을 고려하지 않은 부적절한 검사를 피할 수 있도록 주의하는 것이 필요하다.

(2) 검사의 진행

검사를 진행하는 상담자는 아동에게 안전하고 편안한 검사환경을 제공하고 아동과의 **라포르를 형성**함으로써 아동이 검사환경에 잘 적응할 수 있도록 해야 한다. 이를 위해 상담자는 진행되는 검사에 대하여 아동에게 설명해야 한다. 특성과 목적, 그리고 결과의 구체적인 사용에 대해 아동이 이해할 수 있는 언어로 적절한 설명을 제공한다.

검사가 진행되는 과정에서는 부모나 교사가 아동의 행동에 대해 보고한 내용을 염두에 두면서 그들의 보고와 상반되거나 일치되는 아동의 행동을 관찰하고 기록한다.

Box 8-4

검사 불안과 라포르 형성

수검자가 심리검사를 받는 과정에서 자신의 수행이나 수행 결과에 대해 느끼는 불안을 검사불안이라고 한다. 수검자는 검사과정에서의 실수나 나쁜 결과에 대한 걱정, 그리고 자신의 내면적 세계가 노출되는 것에 대한 불안을 느낄 수 있다. 수검자와 검사자 간에 라포르가 형성되지 못한 경우 이는 수검자의 불안을 더욱 심화시킨다. 특히, 아동을 대상으로 개인검사를 실시할 때 라포르의 형성은 필수적이다. 편안하고 따뜻한 분위기 조성을 통해 아동이 검사에 협력적인 태도를 갖도록 동기를 유발시키는 것이 좋다. 이를 위해 검사 시작 전 아동과 가벼운 일상적인 대화를 나누는 것이 좋으며, 특히 수줍음을 많이 타거나 많이 긴장하는 아동의 경우 좋아하는 일이나 물건에 대한 이야기를 나누는 것도 효과적이다.

(3) 심리검사 결과의 해석

심리검사를 통해 아동을 폭넓고 깊이 있게 이해하기 위해서는 검사 결과를 해석하는 데 **통합적인 시선**이 필요하다. 이러한 통합적 해석을 위해 상담자는 검사점수 test score, 반응의 내용과 주제 content of themes of response, 언어 스타일, 검사반응에 대한 태도 style of verbalization, 검사자와 피검자 간의 대인관계 interpersonal relationship 등의 다양한 측면으로 검사 결과를 바라볼 수 있어야 한다. 검사점수는 객관적 검사나 자기보고식 질문지 검사를 통해 알게 되는 점수를 의미한다. 이러한 검사 점수에만 의미를 부여하는 기계적 접근을 하게 될 때 아동이 어떤 문항에서 말문이 막히거나 불안해하는지, 반응방식에서의 특이한 점은 무엇인지 등을 통해 얻을 수 있는 중요한 해석적 정보가 무시될 수 있다. 반응적 내용과 주제는 주로 투사적 검사를 통해 얻을 수 있는 정보로서 이를 통해 양적 접근에서는 간과되는 개인 고유의 특성에 대한 해석적 정보를 얻을 수 있다. 하지만 이러한 투사적 검사인 경우에도 반응 내용만을 해석의 대상으로 삼기보다는 구조적인 역동을 고려하며 이것이 어떤 모습을 취하고 있는가에 주의를 기울일 필요가 있다.

Box 8-5

심리검사에서의 윤리적 이슈로서의 사생활 보호와 비밀 보장

심리검사의 과정에서는 흔히 사생활 침해의 문제가 발생할 수 있다. 지능검사나 성격검사 등의 검사특성상 수검자에게 검사의 본래 목적을 위장하거나 개인이 드러내고자 하지 않는 것을 들추어내는 경우가 많기 때문이다. 따라서 검사를 실시하는 목적과 검사 결과의 용도에 대해 충분히 설명하고 이해시켜야만 한다.

또한 검사기록에 대해 기본적으로 검사를 받은 수검자와 검사자 외 제삼자가 검사 결과에 접근할 수 없도록 하고, 수검자의 동의 없는 공개는 제한하여 검사자료에 대한 비밀 보장(confidentiality)을 확인해야 한다. 하지만 아동의 경우 부모가 자신의 아이의 정보에 대해 알 권리가 있으므로 검사 결과를 전달해야 하는 경우가 발생하며, 이러한 경우 아동에게 상처를 주지 않는 방식으로 전달하는 것을 고려해야 한다.

3. 관찰과 면담

1) 관찰

관찰은 **아동에 대한 중요한 평가방법**으로 이를 통해 얻어지는 정보는 매우 중요하다. 영아기나 유아기의 경우 아이를 잘 관찰하는 것만으로도 발달의 문제나 장애가 있는지를 알아차릴 수 있다. 하지만 관찰은 주관적으로 이루어지는 것으로 인한 단점을 보완하기 위해 관찰의 목적을 분명히 하고, 관찰하고자 하는 행동을 구체적인 목록으로 작성하여 관찰을 진행하는 등의 방법을 사용함으로써 정보의 질을 높일 수 있다. 또한 훈련받은 관찰자가 관찰자 간의 반응을 일관성 있게 기록할 수 있도록 노력함으로써 신뢰도를 높일 수 있다.

그린스펀(Greenspan, 2003)은 신체적 · 신경학적 발달, 전반적인 정서상태 및 기분, 대인관계 유형, 주된 정서와 불안, 환경과의 상호작용, 주제표현, 상담자의 주관적 반응의 아동관찰 범주를 제시하고 있다(강문희 외, 2014).

첫째, 아동의 **신체적 · 신경학적 발달**과 관련된 관찰이 이루어져야 한다. 상담자는 아동을 처음 만났을 때 아동의 몸집과 전반적 외모, 아동의 운동 행동, 아동의 운동 협응 행동에 대한 관찰을 통해 아동이 신체적 및 신경학적으로 잘 기능하고 있는지 살펴보아야 한다. 이를 위해 아동의 전반적인 건강과 영양상태, 신체적 장애 유무, 의복상태나 성역할의 적절한 수행, 과잉 운동이나 연령에 적절한 운동량, 불수의적인 움직임 등이 관찰된다. 또한 자세와 걸음걸이에서의 운동적 협응과 균형감각, 연령에 적합한 대근육과 소근육 운동 협응, 그리고 연령에 적합한 쓰기와 그리기가 이루어지고 있는지에 대한 파악이 이루어져야 한다.

둘째, 아동의 **전반적인 정서상태 및 기분**과 관련된 관찰이 필요하다. 아동의 전반적인 정서상태와 기분은 아동의 얼굴표정과 행동, 이야기의 주제와 내용 등을 통합하여 판단된다. 특히, 언어적 표현과 아동의 언어적 표현과의 일치 여부, 지나치게 느린 움직임이나 과장된 즐거움 표현 등을 통해 아동의 드러난 정서와는 상반되는 우울한 감정에 대한 추측이 가능하다. 이 외에도 초기 면접 때의 아동의 표정, 상담실에서의 전반적인 기분과 상호작용, 아동의 행동과 현재 기분과의 상관 등을 파악하고, 상담실에서의 기분 표현과 놀이의 내용이 어느 정도 일치하는지를 살펴볼 필요가 있다.

셋째, 아동의 **대인관계능력**과 관련된 관찰을 한다. 아동이 타인과의 관계에서 어떻게 상호작용하는가를 탐색하는 것은 아동을 이해하는 데 필수적인 요인이다. 이를 위해 상담자는 상담대기실에서 상담자를 처음 만났을 때의 아동 행동, 상담자와 인사를 나누며 보이는 행동, 보호자와 헤어질 때의 행동을 평가한다. 또한 상담실 내에서 아동이 상담자와 둘이 되었을 때, 낯선 어른인 상담자와의 관계에서 보여주는 접근 정도와 접근방식, 위축이나 밀착 등의 다양한 모습을 관찰해야 한다. 이뿐 아니라 아동 가족과의 첫 만남에 대한 인상이나 아동과 보호자 간의 상호작용, 또는 대기실 내의 다른 아동이나 성인과의 상호작용을 관찰하고 이를 기록해 두는 것이 좋다.

넷째, 아동의 **정서적 특성 및 표현**에 대한 관찰이 필요하다. 대부분의 아동은 제스처나 상징, 표상의 사용 또는 언어적 상호작용이나 정교한 가장놀이를 통해 자신의 정서를 표현한다. 상담자는 아동과 만난 시점부터 상담이 끝날 때까지 아동이 보이는 서로 다른 정서들을 관찰하고 기록하는 것이 중요하다. 이를 위해 상담실에서 아동이 보이는 다양한 정서 변화와 함께 이러한 아동 정서의 강도와 성숙도에 대한 관찰이 이루어져야 한다. 또한 정서의 종류나 범위뿐 아니라 정서적 표현의 진정성과 깊이도 관찰해야 한다.

2) 면담

면담interview은 심리평가과정에서 **자료를 수집하는 가장 중요한 방법의 하나**로서, 상담자와 아동 그리고 아동의 가족이 모두 참여하는 협동적인 과정이다. 면담을 통한 자료가 뒷받침되지 않는 심리검사는 큰 의미를 갖지 못한다. 면담은 다양한 방식으로 진행될 수 있지만 내담자의 심리적 특성과 문제 발견, 문제의 원인 규명과 진단, 치료계획 수립이라는 목표는 동일하다.

(1) 면담의 요소

면담은 **면담의 내용과 면담의 과정**이라는 두 가지의 요소로 구성된다. 상담자는 아동의 의사소통방식에 주의를 기울여야 하는데, 말하는 내용보다 이 내용을 어떻게 전달하는가의 방식이 더욱 중요하다. 아동이 말하는 말 외에 신체언어나 목소리와 같은 다양한 정보는 아동에 대한 더 많은 것을 알게 해준다. 때문에 상담자는 언어적 행동과 비언어적 행동 사이의 불일치에 주의를 기울여야 한다. 만일 면담 도중에 아이가 이야기를 중단하거나, 이야기하던 내용이 급작스럽게 변경되는 등의 상황들이 발생한다면 상담자는 이에 대해 아이와 이야기를 나눌 수 있어야 한다. 또한 이러한 과정 속에서 표현되는 아이의 감정에 대해서도 질문을 통해 탐색하는 것이 필요하다.

(2) 면담의 유형

면담의 기본적인 유형에는 **지시적 면담**과 **비지시적 면담**의 두 가지가 있다. 비지시적 면담은 내담자에게 많은 통제권을 부여하는 개방형 질문들로 이루어진다. 내담자는 충분히 자신의 이야기를 자유롭게 할 수 있으며, 이를 통해 답변의 범위가 확장되고 정확해질 뿐 아니라 내담자의 자발성과 라포르가 증가한다. 지시적 면담은 임상가가 특히 중요하다고 생각하는 문제에 대해 내담자가 답할 수 있도록 진행되며 이를 통해 더 많은 정보를 얻을 수 있다.

비지시적 면담은 내담자에게 바람직한 변화와 자기개발을 촉진시키는 경향이 있는 반면, 지시적 면담은 면담자의 설득, 해석, 판단이 내포되어 내담자를 방어적으로 만들 수 있다(Snyder, 1945). 하지만 나이가 어린 아동의 경우 지시적 면담에 의한 간단한 질문에는 답을 잘 하지만, 비지시적인 개방형 질문에 답을 하는 것을 어려워하는 경우도 있어 이러한 장단점을 잘 알고 적절하게 사용할 수 있어야 할 것이다.

(3) 부모면담

아동에 대한 평가는 주로 부모와의 면담을 통해 이루어지는 경우가 많다. 아동에 대해 가장 많이 알고 있고 가장 많이 상호작용을 했으며 시간을 가장 많이 보낸 사람은 부모이다(Barkley, 2006). 때문에 부모는 아동에 대한 특별한 전문적 의견을 가지고 있을 수 있다. 특히, 자신에 대해 적절한 정보를 제공할 능력이 부족한 영유아기의 경우 부모와의 면담을 통해 많은 정보를 얻을 수 있다. 하지만 부모에게 이러한 면담은 불안감을 유발할 수 있는데, 이는 자신과 가족들의 정보나 개인적 문제가 드러나는 것을 꺼려할 수 있기 때문이다. 때문에 부모와의 면담을 진행할 때에는 부모와의 라포르 형성을 위해 노력하고, 비난하는 방식으로 질문하지 않도록 주의한다. 무엇보다 아동을 이해하기 위해 부모의 관점이 중요하며, 부모가 아동에 대한 가장 훌륭한 전문가임을 잘 설명해야 한다.

(4) 면담 시 유의사항

면담을 진행할 때 상담자는 자신이 많은 말을 하기보다는 내담자의 말을 많이 듣는 것이 필요하다. 정보를 얻기 위한 면담의 진행에서 상담자의 말은 내담자의 주의를 분산시킬 수 있기 때문이다. 내담자의 이야기를 따라가며 충분히 경청하고, 이후 전체적인 정보 수집이 이루어진 후 다루어지지 않은 분야를 추가적으로 질문해 들어가는 것이 좋다. 질문을 하는 과정에서 의도적으로 어떤 답을 암시하거나 내담자에게 혼란스러울 수 있는 복잡한 질문은 자제하는 것이 필요하다.

Box 8-6

개방형 질문과 폐쇄형 질문

면담을 진행하는 과정에서 면담자는 개방형 질문과 폐쇄형 질문을 사용할 수 있다. 면담의 초반에는 폐쇄형 질문보다는 개방형 질문을 사용함으로써 내담자가 관심을 가지고 있는 주제를 따라 자연스럽고 편안하게 면담을 시작할 수 있으며, 이를 통해 내담자의 자발성이 증진될 수 있다. 이후 폐쇄형 질문을 통해 보다 구체적인 정보들을 탐색해 나갈 수 있다. 때로 개방형 질문에 답하기를 어려워하거나 모호한 답을 하는 경우와 같이 폐쇄형 질문이 도움이 되는 경우도 있다. 따라서 다양하고 융통성 있는 질문을 적절하게 배치하여 제시될 필요가 있다.

4. 심리보고서의 작성

심리학적 보고서에 대해 모두가 동의하는 구조는 없다. 하지만 대부분의 심리학적 보고서에는 다음의 내용들을 포함하고 있다.

1) 인구학적 정보

대부분의 심리학적 보고서는 평가를 받는 수검자의 **이름**과 **나이**, **혼인 여부** 등의 인구학적 정보에 대한 내용으로 시작된다. 이 부분은 수검자에 대해 명확히 하고 적절한 진단을 내리는 데 있어서의 기본적인 정보를 제공한다.

2) 의뢰 사유/ 의뢰 질문

의뢰 질문은 수검자의 평가가 **의뢰된 이유**를 간략하게 설명하고, **무엇에 대한 평가를 해야 하는지**를 열거하는 것이다. 예를 들어, "K는 12세의 남아로 학교생활과 또래관계에서 어려움을 경험하고 있다. 최근 우울과 불안, 퇴행 행동을 보이고 있어 상담 의뢰되었으며, 놀이치료를 진행 중이다. 아동의 우울과 불안의 정도를 확인하고 공식적 진단의 여부 및 적절한 치료계획을 위해 평가가 필요하다"와 같이 제시된다.

3) 절차

평가의 절차를 기술한다. 임상면담으로 시작되는 평가는 **날짜**와 함께 명시되며, **수행되는 심리검사** 역시 제시된다.

4) 행동관찰과 정신상태검사

평가과정에서 이루어지는 관찰은 평가와 진단에 도움을 주는 중요한 정보를 제공하는 부분으로 모든 보고서에 포함되는 핵심적인 부분의 하나이다. 행동관찰은 가능한 한 간결하게 작성하며, 관찰을 바탕으로 내리는 추론은 '논의/해석 그리고 소견’ 항목에서 이루어지도록 한다. 또한 정신상태검사Mental Status Examination : MSE가 보고서의 한 항목으로 포함되기도 하는데, 일반적 외모와 면담 행동, 면담자에 대한 태도, 정신운동기능, 감정과 정서, 언어와 사고, 지각의 혼란, 감각과 지각, 기억, 판단력과 병식 등의 내용이 포함된다.

5) 호소 증상

현재 문제에 대한 진술을 포함하는 영역으로 평가를 받는 아동이 왜 하필 이 시점에서 상담이나 치료를 받게 되었는지에 대한 언급이 포함된다.

6) 심리사회력/배경정보

심리사회력과 배경정보에는 개인의 **가족력과 개인력, 교육력, 직업력** 등의 정보와 함께 이전의 심리사회적 문제나 **병력**, 이로 인한 **치료적 개입 결과** 등이 포함된다. 의뢰질문이 무엇인가에 따라 어떤 영역에 초점을 맞추어 보다 상세하게 기술되어야 하는지가 달라질 수 있다.

7) 검사 결과

검사 결과에는 평가를 위해 사용된 다양한 **검사 점수**가 제시된다. 지능검사와 같은 객관적 검사의 점수는 표로 제시될 수도 있으나, 점수로 제시되기 어려운 검사주제통각검사, HTP 등의 경우 요약된 이야기로 제시되기도 한다.

8) 논의/해석 그리고 소견

이 부분은 심리평가를 진행한 임상가의 해석을 제시하는 부분으로 보고서의 가장 의미 있고 유용한 부분이자 가장 어려운 부분이라고 할 수 있다. 이 부분에서는 **평가를 받은 아동에 대한 전반적인 이해와 함께 의뢰 질문에 대한 구체적인 답**을 제공하게 된다. 필요하다면 DSM-V에 기반한 진단명을 제시하기도 한다.

9) 요약 및 추천사항

평가자는 보고서의 마지막에 심리평가에 대한 요약과 추천사항을 제시하게 되며, 이러한 요약 및 추천사항이 잘 기술됨으로써 심리보고서는 보다 의미 있게 활용될 수 있다. 앞에서 언급되었던 의뢰질문과 연결지어 기술함으로써 효과적으로 요약할 수 있다. 또한 추천사항은 심리평가의 과정에서 드러난 문제와 자원 등 다양한 요인을 고려하여 작성해야 하며, 가능한 한 구체적으로 작성하는 것이 좋다.

PART

4

아동상담의 주요 기법과 실제

여기에서는 아동상담의 주요 기법과 실제를 다루는데, 아동중심적 놀이치료의 특성, 놀이치료실의 환경, 아동과의 관계 시작, 아동과의 관계를 촉진하기 위한 반응법 및 놀이치료과정에서 생길 수 있는 다양한 문제들을 다루고 있다. 또한 부모–자녀관계치료의 발달과정, 목표, 구성요소, 대상 부모의 선정, 집단구성 및 단계와 함께 부모–자녀관계치료의 회기별 구성에 대한 자세한 내용을 설명하고 있다. 마지막으로 놀이치료과정에서 부모상담의 필요성과 부모상담의 기법, 과정 및 유의할 점과 함께 부모 유형에 따른 상담전략을 기술하였다.

C H A P T E R

09

아동중심적 놀이치료

1. 아동중심적 놀이치료의 특성 | 2. 놀이치료실의 환경 | 3. 아동과의 관계 시작 |
4. 촉진적 반응법 | 5. 놀이치료과정에서 생기는 문제들

성인은 자신의 감정과 어려움을 언어적으로 표현할 수 있으나, 아동은 자신이 느끼는 정서를 인식하거나 표현하는 데 한계가 있다. 아동은 놀이를 할 때 좀 더 편안해지기 때문에, 아동의 놀이는 의사소통을 하는 자연스러운 매체가 될 수 있다. 즉, 아동은 놀이를 통해 자신의 생각, 감정, 희망 등을 표현한다는 점에서 아동의 놀이는 아동의 언어가 될 수 있다(Landreth, 1991). 아동은 지시 없이 자유롭게 놀 때, 자신의 생각이나 느낌, 행동을 표현하게 된다. 또한 자신을 압박해온 생각이나 감정들을 놀이를 통해서는 심리적 거리가 있기에 보다 안전하게 표출할 수 있게 된다. 따라서 놀이는 아동이 자신을 표현하는 상징적 언어로서, 아동이 경험한 것, 경험한 것에 대한 반응, 경험한 것에 대한 감정, 아동이 하고자 하는 생각 등을 나타내게 된다. 특별히, **아동중심적 놀이치료는 아동이 자신의 귀함을 있는 그대로 이해해 주는 치료자와 함께 역동적인 관계 속에서 그들이 가진 잠재능력을 발휘하고 발견해 가는 과정**이라고 볼 수 있다. 따라서 치료자는 선택된 놀잇감을 준비하고 안전한 관계의 발달을 촉진시켜서, 아동의 의사소통의 자연스런 매체인 놀이를 통해 아동이 자신의 사아생각, 감정, 경험, 행동를 완진히 표현하고 탐색할 수 있도록 하는 것이다.

1. 아동중심적 놀이치료의 특성

1) 아동중심적 놀이치료의 기본철학

아동중심적 놀이치료는 엑슬린(Virginia Axline, 1947)이 로저스(Carl Rogers, 1942)의 사람중심이론을 아동상담에 가져와 비지시적 놀이치료에 적용한 것을 시작으로 랜드레스Garry Landreth에 의해 발전하였다. 이는 치료자나 성인의 관점이 아닌 아동의 회복력과 탄력성을 믿어주는 환경에서 아동 스스로가 자신의 잠재 가능성을 발휘할 수 있는 힘을 믿어주는 치료적 방법이다. **아동중심적 놀이치료는 아동의 능력과 회복력에 대한 신념을 가지고, 아동이 놀이를 통해 자신의 감정과 경험을 표출해 나가는 과정에서 '자기 자신 그 자체'로 존재하도록 자유를 부여하는 과정**으로 볼 수 있다. 즉, 각 아동은 자신의 내부에 긍정적인 방향으로 나아갈 수 있는 힘이 있으며, 스스로 문제를 해결할 수 있는 능력뿐만 아니라 보다 긍정적인 행동을 할 수 있는 성장의 욕구가 있음을 전제로 하는 것이다.

> **기본 철학** : 아동에게는 자신의 성장과 성숙을 향해 나아가려는 능력이 있다.

2) 놀이의 의미

놀이는 아동기의 독특한 주요 활동으로 언제 어디서나 이루어진다. 놀이는 자발적이고 즐거우며 어떤 목표를 지향하지 않기에, 아동은 놀이하는 방법을 배울 필요가 없다. 아동은 놀이를 통해서 세상을 살아가는 방법을 탐색하고 실험하며 학습해 나간다. 또한 신체적인 움직임을 통해 에너지를 방출하고, 사회적으로 수용할 만한 방법으로 공격적 욕구를 표출하기도 하며, 다른 사람들과 어울리는 방법을 배우게 된다.

(1) 놀이를 통한 의사소통

아동은 **놀이를 할 때 좀 더 편안해지기 때문에, 언어로 표현하는 것보다 자기주도적인 자발적인 놀이를 통해 자신을 더 직접적이고 충분하게 표현**한다. 아동이 자신의 경험과 감정을 놀이로 표현하는 것은 아동이 할 수 있는 가장 자연적인 치유 과정이 될 수 있다. 따라서 아동은 자유로운 놀이를 통해서 자신이 하고 싶은 것을 표현하기도 하고, 자신을 압박해 온 감정이나 생각을 표출하기도 한다.

표 9-1 놀이를 통한 아동의 자기표현 사례

놀이장면	놀이의 내용	
	부모 이혼 후 5세 남아	• 아동은 부모가 이혼을 한 후, 어머니와 살고 있으며 아버지와 헤어져 살았던 1년 동안 '아버지'와 관련한 이야기를 한 번도 하지 않았음. 아동을 믿어주고 존중해주는 환경에서 아동은 아버지와 함께 보트를 타는 장면을 재현함 • 아동은 "아기는 혼자 항해를 못해요. 누군가가 필요한데…" 라고 표현을 하고는 인형집으로 가서 아버지를 데리고 와서는 "아빠랑 같이 항해를 해요"라고 표현함

놀이장면	놀이의 내용	
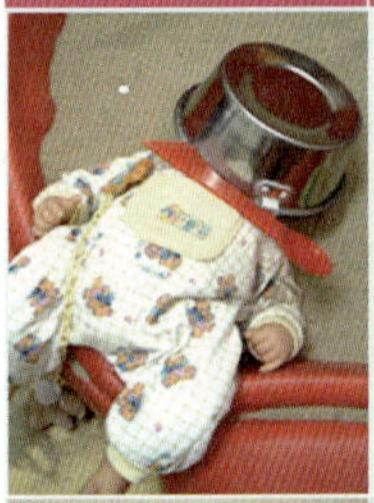	부모로부터 지나친 간섭을 받는 7세 아동	• 어머니로부터 자신의 모든 행동에 대한 통제를 받고 있는 아동은 자신의 숨막히는 상황을 놀이로 재현함 • 아동은 아기 인형에 모래를 뿌리고는 휴지를 돌돌 말아서 인형의 입에 끼워 넣고는 깔때기를 씌움. 그리고는 "어, 아직 숨 쉴 구멍이 있네"라고 하면서 깔때기의 공간을 휴지로 채워넣음. "그래도 숨 쉴 구멍이 있잖아"라고 하더니 양동이를 덮어 두고는 목에 칼을 올려둠
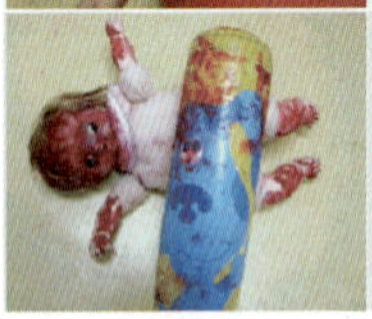	동생에 대한 분노가 많은 아동	동생의 출생과 동시에 자신의 사랑을 빼앗겼다고 생각하는 아동은 동생에 대한 분노를 놀이를 통해 해소함

(2) 치료적 과정에서의 놀이

놀이는 어떤 목표가 없이 자발적으로 이루어지는 것으로 놀이과정은 즐겁고, 결과물은 별로 중요하지 않다. 놀이에는 아동의 신체적 · 정신적 · 정서적 자아가 포함되어 있어서, **아동이 놀이를 할 때 아동의 전체성이 나타날 수 있다**. 대부분의 성인은 자신의 불편한 생각이나 감정을 언어로 표현할 수 있지만, 아동의 경우는 언어적 제한으로 인해 충분한 표현이 쉽지 않기에 성인에게 있어 언어가 아동에게는 곧 놀이가 되는 것이다. 따라서 아동은 놀이를 통해서 자신이 경험한 것, 경험한 것에 대한 반응, 경험한 것에 대한 감정, 자신이 원하거나 필요로 하는 것, 자기 스스로에 대해 가지고 있는 생각 등을 표현할 수 있다.

그럼에도 아동은 자신이 경험한 것을 말하고자 할 때 어려움을 겪을 수 있다. 그러나 민감하고 공감이입적 반응이 잘 되는 특별한 곳에서 그것을 표현할 수 있도록 허용한다면, 아동은 자신의 감정을 더욱 자연스럽게 표현할 수 있게 된다. **즉, 아동은 자신을 민감하게 이해하는 훈련된 치료자와의 치료적 관계를 통해서 자신의 감정을 인식하고, 표현하며, 조절하는 방법을 배우게 된다**.

3) 아동은 누구인가

아동은 출생부터 끊임없는 세상과의 상호작용을 통해서 세상을 알아가고, 자신

Box 9-1

아동중심적 아동관

- 아동은 성인의 축소판이 아니다.
- 아동은 인간이다.
- 아동은 독특하며 존중받을 가치가 있다.
- 아동은 회복력이 있다.
- 아동에게는 성장과 성숙을 향한 타고난 성향이 있다.
- 아동은 긍정적인 자기지시력을 가지고 있다.
- 아동의 자연적 언어는 놀이이다.
- 아동은 침묵할 권리가 있다.
- 아동은 자신이 필요로 할 때 치료적 경험을 할 것이다.
- 아동의 성장을 재촉할 수는 없다.

출처 : Landreth(2002).

이 누구인지를 알아간다. 아동이 경험하는 모든 순간은 호기심과 경이로움의 연속일 수 있다. 그러나 많은 성인들은 아동이 경험하고 성장하는 매 순간의 과정을 인내심 있게 바라봐주기보다는 성인의 제한된 관심 속에 넣어서 판단하려 한다. 그러나 아동은 스스로의 권리를 가진 개인이며, 개인으로서의 가치와 존엄성을 가지고 있다. 아동이 가지고 있는 **내부의 강한 성장의 욕구와 무한한 능력**을 존중해주고 그들의 시선으로 바라보려고 노력한다면, 아동은 자신이 가진 내적인 지혜와 창의적으로 세상에 대처해 나갈 능력을 더욱 발휘할 수 있게 된다(Landreth, 2002 ; Maslow, 1968).

아동은 내적인 힘을 가지고 있으며 회복력이 있고, 건설적인 방향으로 나아가려는 자기지시적 능력을 가지고 있으며, 아동 내부에는 적응, 정신건강, 발달적 성장, 독립, 자율성에 대한 어떤 지향성을 가지고 있으며, 자기실현을 향해 나아가는 고유한 경향이 있는 것이다. 따라서 효과적인 상담자는 아동이 어려움을 극복할 능력이 있음을 믿고, 인내심 있게 기다려 주는 것이 필요하다.

4) 놀이치료자

놀이치료자와 다른 어른들과의 차이는 외관적인 면이 아니라 내적인 면에서 발견된다. 예를 들어, 아동이 "개구리는 무슨 색으로 칠할까요?"라고 물었을 때, 많은 어른들은 "개구리는 초록색이지."라는 답을 알려주려고 한다. 그러나 아동중심적 놀이치료자는 "여기서는 개구리에게 칠하고 싶은 색깔을 네가 결정할 수 있단다."라고 말해준다. 그러면 아동은 "검은색으로 칠하고 싶어요. 검은색은 힘이 세 보이거든요."라고 자신의 생각을 표현할 수 있게 된다. 이처럼, 놀이치료자는 아동에게 **민감한 태도로 그들을 받아들이고 존중**한다. 또한 아동을 가르치거나 지시하려는 생각을 자제하고, 아동을 관찰하고 아동의 이야기를 경청하며 반응해 줌으로써 아동과 상호작용하는 매우 '특별한' 성인이다.

Box 9-2

'특별함'을 느끼게 해주는 대화의 예

크리스 : 이 개구리를 무슨 색으로 칠할까요?

치료자 : 여기서는 개구리에게 칠하고 싶은 색깔을 네가 결정할 수 있단다.

크리스 : 모르겠어요. 검은색 괜찮아요? 어떤 개구리들이 검은색이죠? 우리 선생님이 그러는데, 개구리는 녹색이래요.

치료자 : 개구리를 검은색으로 칠하고 싶지만, 그래도 될지 안 될지 확신이 들지 않는구나.

크리스 : 네…. 무슨 색으로 칠해야 하는지 말해주세요.

치료자 : 넌 내가 너 대신 색깔을 골라 주기를 원하는구나. 하지만 여기서는 개구리에게 칠하고 싶은 색깔은 네가 결정할 수 있단다.

크리스 : 검은색으로 칠할래요. 검은색은 힘이 세 보이거든요.

치료자 : 너만의 힘센 개구리를 그리고 싶었구나.

출처 : 황명숙(2002).

(1) 놀이치료자의 특성

놀이치료자로서 **바람직한 성격특성을 가지고 있는 것 자체보다는 이러한 성격특**

성을 가지고자 끝없이 노력하는 과정이 중요하다. 아동을 판단하거나 평가하지 않고, 아동이 독립된 인간으로 존재하도록 있는 그대로 받아들일 수 있으며, 모호함을 참아낼 수 있고, 개방성과 아동의 세계에 대한 민감성을 가지고자 노력하는 과정이 필요하다. 또한 자신의 실수를 인정할 수 있는 용기가 필요하며, 자신이 가진 한계를 인식하고 수용할 수 있어야 한다. 자신의 한계를 인식하지 못하는 치료자는 모든 아동을 치료할 수 있다고 믿고, 그 과정에서 좌절하거나 '~인 체'하는 부정적인 역할을 하게 될 수도 있다. 따라서 자신의 전문성을 넘어서는 경우는 다른 치료자나 기관에 의뢰할 수 있는 윤리적 의식이 필요하다. 이 외에도 치료자는 유머감각을 가지고 있어야 하며, 개인적 강점뿐만 아니라 자신의 동기, 욕구, 맹점, 편견, 개인적 갈등, 정서적 어려움에 대해 이해하고 통찰력을 가져야 한다.

치료자는 아동을 위해 문제를 해결해주지 않으며, 행동을 설명해주지 않고, 동기를 해석해주지 않으며, 의도를 질문하지도 않는다. 그럼 '치료자는 수동적이어야 하는가?'라는 질문을 할 수 있다. 그러나 절대 그렇지가 않다. 치료자는 **아동과 함께 하는 모든 순간을 민감**하고, 아동에게 **반응적**으로 대해야 하며, 매 순간을 **아동과의 관계에서 정서적으로 적극적**이어야 한다.

(2) 놀이치료자가 되기 위한 노력

놀이치료자가 되기 위해서는 자기탐색과 통찰을 위한 끊임없는 노력이 필요하다. 물론 치료자가 되기 위한 과정에서 필요한 학습과 경험도 매우 중요하지만, 치료자 개인의 개인상담이나 집단상담 및 슈퍼비전을 통한 지도감독이나 자문을 얻기 위한 과정도 중요하다. 이 외에도 독서나 영화감상, 명상 또는 다양한 사람들과의 상호교류 등도 자신에 대해 통찰할 수 있는 좋은 경험이 될 수 있다. **자신의 약점을 수용하지 못하면서 타인의 약점을 수용할 수는 없다**. 즉, 자신에 대한 탐색과 통찰이 충분히 이루어졌을 때, 아동에 대한 개별성을 인정하고 수용할 수 있는 것이다. 따라서 **치료자는 자기이해와 수용력을 높이기 위한 끊임없는 노력의 과정이 필요**하며, 이런 치료자와의 관계를 통해 아동은 자신의 길을 주도하고 자기지시력을 발견할 수 있는 기회를 찾을 수 있다.

5) 성장하기 위한 치료적 조건

아동의 마음을 알아주고 함께하는 치료자와의 관계를 통해 아동은 자신의 내부에 잠재하고 있는 힘을 발견하게 되고, 그 힘을 이용하여 자신의 삶을 주도적으로 만들어 나갈 수 있다. 아동의 성장을 돕기 위한 '특별한' 어른이 되기 위한 3가지의 치료적 조건이 있다. **첫째, 진실성 또는 사실성, 둘째, 따뜻한 보살핌과 수용성, 셋째, 민감한 이해 또는 감정이입능력**을 들 수 있다(황명숙, 2002).

(1) 진실성 또는 사실성

진실성being real**은 '~하는 체' 가장하는 것이 아니라 관계 속에서 자기를 '살아 숨쉬게'하는 것**이다. 자신의 약한 점을 보이기 싫어하는 사람은 늘 가면을 쓰고 살아갈 수밖에 없다. 그러나 자신의 약점을 잘 알고 그것을 강점과 함께 자신의 일부로 받아들일 수 있다면 가면을 쓰고 꾸며야 하는 불편함에서 벗어날 수 있다. 이를 위해 놀이치료자는 자신을 수용하고 자신을 잘 알기 위한 노력을 기울여야 하며, 사실적이거나 진실되어야 하고, 아동에게 전문가라기보다는 한 사람으로서 경험되어야 한다. 이를 위해서는 충분히 자아실현화되어 있어야 한다기보다는, 아동과의 관계에서 일관성을 유지하는 것이 중요하다.

(2) 따뜻한 보살핌과 수용성

따뜻한 보살핌과 수용성warm caring and acceptance**은 아동에게 가치 있는 사람으로서, 아동을 긍정적으로 존중하는 것**이다. 치료자는 아동을 평가, 판단하지 않고, 진정으로 소중한 사람으로 받아들여야 하며, 아동의 삶에 대한 놀이치료자의 깊고, 변치 않는 감정, 충실함, 인정이 아동에게 표출되는 정도가 중요하다. 여기서의 수용이란 아동의 모든 행동을 수용하고 받아들이라는 것이 아니라, **아동이 경험하는 정서와 감정에 대한 수용을 의미**한다. 수용은 일관성 있게 무조건적이어야 한다. 치료자가 보이는 한결같은 수용은 아동에게 신뢰감을 주게 되고, 이를 통해 아동은 내부의 깊은 감정을 내보일 수 있는 용기를 가지게 되는 것이다. 진정한 수용을 통해 아동은 자신의 감정은 받아들일 수 있는 하나의 감정임을 알게 되고, 그 감정의 근원을 바라볼 수 있게 됨에 따라 사회적으로 받아들여질 수 있는 적절한 수준에서의 방법으로 발산하는 법을 터득하게 된다. 이러한 과정을 가능하게 하는 것은 치료자의 한결같은 수용이 있을 때 가능하다.

(3) 민감한 이해력(감정이입능력)

민감한 이해sensitive understanding**는 아동의 활동, 경험, 감정, 사고의 개별성을 인정하는 것**이다. 치료자는 아동과 높은 수준의 정서적 상호작용을 유지하도록 해야 하는데, 아동이 놀고 있는 순간의 감정을 단순하게 반영하기보다는, 아동인 것처럼 아동과 동일시하는 것이 필요하다. 즉, 아동의 경험적 현실 세계를 인식하고 정서적으로 완전히 접촉하는 것이다.

6) 치료적 관계

치료적 관계는 치료자가 일관적으로 전달하는 믿음에 기초해서 발달된 공유된 살아 있는 관계에서 나온다. 즉, 아동이 자기 자신의 힘으로 스스로를 도와 자유롭게 모험해볼 수 있는 능력을 가지고 있다는 것에 대한 믿음으로, 자신에 대한 수용감을 경험함으로써 아동은 자신을 가치 있게 보기 시작하며, 자신을 독특하고 구별된 존재로서 지각하고 수용하게 된다.

이런 치료자와 아동 간의 상호작용에 있어 엑슬린(1969)의 8가지의 기본 원리와 랜드레스(2002)의 치료자-아동 간의 관계는 다음과 같다.

(1) 치료자와 아동 간의 상호작용의 성격에 대한 8가지 기본 원리

- 치료자는 아동에게 진실로 흥미를 가지며 다정하고 보살피는 관계를 발전시킨다.
- 치료자는 아동을 있는 그대로 수용하여야 한다. 즉, 치료자는 아동에 대한 무조건적 수용을 경험하고 아동이 달라지기를 원하지 않는다.
- 치료자는 치료자-아동관계에서 안전감과 허용감을 창출하여, 아동이 자신을 자유롭게 탐색하고 자신을 완전히 표현할 수 있도록 한다.
- 치료자는 아동의 감정에 민감하며, 아동의 감정을 반영해주어 아동이 자기이

해를 발전시킬 수 있도록 한다.

- 치료자는 책임 있게 행동할 수 있는 아동의 능력을 깊이 신뢰하고, 개인적 문제를 해결할 수 있는 아동의 능력을 확고히 존중하며, 아동이 그렇게 행동할 수 있도록 한다.
- 치료자는 아동의 내적 방향을 신뢰하고, 아동이 치료자-아동 간의 모든 관계를 인도할 수 있도록 하며, 아동의 놀이나 대화를 지시하지 않는다.
- 치료자는 점진적으로 진행되는 치료적 과정의 특성을 인정하고 그 과정을 서두르지 않는다.
- 치료자는 아동이 개인적이고 적절한 관계를 책임 있게 수용할 수 있을 경우에만 치료적 제한을 설정한다.

(2) 치료자-아동 간의 관계

- 문제가 아닌 → 사람
- 과거 → 현재
- 사고나 행동 → 감정
- 설명하기 → 이해하기
- 교정하기 → 수용하기
- 치료자의 가르침 → 아동의 지시
- 치료자의 지식 → 아동의 지혜

7) 치료 목표

아동중심 놀이치료에서 치료 목표는 다소 어울리지 않을 수 있는데, 목표는 구체적이고 실현 가능한 행동적 요소가 반영되기 때문이다. 그러나 아동중심 놀이치료에서의 가장 핵심은 치료자가 아동이 스스로 변화할 수 있는 내적인 성장의 힘이 있음을 믿고 신뢰하는 것이다. 이러한 치료자와 아동 간의 관계를 통해 아동중심적 놀이치료는 다음과 같은 목표를 추구할 수 있다.

- 아동이 보다 긍정적인 자아개념을 갖도록 돕는다.

- 아동이 보다 커다란 자기 책임감을 갖도록 돕는다.
- 아동이 보다 더 자기지시적으로 되도록 돕는다.
- 아동이 보다 더 자기 수용적으로 되도록 돕는다.
- 아동이 보다 더 자립적으로 되도록 돕는다.
- 아동이 스스로 의사결정을 하도록 돕는다.
- 아동이 통제감을 경험하도록 돕는다.
- 아동이 대처과정에 민감해지도록 돕는다.
- 아동이 내적 평가기준을 갖도록 돕는다.
- 아동이 자신을 보다 더 신뢰하도록 돕는다.

2. 놀이치료실의 환경

놀이치료실은 아동이 자신의 안전을 보장받고, 보호받는 심리적 환경으로 볼 수 있다. 이런 의미에서 놀이치료실은 따뜻하고 '아동들을 위한 공간'이라는 분명한 메시지를 전달해야 한다.

1) 놀이실의 위치

놀이실은 타인에게 방해가 되지 않는 가능한 한 조용한 곳에 위치해야 한다. 놀이실에서의 놀이 상황이 부모나 다른 아동들에게 들릴 때, 사생활이 침해당하는 느낌을 받을 수 있기에 방음이 될 수 있으면 좋다.

2) 놀이실의 크기

놀이실의 크기는 아동이 편안하게 움직이면서 치료자가 아동과 함께 하기에 안정감을 줄 수 있어야 한다. 너무 크거나 작은 방은 놀잇감의 설치부터 치료자와 아동 간의 관계를 형성할 수 있는 거리를 방해할 수 있다. 놀이실이 너무 큰 경우는 아동이 멀리 달아날 수 있어 치료자가 아동에게 접근 시 아동이 주도할 기회를 박탈하고, 치료자가 아동을 쫓아다니느라 바쁘기 때문에 좋지 않다. 또한 놀이실이 너무 작은 경우에는 아동을 따라다니는 듯한 불편감을 느끼게 할 수 있다. 따라서 놀이실은 놀이선반과 놀잇감이 세팅되고도 치료자와 아동과의 거리를 적절하게 유지할 수 있는 크기여야 하며, 랜드레스(2002)는 3.6m×4.5m 크기의 방17m²이 적절하다고 하였다. 이 크기는 2~3명의 집단 놀이치료도 가능할 수가 있는데, 3~5명의 집단놀이가 가능하려면 27m² 정도가 적합하다.

3) 놀이실의 특징

놀이실의 벽이나 문에는 창문이 없어야 하는데, 이는 아동의 사생활을 보호하고 놀이실에서 일어나는 일에 대한 비밀 보장의 의미를 가진다. 그러나 통풍을 위해서나 다른 이유예 : 유리창을 이용하여 일방경 설치로 창문이 있는 경우에는 커튼이나 블라인드를 이용해서 가려놓는 것이 좋다. 그리고 커튼이나 블라인드는 아동에게 비밀 보장의 불안감을 주지 않도록 놀이실 안쪽에 설치하는 것이 좋다.

놀이실의 바닥재는 견고하고 청소하기 쉽도록 비닐 장판이 적절하며, 청소하기 힘든 카펫은 피하는 것이 좋다. 벽은 자극적이거나 어두운 벽지는 피하고 닦을 수 있는 부드러운 회색빛을 띤 흰색으로 청소할 수 있는 재료로 칠하는 것이 좋다. 놀이실의 선반은 견고하고 튼튼해야 하며, 놀잇감을 진열해 놓기 충분하도록 벽의 두 면에 설치하는 것이 좋다. 선반의 높이는 아동이 까치발을 해서 가장 높은 선반에

그림 9-1 놀이실의 모습

놓인 놀잇감을 자유롭게 꺼낼 수 있는 96cm 정도가 적당하며 이 높이를 넘지 않도록 하는 것이 좋다.

4) 놀잇감의 고려사항

어른들이 자신의 감정을 표현하기 위해 단어들을 이용하는 것과 같이 아동은 자신의 감정을 놀이 속에 표현하게 되는데, 이 과정에 필요한 것이 놀잇감이다. **놀이치료실에서의 놀잇감은 단순히 모아진 것이 아니라 선택된 것**이다. 놀잇감은 아동이 자신을 다양하게 표현할 수 있는 도구여야 하며, 연령에 맞는 것으로서 아동이 성공을 경험하고 만족감을 얻을 수 있도록 치료자의 도움 없이도 혼자서 조작할 수 있어야 한다. 또한 놀잇감은 아동의 세계를 표현할 수 있도록 폭넓은 활동영역을 제공해서 아동의 표현을 촉진하는 것이어야 한다. 그렇다면 아동의 놀이활동을 자유롭게 표현할 수 있도록 도울 수 있는 **놀잇감의 선택에 있어 고려해야 할 점**은 다음과 같다(Landreth, 2002).

(1) 놀잇감 선택 시의 평가기준

- 창의적 표현을 촉진하는가?
- 정서적 표현을 촉진하는가?
- 아동의 관심사에 부합하는가?
- 표현적 · 탐색적 놀이를 촉진하는가?
- 말을 하지 않고도 탐색과 표현을 할 수 있게 하는가?
- 하나의 정해진 구조가 없어, 나름대로 가지고 노는 과정에서 성공을 경험하게 하는가?
- 막연하고 애매한 놀이를 할 수 있게 하는가?
- 내구성이 있어 활동적으로 가지고 놀 수 있는가?

(2) 놀잇감을 통해 촉진될 수 있는 7가지 요인

- **아동과의 긍정적인 관계 형성** : 아동 놀이의 의미를 쉽게 이해할 수 있는 놀잇감

으로 아동이 적절한 놀잇감을 선택함으로써, 치료자는 아동에 대해 보다 분명히 이해할 수 있게 된다. 예를 들면, 가족인형은 치료자가 아동과 그들의 가족을 이해할 수 있는 장면을 창출할 기회를 제공한다.

- **폭넓은 감정표현** : 아동의 내부에서 솟구치는 특별한 감정을 표현할 수 없다면, 아동은 방해를 받게 된다. 따라서 아동이 자신의 감정을 쉽게 표현할 수 있는 놀잇감으로, 퍼펫손인형은 두려움 없이 아동이 자신의 감정을 표현하는 안전한 방법을 제공할 수 있다.
- **실생활에서의 경험 탐색** : 실생활의 경험을 표현할 수 있는 놀잇감으로, 의료기구나 소꿉놀이는 실제 상황에서의 자아통제감을 발달시키고 내적 균형을 증진시킨다.
- **제한점에 대한 현실 검증** : 치료자와의 관계에서 한계점이 어디인지를 발견하도록 해준다. 예를 들면, 다트는 아동의 공격성을 표출하거나 혹은 허용하는 한계를 검증하게 해주는 놀잇감으로, 치료자의 제한설정을 통해 아동은 한계선을 어디에 두어야 하는지를 배우게 된다.
- **긍정적인 자아상의 발달** : 혼자 힘으로 잘할 수 있다는 느낌을 갖게 해주는 놀잇감으로 블록이나 팅커토이는 쉽게 다루고 조작하는 경험을 통해 자신에 대해 긍정적으로 생각할 수 있도록 한다.
- **자기이해의 발달** : 치료자와의 상호작용을 통해 치료자가 아동과 허용적 관계를 맺을 때 아동은 자기이해를 경험하게 된다. 따라서 아동이 안전하게 느끼고 자신의 감정을 자유롭게 표현할 수 있도록 해주는 놀잇감으로 펀치백이나 인형은 폭넓은 감정을 표현하는 데 유용하고, 자기이해를 도와준다.
- **자기조절 발달의 기회 제공** : 아동이 스스로 선택하고 결정할 수 있도록 함으로써 책임감을 배우고, 수용될 수 없는 행동을 수용 가능한 방식으로 표현할 수 있는 방법을 배울 수 있다. 이와 관련한 놀잇감으로 모래와 물은 아동의 감정을 표현하게 해주는 매체로서도 좋지만, 제한설정과 자아통제감 발달을 위해서도 효과적이다.

5) 놀잇감의 범주

놀잇감은 치료자와의 상호작용과 아동이 표출하는 감정의 종류와 정도를 결정하거나 구조화하므로 신중하게 선택해야 한다. 이러한 요건을 충족시키는 놀잇감으로는 실생활을 표현할 수 있는 놀잇감, 공격성을 표현할 수 있는 놀잇감, 정서적 해소와 창의적 표현을 가능하게 하는 놀잇감의 3가지 범주로 구분할 수 있다(Landreth, 2002).

(1) 실생활 놀잇감

놀이를 통해 실생활에서의 개인적인 경험을 표현하는 일은 매우 중요하다. 실생활 놀잇감은 아동이 일상생활에서 경험하는 다양한 감정이나 욕구를 표현할 수 있게 해준다. 예를 들면, 가족인형, 인형집, 소꿉놀이, 가게놀이, 병원놀이, 차, 트럭, 금전등록기 등이 포함된다. 가족인형, 인형집, 퍼펫, 불특정한 모형들은 가족구성원을 나타낼 수 있으므로, 아동의 분노, 두려움, 형제간의 경쟁심, 가족갈등과 같은 직접적인 감정표현을 가능하게 해준다. 차, 트럭, 배, 금전등록기는 감정표현 없이 애매한 방식의 놀이가 가능하므로 불안하거나, 수줍어하거나 위축된 아동들에게 적절한 놀잇감이 된다.

(2) 공격성을 표출할 수 있는 놀잇감

놀이실에 오는 아이들은 종종 언어로는 표현하지 못하는 억눌린 감정들을 가지고 온다. 공격성을 표출할 수 있는 놀잇감은 아동이 가지고 있는 내면의 부정적인 감정을 만족할 정도로 발산할 기회를 통해 자기향상적인 긍정적 감정으로 옮겨갈 수 있게 해준다. 예를 들면, 펀치백, 군인, 공격적인 동물인형악어, 공룡, 사자 등, 총, 칼, 수갑 등은 분노, 적개심, 좌절 등의 표현이 가능하고, 찰흙은 공격성을 표출함과 동시에 창의적인 표현을 가능하게 해주는 놀잇감이다.

(3) 창의적 표현과 정서적 해소를 위한 놀잇감

창의적인 놀잇감은 사용방법이 정해져 있지 않기 때문에 아동이 여러 가지 다양한 방법으로 표현할 수 있게 해주고, 정서적 해소를 통해 이완 경험을 하게 해준다.

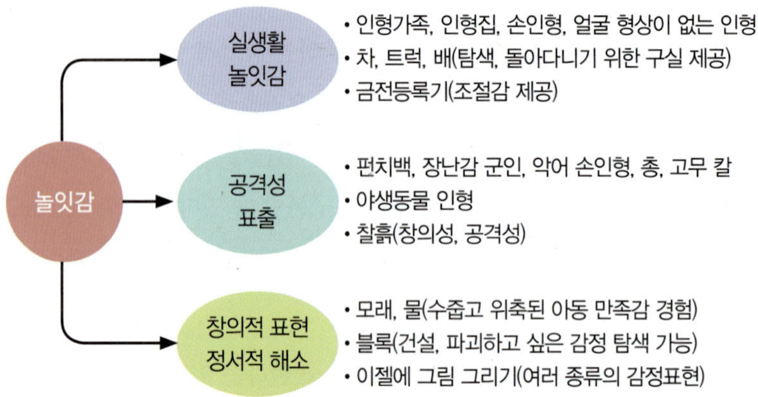

그림 9-2 놀잇감의 범주

Box 9-3

놀잇감의 특별한 고려사항

1. 퍼즐 맞추기 : 한 조각이라도 없으면 완전한 성취감을 경험할 수 없으므로, 아동이 부정적인 경험을 하지 않도록 조각이 분실되지 않도록 하기
2. 부서진 놀잇감 치우기 : 완전하지 못한 놀잇감을 통해 아동이 좌절하거나 당황하지 않도록 하기
3. 수채물감 신선함 유지 : 냄새나지 않도록 주기적으로 교환하기
4. 단단하고 작은 플라스틱 수영장 : 좋은 모래상자로도 활용 가능함
5. 숨을 장소 마련 : 작은 스토브나 이젤 등을 배치하기
6. 놀이실은 탁아시설로 사용하면 안 됨 : 놀이치료관계는 특별한 놀이실에서 발생하는 특별한 정서적 관계가 되어야 함
7. 놀이실은 순서와 일관성이 있어야 함

특히, 수줍어하거나 위축된 아동에게는 도움을 줄 수 있는 좋은 놀잇감이 된다. 예를 들면, 모래와 물은 원하는 것이 무엇이든 옳고 그른 것이 없기 때문에 아동에게 매우 중요한 놀잇감이지만, 지저분해지는 이유로 준비해두지 않는 놀이실이 많다. 블록은 건설적인 느낌과 파괴적인 느낌이 어떤 것인지를 탐색할 수 있게 해주고, 그

림 그리기 재료 등은 창의적 표현과 함께 더럽히는 경험을 할 수 있게 한다.

3. 아동과의 관계 시작

1) 관계의 목표

아동과의 치료적 관계의 발달을 촉진하기 위한 목표를 세워야 한다.

- 치료자의 일관성 있는 태도를 통해 아동이 안전한 분위기를 느낄 수 있도록 해야 한다.
- 아동의 세계를 이해하고 수용해야 하는데, 성인의 관점이 아닌 아동의 관점에서 바라보고 아동의 탐색속도에 맞추어 인내심을 가져야 한다.
- 아동의 감정을 평가하지 않고 비판 없이 수용함으로써, 아동이 자신의 정서세계를 자연스럽게 표현하도록 격려해야 한다.
- 아동이 정서적 수용과 안 되는 행동에서의 제한을 경험함으로써 자유로운 허용적인 감정을 형성할 수 있어야 한다.
- 아동 스스로 결정하도록 촉진함으로써 책임감이 증진되도록 해야 한다.
- 아동이 자신의 행동에 있어 책임을 경험하게 함으로써 책임감과 자기통제감을 발달시킬 수 있는 기회를 제공해야 한다.

2) 아동과 접촉하기

(1) 아동과의 첫 만남

아동과의 정서적 접촉과정의 시작은 치료자가 아동 앞에 나타났을 때 이루어진다. 아동은 새로운 곳에서 치료자와의 첫 만남을 할 때, '나는 안전할까요?', '나는 잘 대처할 수 있을까요?', '나를 받아주실 건가요?'라는 불안한 생각을 할 수 있다(Landreth, 2002). 그러나 치료자의 부드럽고 온화하며 민감한 반응과 태도를 통해서 아동은 이곳은 안전하고, 내가 만나고 있는 이 사람은 다른 어른들과는 다른 뭔가 '특별하고 독특한' 사람인 것 같다는 생각을 하게 된다. 이러한 느낌은 대기실에서의 첫 만남부터 치료자가 보이는 태도에서 시작된다.

(2) 대기실에서 놀이실까지

- 대기실에서, 치료자는 부모에게 간단히 따뜻한 인사를 하고, 부모와 이야기를 시작하는 것이 아니라 즉시 몸을 숙여 **아동에게 눈을 맞추고 따뜻한 미소를 지으면서 아동과 접촉**하도록 한다. 치료자가 부모와 이야기하고 있으면, 아동은 자신보다 부모가 더 중요하다는 메시지를 받을 수 있으므로, 아동은 자신이 중요하지 않다고 느끼게 된다.
- 그 다음, 치료자는 자신에 대해 간단히 소개한 후, 아동에게서 보이는 간단한 특징을 이야기함으로써 아동에게 관심을 보인다.

"안녕, 나는 놀이선생님이야. 너는 동물이 그려진 초록색 티셔츠를 입고 왔구나."

- 그리고는 아동과 함께 놀이실로 이동한다.

  "자, 놀이실에 갈 시간이야. 엄마는 우리가 놀이실에서 돌아올 때까지 여기에서 기다리고 계실 거야."라고 아동을 안심시킨다.

  이 과정에서 **"놀이실에 가고 싶니?"**라고 물어보는 것은 아동이 **"아니오."**라고 대답하게 될 가능성이 있으므로 바람직한 질문은 아니다. 따라서 질문이나 선택권이 아닌 **"놀이실에 가자."**하고 이야기를 건넬 필요가 있다.
- 아동이 놀이실에 들어가기 싫어하거나 분리불안의 문제로 부모와 떨어지기를 힘들어 할 때는 부모에게 놀이실에 함께 들어갈 것을 부탁할 수는 있다. 부모가 함께 들어가게 될 경우, 아동이 이후에도 부모와 분리되는 것을 더욱 어렵게 할 수 있고, 부모 주변에 머물다 보면 아동의 탐색능력을 방해하여 아동을 더욱 의존적이게 할 수 있기에 놀이실 앞에서 분리를 몇 번 정도 더 시도해 볼 필요가 있다. 그러나 부모가 놀이실을 함께 들어간다고 하더라도 회기가 진행되고 아동이 편안해지게 되면 부모와의 분리는 자연스럽게 이루어질 수 있다.
- 치료자와 아동이 놀이실에 들어섰을 때, 아동에게 놀이실을 소개하면서 자유, 자기지시 및 한계가 있음을 전달한다.

  "나윤아, 여기는 우리의 놀이실인데, 여기 있는 장난감들을 가지고 네가 놀고

싫은 여러 가지 방법으로 놀 수 있는 곳이야."

'여러 가지 방법으로'라는 단어는 아동이 '하고 싶은 대로'하는 완전한 자유가 있는 곳은 아니기 때문이다. 아동의 놀이방법 중에서 제한이 필요한 놀이가 있을 수 있는 가능성을 열어두는 단어선택이라고 볼 수 있다.

- 놀이실에 들어가서 치료자는 의자나 방석에 앉아 머리를 낮추고 아동이 노는 방향을 따라 아동의 놀이에 대한 관심을 보여 준다. 이 과정에서 치료자의 '발끝과 코끝'은 아동을 향해 있어야 하며, 일치해야 한다. 그러나 아동이 놀이하는 매 순간 자리를 옮길 필요는 없으며, 아동의 놀이가 잘 보이지 않을 때는 **"나윤아, 네가 노는 것을 잘 볼 수 있게 하기 위해 내 의자를 모래상자 옆으로 옮길게."**라고 이야기할 수 있다.

4. 촉진적 반응법

아동중심적 놀이치료에서 치료자가 아동과의 관계 형성을 위해 사용할 수 있는 촉진적 반응법들을 소개하면 다음과 같다.

1) 비언어적 행동 읽어주기 추적반응, tracking response

놀이실에 오는 아동 중 많은 아동들이 언어적으로 적극적이지는 않다. 아동이 말을 하지 않는다고 치료자마저 침묵한다면 아동은 더욱 불편한 마음을 가질 수 있다. **아동이 말을 하지 않더라도 치료자는 언어를 이용하여 적극적으로 반응**해야 한다. 따라서 아동이 놀이에 집중해서 아무 말도 하지 않고 있을 때, 치료자는 자신이 관찰하고 있는 비언어적 행동에 대해 따뜻한 목소리로 반응해 줌으로써 치료자가 놀이에 참여하고 있음을 전달하고, 치료자가 아동과 함께 있음을 아동이 느끼도록 전달할 수 있다. 이처럼 아동이 언어적 반응을 하지 않을 때, 치료자가 아동이 보이는 것을 그대로 그리듯이 묘사하는 것이 행동 읽어주기의 방법이다.

"너는 그쪽찰흙을 길다랗게 늘이고 있구나."

"너는 그것차을 저쪽으로선반 옮겨 놓는구나."

"너는 그것퍼즐을 맞추고 있구나."

아동의 비언어적 행동이나 놀이에 대해 치료자가 너무 반응을 하지 않으면 아동은 관심을 받지 못한다고 느낄 수 있고, 지나치게 자주 언급한다면 앵무새나 스포츠 아나운서처럼 느끼게 된다. 따라서 치료자는 따뜻한 어조와 얼굴 표정으로 아동의 에너지 수준에 맞게 적절한 언어적 반응을 해야 한다. 그러나 언어적 반응 시 몇 가지 주의사항이 있다.

알아두기

| 언어적 반응 시 주의할 점 |

- 아기에게 말하듯이 어조를 높여서 말하지 않는다. 이는 아동이 자신을 무능력하다고 생각할 수 있기 때문이다.
- 항상 한 가지 어조로만 이야기하지 않도록 한다. 치료자의 언어적 반응보다 더 중요한 것은 아동이 느끼는 감정에 맞도록 어조, 톤, 억양 등의 변화가 필요하다.
- 사소한 일에 대해 아동이 나타내는 감정 수준 이상으로 지나치게 흥분하지 않도록 한다.
- 놀잇감을 명명하지 않는다. 치료자가 아동의 놀이를 부정확하게 명명하게 되면 아동은 자신의 놀이를 변경하거나 자신을 잘 이해하지 못한다고 느낄 수 있다. 놀잇감을 명명하지 않음으로써 아동의 창의성을 더욱 격려하게 되고, 허용적인 분위기를 만들 수 있다. 명명하지 않는 말로는 "저것", "이곳에"와 같은 용어를 사용할 수 있다.
- 반응을 개인화하는 것이다. 치료자가 "네가"라고 시작하는 것인데, 놀잇감에 초점을 두는 것이 아닌 아동에게 초점을 두기 위함이다. 예를 들어, 아동이 차를 가지고 놀이를 하고 있을 때, "그 차가 돌고 있구나."가 아닌 "네가 그것을 가지고 돌면서 운전하고 있구나."라는 반응은 아동에게 초점을 둔 표현이 된다.
- 질문을 하지 않는다. 질문은 치료자를 지시적이고 통제적 위치에 두는 것으로서, 아동의 탐색을 촉진하지 못한다. 아동이 자신의 감정을 언어적으로 잘 표현할 수 있었다면 놀이실에 올 이유가 없을 수도 있다. 따라서 치료자의 궁금증이나 통찰을 이끌어 내기 위한 질문 등은 피하는 것이 필요하다.

실습

1. 아동 : (아동이 블록을 가지고 높은 탑을 쌓고 있다)
   반응 :
2. 아동 : (아동이 이젤에 나무와 집을 그린 후, 파란색으로 색칠을 한다)
   반응 :
3. 아동 : (아동이 공룡을 집었다가 선반에 가져다 두고는 인형을 집는다)
   반응 :

2) 반영하기 : 놀이의 내용이나 감정

치료자는 아동이 표현하는 놀이의 내용이나 놀이에 나타난 감정을 반영해 주어야 한다. 치료자는 개인적인 경험과 기대를 버리고 아동의 활동, 경험, 감정, 생각은 물론 아동을 그 자체로 인정하는 것이다. 수용적인 치료자는 아동에게 조언이나 제안, 설명을 하지 않으며 질문하거나 방해하지도 않으면서, 아동의 행동과 감정에 대해 어떤 판단도 하지 않고 아동의 있는 그대로를 수용한다는 메시지를 전달하는 것이다.

(1) 내용 반영하기(내용 재진술하기)

놀이치료자가 **아동이 말한 것을 다른 용어로 반복해서 언급해 주는 것**인데, 이를 통해 치료자는 아동에게 자신이 아동의 메시지에 관심이 있고 이해한다는 것을 알려줄 수 있다. 내용 반영은 아동의 놀이 안에 들어 있는 명확한 메시지에 대해 반응해야 한다. 즉, 아동이 말하는 것이 중요하다는 것을 아동에게 알게 함으로써 아동과의 관계를 형성하는 것이다. 진정으로 아동의 언어적 · 비언어적 메시지에 귀를 기울이고 있음을 전달해 줌으로써 아동이 만나는 많은 다른 어른들과는 다르다는 것을 아동은 느끼게 된다. 아동과의 관계를 형성하는 데 있어 아동의 통찰을 얻게 하기 위해서는 놀이 중에 발견되는 아동의 감정을 반영해 줄 필요가 있다. 놀이 중에 아동의 감정이 함께 포함될 때는 아동의 놀이 내용과 감정을 둘 다 포함하여 반응해 줄 수 있다(Giordano, Landreth, & Jones, 2005 ; 이미경, 2009).

아동 : (아기 인형을 집으면서) 나는 이 아기의 엄마예요. 나는 이 아기를 잘 돌봐줄 거예요.

치료자 : 너는 엄마가 되려고 하는구나. 그리고 그 아기를 돌봐주려고 하는구나.

실습

1. 아동 : (음식을 만들어서 치료자에게 건네며) 선생님, 이거 먹어보세요.
   반응 :
2. 아동 : (인형의 머리를 빗겨 주다가) 머리를 이렇게 묶어줄 거예요.
   반응 :
3. 아동 : (찰흙을 주무르며) 하마 만들어야지.
   반응 :

(2) 감정 반영하기

감정을 반영하는 것은 상담기법에서 가장 중요한 요소 중에 하나이다. 이는 **아동의 관점에서 함께 느끼고 있으며, 이해하고 있다는 것을 아동에게 전달하는 것**이다. 즉, 아동의 감정과 욕구들을 이해하고 수용한다는 의미이다. 또한 감정반영은 치료자가 아동에게 관심이 있으며 아동을 이해하려고 노력한다는 것을 전달하는 것이다. 치료자의 감정 반영을 통해 아동은 자신의 감정을 인식하고 언어적으로 표현하는 방법을 배우게 된다. 아동의 감정을 반영할 때, 명확히 겉으로 드러나는 감정과 겉으로 드러나지 않는 내면 깊이 숨어 있는 감정이 있는데, 이 둘을 모두 이해하려고 노력할 필요가 있다.

표 9-2 감정을 나타내는 단어들

긍정적				부정적			
충만한	행복한	인정하는	기쁜	화난	불행한	비참한	불공평한
감사하는	좋은	감동적인	자신 있는	외로운	무서운	상처받는	실망스런
즐거운	사랑스런	만족하는	즐기는	죄스러운	부끄러운	질투의	불안한
자랑스러운	희망찬	안도하는	격려하는	지친	슬픈	당황스런	무시당한
존경하는	흡족한	안정된	편안한	따분한	속상한	성급한	걱정스런

감정을 반영하는 데 있어 무엇보다 중요한 것은 **치료자의 언어적 메시지와 비언어적인 표현이 일치**해야 한다. 예를 들어, 웃으면서 단호함을 보이거나 무표정하게 다정함을 표현하는 것은 아동에게 이중적인 메시지를 전달하게 되는 것이다.

아동 : (인형을 막 두드리면서, 화난 표정을 짓는다)
치료자 : 네가 그것을 두드리는 것을 보니, 화가 났구나.
아동 : (슬픈 표정을 지으며) 주말에 놀고 싶은데… 숙제가 너무 많아요.
치료자 : 주말에 놀고 싶은데, 숙제가 많아서 속상하구나.

실습

1. 아동 : 오늘 친구랑 농구를 했는데, 저는 한 골도 넣지 못했어요.
   반응 :
2. 아동 : (화가 나서 보보인형을 세게 친다)
   반응 :
3. 아동 : (인형놀이를 하다가) 제일 친한 친구가 내일 이사를 가요.
   반응 :
4. 아동 : (놀이시간 종료를 알려주자, 모래상자 쪽으로 가며) 근데 난 아직 모래놀이도 못했어요.
   반응 :
5. 아동 : (블록으로 무언가를 만들고 있다가) 와, 이제 완성했어요.
   반응 :

3) 아동에게 책임감 돌려주기

책임감은 가르칠 수 있는 것이 아니라, 경험을 통해서 학습할 수 있다. 아동은 아주 작은 것이라도 **스스로 결정해보고 주도해 봄으로써, 자신의 잠재력을 발견할 수 있는 기회를 경험하게 되고 책임감을 배울 수 있다**. 치료자나 어른들이 대신 해주다 보면, 아동은 책임감을 발달시키기보다는 더욱 의존하는 법을 배울 수밖에 없다. 특히, 놀이치료 초기에 아동은 치료자가 무엇을 할지를 말해주기를 원하는 경우가 있다. 아동이 자신이 알고 있는 장난감을 들고 "이거 뭐예요?"라고 묻는 경우, "그건 수갑이잖아."라고 말해준다면, 아동의 창의성을 억제하고, 아동의 표현을 구조화하거나 치료자에게 책임을 지우는 상황이 되어 버린다. 아동에게 책임감을 돌려줄 수 있는 반응으로는 “네가 원하는 무엇이든 될 수 있단다.”, “네가 결정할 수 있단다.”, “네가 이야기 해 볼 수 있단다.” 등의 표현이 있다.

알아두기

| 아동이 미니카를 가지고 놀기 위해서는 미니카가 들어 있는 장난감 뚜껑을 열어야 하는 상황 |

아동 : 이것 좀 열어 주세요.
치료자 : 그건 네가 해볼 수 있단다.
아동 : (열어 보려고 시도해 본다)
치료자 : 그걸 열어보려고 애쓰는구나.
아동 : (속상해 하며) 안 돼요.
치료자 : 열고 싶은데, 생각한 것처럼 되지 않아서 속상하구나.
아동 : 네, 선생님이 해주세요.
치료자 : 네가 한 번 더 해볼 수도 있고, 선생님에게 도와달라고 할 수도 있어.

다음의 2가지 경우를 생각해 볼 수 있는데,

[반응 1]
아동 : 한 번 더 해볼게요.
아동이 다시 한번 시도해서 뚜껑을 열게 될 경우, 아동은 성취감을 경험하게 된다.
치료자 : 열심히 노력해서, 그것을 여는 방법을 알게 되었구나. 그래서 기쁘구나.

[반응 2]
아동 : 선생님이 도와주세요.
치료자 : (바로 뚜껑을 열어주기보다는) 그럼, 선생님이 어떻게 해주면 좋을지 말해주렴.
아동 : 이 부분을 잡고 열어 주세요.
치료자 : 그것을 여는 방법을 알아냈구나.

[반응 2]의 과정을 통해서 아동은 소근육이 덜 발달하여 뚜껑을 혼자서 열 수는 없었으나, 놀잇감을 가지고 놀기 위해서 뚜껑을 열어야 하고, 어떤 부분을 열어야 하는지에 대한 문제해결력을 발휘할 수 있게 된 것이다.

아동 : (수갑을 들고) 선생님, 이거 뭐예요?

치료자 : 그건 네가 원하는 무엇이든 될 수 있단다.

아동 : (그림을 그리면서) 내가 무엇을 그리려는지 알아요?

치료자 : 그건 네가 이야기할 수 있어.

가끔 아동이 치료자에게 무엇인가를 알아맞히기를 요청하는 경우가 있다. 단순한 요청이든 아니든, **치료자는 아동에게 주도권을 돌리는 식으로 반응해야 한다**. 치료자가 아동의 추측과 다르게 추측해서 말하는 경우, 아동은 그 순간 자신이 생각했던 내용을 바꾸지도 못하고, 자신이 생각했던 대로 놀지도 못하게 된다. 이런 경우, 치료자가 할 수 있는 적절한 반응으로는 "무언가 마음속에 생각하고 있구나.", "무언가 계획하고 있는 것 같구나.", 또는 "네가 말할 수 있어."라고 아동에게 책임감을 돌려줄 필요가 있다.

아동이 그 행동을 실행할 수 있다는 확신이 없거나 혼자서 시도하기를 거부하는 상황에서 도움을 청할 때는 "내가 어떻게 할지혹은 도와줄지 말해주렴."이라고 표현함으로써, 아동에게 책임감을 전달할 필요가 있다.

실습

1. 아동 : (놀이실에 들어와서는 한번 둘러보더니) 뭘 해야 해요?
   반응 :
2. 아동 : 선생님, 물고기 무슨 색으로 칠할까요?
   반응 :
3. 아동 : 선생님, 저쪽에 있는 가위 좀 가져다 주세요.
   반응 :
4. 아동 : (총을 집어 들면서) 선생님, 이게 뭐예요?
   반응 :

4) 자아존중감 형성하기와 격려해주기

아동의 자아존중감을 향상시키기 위해서는 우선 아동이 문제를 발견하고, 해결할 수 있는 경험을 해볼 수 있도록 허용해주어야 한다. 이를 통해 아동은 유능감, 자신감과 같은 자신에 대한 긍정적인 시각을 발달시킬 수 있게 된다. 그럼 아동의 자아존중감을 향상시키는 격려의 말에는 어떤 것이 있을까? 격려는 아동의 노력과 과정을 인정하는 것으로 평가적인 요소가 포함된 칭찬과는 다소 차이가 있다.

(1) 격려

격려는 아동의 노력을 인정해주는 것이다. 아동이 기여한 일과 노력, 내적인 평가에 초점을 두는 것으로 아동에게 자기 동기화와 자기통제를 개발할 수 있도록 촉진시켜 준다. 자기동기화된 아동은 자기가치감을 결정하는 데 다른 사람의 칭찬이나 의견을 필요로 하지 않는다. 그들은 스스로의 노력과 성취감을 인정할 수 있다. 아동이 격려받고 있다는 것을 느끼게 되면, 내구력과 결단력을 개발하고 훌륭한 문제해결사가 될 수 있다.

(2) 칭찬

칭찬은 평가적인 요소를 가지고 있어서 아동이 점차 자신의 가치와 외적인 평가에 의해 달라질 수 있다고 느끼게 된다. 또한 외적인 보상에 의해 동기화되도록 하며, 칭찬에 지나치게 의존하면 아동은 자신의 가치가 타인의 의견에 달려 있다고 믿게 되어, 아동을 무능력하게 만드는 결과를 가져올 수 있다. 특히, "잘했어.", "최고야."와 같은 결과론적인 칭찬이나 "착하다."와 같은 인성을 평가하는 것은 피하는 것이 좋다. "잘했어."보다는 "열심히 노력했구나."를 통해 과정의 소중함을 느끼게 하는 것이 좋고, "최고야."보다는 "그것에 대해 많은 것을 알고 있구나."가 더 적절한 표현이 되는 것이다.

아동 : (집이랑 나무를 그린 그림을 보여 주면서) 선생님, 제 그림 어때요?
칭찬 : 와, 정말 잘 그렸구나.

아동이 그린 그림을 보지 않고도 할 수 있는 결과론적인 칭찬이 되어 버렸다. 아동의 내적 동기가 아닌 치료자의 반응과 칭찬에 의해 동기가 유발된다.

격려 : 집이랑 나무를 여러 색깔을 사용해서 열심히 그렸구나.

알아두기

| 일상생활에서의 격려하기 반응 |

"네가 열심히 애쓰는구나."
"네가 알아냈구나."
"너는 그것을 정말 열심히 했구나."
"너는 그것을 알아낼 때까지 포기하지 않았구나."
"네가 원하는 대로 그것을 어떻게 하는지 알고 있구나."
"네가 그렇게 만들어진 것이 좋은가 보구나."
"네가 포기하지 않았구나."
"네가 그것을 해결하려고 단단히 결심했구나."
"네가 어떻게 ~할 것인지 계획을 세웠구나."
"네가 ~을 결정했구나."
"네가 어떻게 하는지 방법을 알아냈구나."
"그런 다른 방법도 있었구나."
"음, 그런 새로운 방법을 알아냈구나."
"드디어 해냈구나."

격려의 경우는 아동이 그린 그림을 직접 봐야 하고, 그 과정과 노력을 인정함으로써 타인의 칭찬에 의존하는 대신 스스로 동기를 유발할 수 있게 된다. 아동이 그럼에도 지속적으로 평가를 받기를 원하는 경우에는 판단할 수 있는 힘을 아동에게 돌리는 것도 필요하다.

"중요한 건 네 그림을 네가 어떻게 생각하는가 하는 것이야."
"중요한 건 네가 어떻게 느끼는가 하는 것이야."

실습

1. 아동 : (아동이 찰흙을 이용해서 무언가를 만들고 있다. 몇 분이 지난 후에) 우와, 다 만들었어요.
   반응 :
2. 아동 : (블록들로 높은 탑을 쌓고 있다. 자랑스런 표정으로) 이것 좀 보세요.
   반응 :
3. 아동 : (기차길을 연결하는 데 많은 시간을 할애하고 있다)
   반응 :

알아두기

| 행동 읽어주기, 내용 및 감정 반영과 격려하기 |

상황 : 아동이 블록을 이용해서 무언가를 열심히 만들고 있다.

- 행동 읽어주기 : 너는 그것들을 하나씩 위로 올리고 있구나.
- 내용 반영 : (아동이 놀이터를 만든다고 했을 때) 너는 그것들을 가지고 놀이터를 만들고 있구나.
- 감정 반영 : (놀이 중에 아동이 기쁨의 흥얼거리는 모습을 보였다면) 너는 그것들을 가지고 무언가를 만드는 것이 즐겁구나.
- 격려하기 : 너는 어떻게 할 것인지 계획을 세웠고, 정말 열심히 하고 있구나.

5) 제한설정하기

놀이치료에서 감정의 수용은 매우 중요하다. 한결같은 감정의 수용은 아동으로 하여금 진정한 자유와 허용감을 불러오기 때문이다. 여기서의 수용은 감정에 대한 수용이지 모든 행동에 대한 수용을 의미하는 것은 아니다. 아동의 건강한 성장을 위해 '하지 말아야 할 행동'을 했을 때, **아동의 자기통제력과 책임감을 경험할 수 있도록 할 수 있는 가장 좋은 반응법**이 '치료적 제한설정'이다. 제한설정limit setting은 놀이치료에서 가장 중요한 측면 가운데 하나로, 하지 말아야 할 행동의 제한을 통해 치료적 관계 발전을 위한 구조를 마련할 수 있으며, 아동은 실제 생활에서의 관계를 경험할 수 있게 된다. 아동은 제한을 통해서 더욱 안전한 환경을 보장받게 되고, 자기통제자기조절나 책임감을 배울 수 있게 된다.

그럼, 제한설정은 언제 설정하는 것이 좋은가? 아동마다 제한이 필요한 경우제한이 전혀 필요하지 않은 아동도 있을 수 있음는 다를 수 있으므로, 놀이실을 처음 들어갈 때부터 제한설정의 목록을 알려줄 필요는 없다. 제한설정은 아동에게 제한이 필요한 경우에 실행하면 되는 것이다.

(1) 치료적 제한설정 시 기본적 지침

- 놀이실 안에서의 제한은 아동이 통제와 책임감을 경험할 수 있는 최소한이며

실행 가능해야 한다. 제한이 많을 경우에 아동은 자신에 대해 학습할 수 없고 자신을 적절히 표현할 수 없게 된다. 또한 제한의 실행이 가능하지 않을 경우, 신뢰감 발달을 방해함으로써, 치료적 관계에 커다란 해를 주게 된다.

- 제한설정을 할 때는 조건적인 제한설정보다는 전체적인 제한설정이 더 효과적이다. 전체적인 제한설정은 아동에게 혼동을 덜 주고 안정감을 느끼게 할 수 있다. 그러나 조건적인 제한은 언쟁의 여지를 남길 수가 있는데, 예를 들어 "은상아, 선생님을 세게 때릴 수는 없어."라는 것은 '세게'의 기준이 모호해진다. 이런 경우, "은상아, 선생님을 때릴 수는 없어."라는 전체적인 제한을 전달해야 한다.
- 제한은 침착하고, 인내심 있고, 있는 그대로 단호하게 전달한다. 서둘러서 급하게 전달할 경우, 치료자의 불안과 아동에 대한 신뢰 부족을 나타낼 수 있다.
- 책임이 어디에 있는지를 명백히 전달하기 위해 아동에게 항상 초점을 두어야 한다. 예를 들어, "우리는 벽에 물감을 칠할 수 없어."가 아니라, "소은아, 벽에 물감을 칠할 수는 없어."라고 아동과 치료자를 분리해야 하는 것이다.

(2) 치료적 제한의 이론적 근거

치료적 제한을 설정하는 데 있어서는 다음의 몇 가지 근거에 기반해야 한다(Landreth, 2002).

① 제한은 아동의 신체적 · 정서적 안전을 보장해야 한다

놀이실의 분위기는 놀이실 밖에서보다 아동에게 허용적이지만, 건강과 안전을 위한 기본적인 상식적 제한은 놀이실에서도 지켜야 한다. 아동이 높은 곳에서 뛰어내리려고 하는 경우에 아동의 신체적 안전을 보장하기 위해 제한을 설정해야 한다. 또한 아동이 치료자를 때리도록 내버려 두는 경우, 아동은 자신이 치료자에게 한 행동에 대해 걱정을 하고, 불안해 할 수 있다. 동시에 치료자가 다쳤을 경우 자신을 더 이상 좋아하지 않을까 봐 두려워할 수도 있기에 아동의 정서적 안전을 보장하기 위해 제한을 설정해야 하는 것이다. 특히, 일관성 있는 제한은 치료자-아동 간의 관계와 놀이실 환경에서 예측을 가능하게 하므로 아동은 안정감을 느낄 수 있게 된다.

② 제한은 치료자의 신체적 · 정서적 안녕감을 보호하고, 아동에 대한 수용성을 촉진한다

아동의 타고난 성장 가능성은 치료자의 따뜻한 돌봄과 수용성에 의해 촉진된다. 치료자는 초인이 아니기에 아동의 모든 행동을 수용하고 받아들일 수는 없다. 그러나 치료적 제한을 통해, 치료자는 아동에 대해 감정이입적이며 수용적으로 대할 수 있게 된다. 예를 들어, 3세 유아가 놀이 상황에서 치료자의 팔을 때리는 경우가 발생했다. 치료자는 3세 유아가 때린 정도가 아프지 않았고, 참을만하다고 생각하여 제한을 설정하지 않았다. 놀이 회기가 진행될수록 아동의 공격적인 행동은 빈도나 강도 면에서 더욱 심해지게 되어, 치료자가 아픔을 참기가 어렵게 되었다고 하자. 치료자에게 정서적 반응과 분노나 거부반응이 나타날 때, 치료자는 아동을 수용하기가 어렵게 된다. 또한 아동도 이를 느낄 수 있기에 치료적 관계가 형성되기는 어려워지는 것이다. 따라서 치료자에 대한 어떤 형태의 직접적인 공격적 · 신체적 행동도 금지되어야 하며, 적절한 시기에 제한을 설정하는 것은 아동에 대한 긍정적 관심과 수용성을 유지하는 데 매우 중요하다.

③ 제한은 아동의 의사결정, 자기통제 및 자기책임감의 발달을 촉진한다

아동은 자신의 행동에 대한 인식이나 책임감을 가지고 자기통제력을 발휘해 본 다음에야 스스로 조절할 수 있는 방법을 배우게 된다. 결정은 아동이 하는 것이며, 의사결정에는 책임감이 따른다. 이런 점에서 제한은 아동이 자신의 행동에 대한 선택을 통해 자기통제를 배워나갈 수 있는 매우 특별한 시간이라고 볼 수 있다. 예를 들어, "너는 바닥에 그림을 그리고 싶구나. 하지만 바닥은 그림을 그리는 곳이 아니야. 너는 이젤 위의 종이나 스케치북에 그림을 그릴 수 있어."라고 제한을 한 경우에, 선택은 아동의 몫이며 이를 통한 의사결정에는 책임이 따른다는 것을 알게 된다.

④ 제한은 놀이치료가 실제 세계에 기초를 두고, 현 시점(here and now)을 강조하게 한다

놀이실 밖의 세상은 놀이실보다는 많은 제한이 존재하지만, 놀이실이 모든 행동을 수용해 줄 수 있는 장소는 아니다. 아동은 현실 속에서 살아가고 있으며, 놀이실 안의 생활과 놀이실 밖이 생활이 전혀 다른 장소가 되어 연결감이 없으면 안 된다.

의미 있는 관계라면 언제나 제한은 존재하되, 아동은 놀이실에서의 경험을 통해 최소한의 실행 가능한 제한을 경험하게 되고 이는 아동이 조절감과 책임감을 경험하게 되는 좋은 기회가 되는 것이다.

⑤ 제한은 놀이실 환경을 일관되게 만든다

놀이실에 오는 아동들은 대부분 행동에 일관성이 없는 어른들이 있는 환경에서 오는 경향이 있다. 예를 들면, 부모의 기분에 따라 어제는 가능했으나 오늘은 안되는 경우들이 있을 수 있다. 이런 경우 아동은 혼란을 경험할 수밖에 없다. 아동이 정서적인 균형감과 안정을 얻기 위해서는 그들의 삶에 있어서 일관성을 경험해야 한다. 따라서 놀이실에서 치료자를 통한 일관적인 제한은 아동에게 정서적 안정감을 제공할 수 있게 된다.

⑥ 제한은 전문적이고, 윤리적이며, 사회적으로 수용 가능한 관계를 유지시킨다

놀이실에서 옷을 벗으려는 행동, 치료자를 만지는 등의 성적 행동 등은 사회적으로 수용 가능한 행동이 아니다. 아동과 전문적이고 윤리적인 관계를 유지하기 위해서는 치료적 제한설정을 해야 하고, 이를 통해 아동은 사회적으로 수용 가능한 행동에 대해 경험하게 된다.

⑦ 제한은 놀잇감과 놀이실을 보호한다

놀이실과 놀잇감은 아동에게 특별히 고안된 장소이며, 놀이실에 오는 모든 아동에게 특별한 의미가 있는 곳이다. 그러나 아무리 작은 놀잇감이라고 하더라도 아동이 놀잇감을 파괴하려고 하거나 가지고 가려고 하는 경우 등은 제한을 통해 보호해야 한다.

(3) 치료적 제한설정의 절차

치료적 제한설정은 아동의 행동을 중지시키려 하기보다는 행동을 변화시킬 책임이 아동에게 있음을 전달하는 것이다. 아동이 책임 있게 반응할 수 있다는 능력을 신뢰하면서, "사람을 향해 총을 쏘는 것은 아니야."라고 말할 때, 아동은 자신이 할 일을 자유롭게 결정하고 책임을 지게 된다. 이를 위한 제한설정의 단계는 아동의 감정, 바람, 소망을 인정함으로써 이해심과 수용감을 전달하고, 분명한 제한을 전달하며, 수용할 수 있는 대안적 행동을 제공하는 것이다.

효과적인 제한설정의 단계ACT는 다음과 같다.

① 1단계 : 아동의 감정, 바람, 소망을 인정한다(Acknowledge the child's feelings, wishes, and wants)

아동의 감정이나 바람에 대한 이해를 말로 표현함으로써 아동의 동기를 수용하고 있음을 전달하는 것이다. 아동의 감정을 인정하지 않고 제한을 설정할 경우, 아동에게 정서는 중요하지 않다는 것을 나타내게 된다. 또한 감정에 대해 감정이입적 이해를 표현함으로써 감정의 강도를 진정시킬 수 있게 된다. 따라서 감정은 인식되자마자 바로 반영해 주어야 한다.

② 2단계 : 제한을 전달한다(Communicate the limit)

제한은 명확해야 하며, 무엇을 제한하는 것인지를 분명히 설명해야 한다. 예를 들어, "벽에 칠하지 말라고 했지."나 "벽에 그림을 그리는 건 별로 좋은 생각은 아닌 것 같은데…."의 반응을 보면, 전자의 경우는 아동이 거부된다는 느낌을 받을 수 있고 후자는 '그럼 해도 된다는 것인가?'라는 여지가 있을 수 있다. 따라서 제한은 "벽은 그림을 그리는 곳이 아니야."라고 명확하고 분명하게 제시해야 한다. 제한을 설정할 때는 큰소리를 치거나 얼굴이 붉어지거나 흥분을 하는 것은 좋지 않다. 침착하고 명확한 어조로 아동을 정면으로 보면서 말할 때, 말의 의미가 그대로 전달될 확률이 높다. 그러나 긴박한 상황에서는 2단계인 제한을 먼저 전달하고, 1단계인 감정을 반영해 줄 수도 있다. 예를 들면, 아동이 망치를 창문에 던지려고 하는 상황에서는 "창문에 망치를 던져서는 안돼. 네가 망치를 창문에 던지고 싶었구나."라고 전달할 수 있다.

③ 3단계 : 수용 가능한 대안을 목표로 제시한다(Target acceptable alternatives)

아동이 느끼고 있는 감정이나 욕구를 바람직한 방법으로 표출할 수 있도록, 아동이 하려는 원래 행동 대신 할 수 있는 여러 가지 대안을 제시하도록 한다. 즉, 다른 대체물을 말로 알려주면서, 그 대체물을 손가락으로 가리키는 비언어적 단서를 사용한다. 예를 들면, 바닥에 그림을 그리려는 아동에게 "색을 칠하고 싶으면, 저기 이젤에 가서 칠하든지 신문지를 바닥에 펴놓고 칠하든지 네가 결정할 수 있어."와 같이 말할 수 있다. 아동 자신이 결정권을 가지도록, 두 가지 대안 중에 스스로가 선택하게 하는 과정을 경험해 보는 것이다.

> 예 준성이가 붓에 물감을 묻혀 벽에 그리려고 한다.
> 1단계 : 네가 벽에 마음껏 그 색을 칠해보고 싶은가 보구나.
> 2단계 : 그렇지만 벽은 색을 칠하는 곳이 아니야.
> 3단계 : 색을 칠하고 싶으면 저기 이젤에 가서 칠하든지, 신문지를 바닥에 펴놓고 칠하든지 네가 결정할 수 있어.

④ 제한이 깨졌을 때, 마지막 선택을 하게 한다(State final choice)

제한이 무너졌어도 치료자는 여전히 아동을 수용하는 인내심을 보여야 한다. 특히, 마지막 선택을 언급하기 이전에 ACT 단계는 최소한 2~3번은 거치도록 해야 한다. 그 이유는 아동에게 조절감과 통제감을 경험할 수 있는 기회를 주기 위함이다. 그럼에도 제한이 깨졌다면, 마지막 선택을 언급하게 되는데, **"네가 벽에 한 번 더 색을 칠한다면, 넌 오늘은 그 물감을 가지고 놀지 않는거야."**라고 전달한다. 이러한 제한설정은 처벌이나 아동에 대한 거부가 아니라, 아동의 선택에 대한 책임을 경험하도록 하기 위한 것이다.

⑤ 책임을 지게 한다(Follow through with the choice)

그럼에도 아동이 벽에 색을 칠하는 경우, 아동은 자신의 선택에 대한 책임을 져야 한다. 치료자는 일어나서 **"넌 오늘은 그 물감을 가지고 놀지 않기로 선택했구나."** 라고 이야기하며, 물감을 그 회기에는 가지고 놀지 못하도록 하는 것이다. 아동은 자신에게 선택권이 있고, 결과는 자신의 행동에 달려 있다는 것을 알게 됨으로써 자신의 행동에 대한 책임감을 경험할 수 있게 된다.

표 9-3 놀이치료 시 체크리스트

치료자 반응/태도	너무 많음	적당	좀 더 필요	많이 필요	예/올바른 반응
행동 읽어주기					
내용의 반영					
감정(느낌)의 반영					
의사결정 촉진 및 책임감 돌려주기					
자아존중감 향상 및 격려					
제한설정하기					
의미의 확대/ 이해의 촉진					
상호작용의 수준					
반응의 비율					
앉은 자세(숙인 정도)					
편안함					
관심의 표현					
아동행동에 적합한 표현/톤					
치료자의 언어 및 비언어의 일치 (반응과 톤의 일치)					
평가					

출처 : 최미경, 신나나, 김민정, 도현심(2013).

5. 놀이치료과정에서 생기는 문제들

치료자는 놀이를 진행하면서 아동이 무엇을 할지에 대해 예측하기는 어려우므로 난감하거나 당황스러운 일이 발생하기도 한다. 치료자는 예기치 않은 상황이 발생하더라도 열정과 이해심, 관심을 가지고 침착하게 반응할 수 있도록 노력해야 한다. 따라서 치료자는 아동이 놀이시간에 보일 수 있는 다양한 문제 상황들을 이해하고, 그에 맞는 적절한 대처방법을 알아둘 필요가 있다.

1) 비밀 보장의 문제

아동에게 **놀이실이 안전하고 비밀이 보장되는 곳**이라는 것을 알려야 하며, 놀이실에서 일어나는 일에 대해 아동이 부모에게 말하지 않는 것 때문에 죄책감을 느끼지 않도록 조심해서 알리도록 해야 한다. 보통 치료자는 아동에게 "여기 놀이실에서의 시간은 특별한 시간이란다. 이 특별한 시간에 일어나는 일에 대해 나는 누구에게든지 말하지 않을 거야. 하지만 네가 생각하기에, 누군가가 네가 여기서 한 일들을 알기를 바란다면, 넌 말을 해도 된단다. 말을 할지 안할지는 네가 결정하면 되는 거야."라고 전달할 수 있다. 그리고 놀이치료과정에서 부모상담이 진행될 경우 이를 본 아동이 "엄마랑또는 아빠랑 뭐해요?"라고 물어보는 경우가 있다. 이때는 "엄마또는 아빠가 너에게 더 좋은 엄마또는 아빠가 되기 위해 공부하는 시간이야."라고 전달할 수 있고, 실제로 부모상담의 시간을 그렇게 활용해야 한다. 그리고 전문가 윤리강령에 허용된 사항을 제외하고는, 놀이치료 시 아동이 말하거나 행한 구체적인 것인 놀이 내용을 부모에게 상세하게 알려주지 않는다. 치료자는 비밀 보장의 엄격한 원칙을 깨뜨리지 않는 범위에서 부모가 불쾌감을 느끼지 않도록 아동의 성장을 위해 필요한 일반적인 사항만을 전달할 수 있는 기술이 필요하다.

2) 아동이 놀이실에 장난감이나 음식을 가져오려고 하는 경우

놀이실에 오는 아동들에게서 자주 볼 수 있는 것 중에 자신이 가지고 놀던 장난감이나 음식을 가지고 들어가려고 하는 것이다. 자신의 장난감을 가지고 들어가려는 경우는 일종의 불안을 의미할 수도 있다. 이런 경우, 먼저 아동의 바람을 수용해주되, 놀이실에 가지고 들어갈 수 없음을 알려주어야 한다. "민지야, 커다란 검은 바퀴가 달린 장난감을 가지고 왔구나."라고 먼저 관심을 가져 준 후에 "그것을 놀이실에 가지고 들어가고 싶어하는 걸 알아. 하지만 그건 여기 대기실에다 놓고 가야 해. 놀이실에서 돌아오면, 다시 가지고 놀 수 있어."라고 알려준다.

놀잇감의 경우, 시대에 따라 유행하는 장난감이 있을 수 있고, 고도의 기계적인 장난감, 책 등은 아동과의 상호작용이나 표현을 촉진시키지 못하기 때문이다. 특히, 책은 방어적이거나 위축된 아동들의 경우 놀이시간의 대부분을 책을 읽으며 보낼 수도 있기 때문이다. 또한 음식의 경우도 주의를 분산시킬 수 있기 때문에 대기실에서 마저 먹고 들어가도록 하는 것이 좋다. 대기실에서 마저 먹고 들어갈 수가 없는 경우에는 그 음식을 대기실의 안전한 장소에 두고 들어갈 수 있음을 전달해야 한다.

3) 아동이 애정표현을 요구할 경우

놀이실에 오는 아동의 경우 정서적인 관계가 결핍되어 있어서, 치료자가 자신을 정말 좋아하는지 재확인하고 싶어하는 아동들이 있다. 예를 들어, "선생님, 저 좋아하세요?"라고 질문하는 경우에 치료자는 따뜻한 관심을 보이며, "넌 내게 매우 특별하고, 지금은 우리가 함께 하는 특별한 시간이야."라고 반응해 줄 수 있다. 간혹, 아동이 치료자를 껴안거나 치료자의 무릎 위에 앉고 싶어 할 경우에는 아동의 숨은 동기에 대해 주의 깊게 살펴보고 반응할 필요가 있다. 치료자는 "그렇게 하는 것이 재미있다는 것을 잘 안단다. 하지만 난 네가 내 무릎 위에 앉지 않아도 네가 날 좋아한다는 것을 잘 알고 있어."라고 반응해 주어야 한다. 혹 성적 학대를 받은 아동의 경우, 치료자가 놀잇감이 되어버리면 아동 자신의 경험을 충분히 표현하지 못하는 경우가 발생하게 된다.

4) 아동이 놀잇감을 몰래 가져가려고 할 경우

놀이를 하다보면 아동 중에는 자신이 가지고 놀던 놀잇감을 가져가고 싶어 하는 경우가 있다. 예를 들어, 아동이 가지고 놀던 놀잇감을 몰래 주머니 속에 넣어서 가져가게 된 경우, 아동은 놀잇감을 가져간 후에 죄책감을 느낄 수가 있고, 치료자는 놀잇감을 가져오라고 해야 하는지에 대한 혼란감에 빠질 수가 있다. 따라서 치료자는 단호하면서도 이해심 있게 "자동차를 집에 가져가고 싶어하는 걸 안단다. 하지만 네 주머니 속에 있는주머니를 가리킨다 자동차는 여기다 두고서 다음에 와서 다시 가지고 놀 수 있어."라고 반응해 주어야 한다.

5) 아동이 놀이실을 나가지 않으려 할 경우

어떤 이유로도 놀이치료시간은 연장될 수가 없다. 특별한 놀이시간에 대한 시작과 끝은 아동의 시간이기에, 갑작스러운 종료를 알려주는 것은 아동에게 놀이를 정리할 시간을 주지 못하는 것이다. 따라서 보통은 놀이 종료 5분 전에 "서윤아, 우리의 놀이시간이 5분 남았어."라고 놀이의 종료를 예고해 주게 된다. 경우에 따라, 놀이실을 나가지 않으려는 경험이 있는 아동이나 산만한 아동의 경우는 1분 전에도 종료를 알려줄 필요가 있다. 그럼에도 놀이실을 나가지 않으려고 할 때는 아동 스스로 나가게 하는 과정이 필요하다. 다음의 예시를 보자.

치료자 : 서윤아, 오늘 시간은 이제 끝났다. (치료자가 일어선다) 엄마가 기다리고 계신 대기실로 갈 시간이야.

서윤 : 그렇지만 아직 인형놀이를 못했어요. (인형이 있는 쪽으로 뛰어가 인형놀이를 시작한다)

치료자 : 인형놀이를 더 하고 싶은 건 알지만, 오늘 놀이시간은 끝났어. (서윤이가 놀이하는 동안 치료자는 문 쪽으로 두 발자국 정도 간다)

서윤 : 선생님, 싫어요. (계속 인형놀이를 하고 있다)

치료자 : 놀이를 하지 못하게 하니, 선생님에게 화가 났구나. 하지만 놀이실을 나갈 시간이야. 다음 시간에 와서 다시 놀 수 있어. (문 쪽으로 두 걸음 더 가 문 손잡이를 돌려서 문을 조금 연다)

서윤 : (치료자가 문을 열어놓은 걸 본다) 거의 다 됐어요. 1분이면 돼요.

치료자 : (문을 더 크게 연다) 서윤아, 네가 더 놀고 싶어하는 걸 알아. 하지만 시간이 끝났어. (아동을 쳐다보면서 문 쪽으로 걸음을 조금씩 더 옮긴다)

서윤 : (천천히 일어나서 문 쪽으로 간다)

6) 아동으로부터 선물을 받는 것

일상에서 아동들은 선물을 통해 사랑, 애정을 표현하는 법을 배우기도 한다. 그러나 놀이치료에서의 관계는 정서적인 관계로, 선물을 통한 물질적인 관계는 정서적인 나눔을 방해할 수도 있다. 선물을 받는 것에 관해 고정된 규칙이 있는 것은 아니지만, 민감하고 공감적인 치료자는 선물의 성격이나 특성에 따라 아동에게 좌절감을 주지 않으면서 적절히 반응할 수 있어야 한다. 예를 들어, 아동이 치료자를 위해 그린 그림을 선물로 주는 경우에는 다정하게 고마움을 표현하되, 직접적인 칭찬은 피하는 것이 좋다. 그리고 아동에게 받은 선물을 진열해 두거나 다른 아동들이 보이는 곳에 두는 것은 좋지 않다. 그 이유는 다른 아동들에게 경쟁을 조장할 수도 있고, 다른 아동들이 선물을 가져오도록 부추길 수 있기 때문이다. 혹 아동이 놀이시간에 그린 그림을 선물로 줄 때는 감사를 전달한 뒤 놀이치료가 종결될 때까지 치료자의 안전한 장소에 보관하면 된다.

아동이 구입한 선물을 치료자에게 주는 경우에는 비용에 관계없이 받지 않는 것을 규칙으로 세워두는 것이 좋다. 치료자는 "나를 위해서 사왔구나. 그건 네가 나를 생각하고 있었다는 말이지. 정말로 고맙구나. 하지만 여기서는 네가 나를 좋아한다는 것을 말하기 위해 선물을 주지 않아도 된단다. 나는 네가 이 선물을 가졌으면 한다."라고 전달해 줄 필요가 있다.

7) 아동에게 놀이치료를 받는 이유를 알리는 것

아동의 행동 변화를 위해서는 아동이 놀이치료를 받는 이유에 대해 알고 있는 것이 필요하기에 아동에게 놀이치료를 받는 이유를 말하는 치료자들도 있지만, 아동이 자신의 특정문제 행동에 대해 잘 알지 못하는 경우도 있어서 구체적으로 놀이실에 오는 이유에 대해 알려줄 필요가 없다고 보는 치료자도 있다. 그러나 아동이 궁금해 한다면, 일반적인 이유를 전달해 줄 필요는 있다. 예를 들면, "너의 부모님은 네가 가끔 집에서 좋아 보이지 않아서 걱정을 많이 하신단다. 그래서 매주 화요일 네가 이곳에서 특별한 시간을 갖기를 바라신단다."라는 정도만 전달하는 것이 좋다.

8) 부모에게 놀이치료를 설명하기

부모에게 놀이치료를 이해시키는 것은 놀이치료자가 해야 할 매우 중요한 일 가

Box 9-4

부모에게 놀이치료 설명하기 : 놀이치료란 무엇일까요?

아동들에게 있어 놀이란 그 자체가 생활의 일부입니다. 놀이를 하면서 아동은 성장하고 발달해갑니다. 또한 그들의 놀이에는 주제가 있고 흐름이 있습니다. 아동은 언어적인 것보다 자신이 창조한 자발적인 놀이를 통해서 좀 더 편안할 수 있으므로, 아동의 놀이를 잘 관찰하고 존중해주는 것이 우리가 아동을 진정으로 이해할 수 있는 길입니다.

성장하는 과정에서 대부분의 아동은 적응상의 어려움을 겪습니다. 아동은 내부에서 일어나는 감정이나 자신이 생각하는 것을 설명할 수 있는 말을 모릅니다. 그래서 아동은 그들이 어떻게 느끼는지를 행동으로 표출하거나 보여 줍니다.

어머니(또는 아버지)도 어떤 것에 대해 괴로워할 때, 정말로 염려해 주고 이해해주는 누군가에게 말하고 나면 편안함을 느낄 것입니다. 아동도 마찬가지로 자신을 이해해 주는 사람에게 편안함을 느낍니다. 왜냐하면 감정이 방출되었기 때문입니다. 놀이치료는 아동을 위한 것입니다. 놀이치료에서 아동은 건설적인 방식으로 자신의 사고와 감정을 표현하는 법, 행동을 통제하는 법, 의사 결정하는 법, 그리고 책임을 수용하는 법을 배웁니다.

놀이실에 있는 시간은 아동에게 특별한 사적인 시간입니다. 그들은 누군가에게 심지어 부모에게까지도 보고해야 할 필요를 느껴서는 안 됩니다. 아동의 놀이치료시간은 성인상담에서와 같이 비밀이 보장된 시간입니다. 우리는 성인을 존중하는 것과 똑같이 아동을 존중하고 싶습니다. 따라서 우리의 일반적인 인상을 어머니(또는 아버지)와 함께 나누고 제안을 하는 것을 기쁘게 생각하지만, 아동이 놀이실에서 한 말이나 행동을 구체적으로 말할 수는 없습니다. 아동과 선생님이 놀이실에서 나오면 "어땠니?" 또는 "재미있었지?"라고 묻지 않는 것이 좋습니다. 그냥 "자, 집에 가자."라고만 말하세요.

운데 하나이다. **부모가 놀이치료에 대해 잘 이해하고 있을 때, 치료적인 과정이나 효과는 훨씬 긍정적일 수 있기 때문이다**. 아동이 부모에게 놀이실에 오는 이유에 대해 물어볼 때는 구체적인 아동의 문제를 언급하기보다 아래와 같은 일반적인 말을 해주는 것이 좋다.

"가지고 놀 장난감이 많이 있는 특별한 놀이실에서 놀이선생님과 함께 있기 위해 매주 오는 거야."

"네가 집에서 잘 지내지 못하는 것 같아서 특별한 사람하고 함께 하면서 특별한 시간을 지내는 것이 도움이 될 거야."

또한 치료자는 부모에게 놀이치료가 무엇인지에 대한 내용을 알려줄 필요가 있는데, 이를 위해 포함되어야 할 내용으로는 비밀 유지, 놀이치료시간의 특별한 의미, 놀이치료의 효과, 놀이회기가 끝난 후 부모의 반응 등이 있다.

CHAPTER

10

부모-자녀 관계치료

1. 발달과정 | 2. 목표 | 3. 집단 진행과정의 구성요소 | 4. 대상 부모의 선정 |
5. 집단 구성 | 6. 단계 | 7. 회기별 프로그램 구성

1. 발달과정

무스타카스(Moustakas, 1959)는 부모와 자녀 사이의 특별한 놀이치료 형태의 놀이시간에 대해 처음으로 자세하게 기술하였다. 1964년 버나드 거니Bernard Guerney에 의해 개념화된 '부모 놀이치료Filial Therapy : FT' 또는 '부모-자녀 놀이치료'는 심리사회적 적응에 어려움을 겪는 어린 아동의 치료에 부모가 치료자로 참여하도록 하여 치료의 효과를 높였다. 거니는 자녀를 돕기 위한 치료과정에 부모를 참여시켰고, 부모에게 아동중심적 놀이치료 기술을 배우도록 훈련하여 아동의 삶에서 치료적인 동반자가 되도록 하였다. 초기에 거니는 부모-자녀집단을 1주일에 1회, 2시간씩 1년 동안 놀이치료를 실시하였으나, 지금은 5~6개월 정도 만나게 된다. 이후 랜드레스(Landreth, 1991)는 10회기의 구조화된 프로그램으로 '부모-자녀 관계치료Child-Parent Relationship Therapy : CPRT'를 개편하여 일반 아동의 부모에게 실시함으로써 아동의 문제를 예방하고자 하였다(Bratton, Landreth, Kellam, & Blackard, 2006 ; Landreth & Bratton, 2006).

거니(1964)는 FT를 최초로 개념화하였는데, 부모를 교육하여 아동의 행동을 치료하는 방법이다. FT는 로저스(Carl Rogers, 1942)의 사람중심이론과 엑슬린(Virginia Axline, 1947)의 아동중심 놀이치료에 근거를 둔다. 거니는 아동들이 경험하는 적응문제의 대부분을 부모의 병리적인 문제로 보지 않고, 부모들이 자녀와 긍정적인 관계를 맺고 훈육하는 기술이 부족하거나 무지하기 때문으로 보았다. 따라서 부모들에게 아동중심 놀이치료과정을 교육하고, 부모들은 그들의 자녀에게 부모치료자가 되는 것이다. 특히, 치료자나 전문가들은 아동에게 부모와 같은 영향을 줄 수 없다고 보았고, 부모가 치료적 역할을 수행하여 얻는 성공은 치료자에 의한 것보다 훨씬 강력하다. 따라서 FT는 아동의 삶에서 가장 중요한 관계인 부모 자신을 아동치료에 필수적 존재로 여기도록 한다.

FT는 12세 이하의 아동을 위한 아동중심 놀이치료의 '일차적인 제공자'인 부모에게 아동중심 놀이치료의 방법을 교육하고 지도 감독하며, 자녀와 관계 맺는 방식을 교육시킨다. 치료자는 부모를 교육하는 동안 그들을 적극적으로 지지해야 하고, 부모의 책임감과 의무에 대한 걱정, 놀이 회기에서 구체적 행동을 수행하는 데서의 어려움 등을 함께 나누는 시간을 가진다. 특히, 놀이 회기에서의 수행을 부모의 전반적인 평가로 보지 않고, 부모들이 다룰 수 있는 만큼의 교정적 피드백을 통해 성장할 수 있도록 한다.

2. 목표

부모놀이치료FT 또는 부모-자녀 관계치료CPRT는 아동의 행동을 보는 부모의 관점을 아동의 입장에서 어떻게 받아들이고 이해할 수 있는지를 배우고 터득할 수 있도록 한다. 부모에게 아동이 가지고 있는 내면적인 방향성, 생산적이고 앞을 향해

Box 10-1

부모-자녀 관계치료의 목표

1. 아동을 위한 목표

- 아동 자신과 타인의 감정을 더 잘 이해하고 표현
- 아동 자신의 감정을 적절한 방법으로 표현하여 필요한 욕구 만족
- 문제해결 기술 발달
- 문제 행동 감소
- 자신의 행동에 책임
- 부모에 대한 믿음 증가
- 자신감과 자존감이 향상

2. 부모를 위한 목표

- 아동의 발달에 대한 이해 증가
- 아동의 감정과 동기에 대한 이해 증가
- 아동에게 보다 현실적인 기대 갖기
- 아동에 대한 애정과 신뢰 증가
- 부모와 아동관계 향상
- 부모로서의 유능감 증가 및 자신감 향상
- 양육 기술이 전반적으로 향상

나아갈 수 있는 창조적이며 스스로를 위한 자기 치유의 힘이 있음을 알게 해주는 것이다. 즉, 부모가 치료자로서 아동을 위한 놀이치료에 개입하는 것이다. 치료자 또는'지도자'들이 훈련을 받은 후에 상담 장면을 진행하듯이 부모들도 훈련을 통해서 부모역할을 학습하고 난 후에 아동과 관계하고 양육한다면, 성숙한 부모역할을 할 수 있게 되고, 아동의 문제행동을 감소시키는 데도 효과적이라고 믿는다. 즉, **부모가 아동중심 놀이의 치료적 회기를 진행하고, 실생활에서 놀이치료의 원리와 기술을 사용하는 데 초점**을 둘 수 있도록 한다. 이를 통해 아동에 대한 부모의 민감성이 향상되고, 부모는 비판단적으로 이해심 있고 수용적인 환경을 창출하는 법을 알게 되며, 이를 통해 아동의 문제행동 감소뿐 아니라 부모-아동의 관계를 향상시킬 수 있다.

3. 집단 진행과정의 구성요소

부모-자녀 관계치료는 부모들과 함께하는 **'집단의 응집력을 형성하는 것'**과 **'가르치는 요소' 사이에서 적절한 균형점을 잘 유지**해야 한다. 집단에 참여한 부모들은 놀이 회기에서의 치료적 반응과 관련한 비디오테이프를 시청하고, 역할놀이, 지지적인 피드백, 다양한 교훈적인 교육의 경험을 하게 된다. 교육과정에서 놀이치료에 필요한 구성요소가 갖추어져야 하는데, 놀이실, 놀잇감, 놀이치료 관찰실이 필요하다. 놀이실에는 아동중심적 놀이치료에 적합한 놀잇감이 구비되어 있고, 놀이치료 관찰실은 일방경과 촬영을 위한 도구 및 치료자와 부모가 앉아서 관찰할 수 있는 의자가 필요하다. 놀이치료실에서 부모와 아동이 상호작용하는 동안 녹화를 진행하고, 치료자는 일방경 뒤에서 그 장면을 관찰한다. 부모는 치료자로부터 아동과의 상호작용에 대해 지속적인 슈퍼비전을 받으며, 자신의 행동에 대한 통찰력을 얻게 된다. 또한 부모들은 가정에서 주 1회, 30분 동안 자녀와 함께 특별한 놀이시간을 가지게 된다.

집단을 진행하는 요소와 가르치는 요소에 관한 균형은 부모-자녀 관계치료의 과정을 촉진시킨다(Landreth & Bratton, 2006 ; 김양순, 2008).

1) 집단 진행과정의 구성요소

집단을 운영하는 지도자는 상호작용의 촉진자로서 단순한 훈련자가 아니다. 훈련이 진행되면서 부모들 사이의 상호작용도 증가하며, 집단에서 발생하는 다양한 상황을 조율하고 지지해 줄 수 있어야 한다. 특히, 부모가 집단에서 안전하고 지지적이며 위협이 없는 분위기를 느끼게 되면, 이들은 새로운 행동을 시도해보고자 하거나 자신의 변화 가능성에 대한 믿음을 더욱 가질 수 있게 된다.

- 집단에서 부모로서의 개인적 관심과 두려움을 표준화 및 일반화하기
- 부모의 생각과 감정을 좀 더 충분히 탐색하도록 격려하기
- 구성원들을 격려하고 가르치면서 집단 응집력을 형성하기

2) 가르치는 요소

놀이치료와 관련한 내용들을 부모들에게 전달할 때, 부모에게 너무 많은 정보나 복잡한 정보를 주게 되면 부모는 당황하게 된다. 또한 부모 스스로가 새로운 기술을 빨리 습득하지 못한다고 느끼게 되면, 시도하지 않거나 좌절감을 경험할 수도 있다. 따라서 부모에게 가르치는 요소와 관련해서 간결한 내용을 담은 부모활동지와 간단한 숙제를 내주게 된다.

부모들에게 주요한 원리를 가르칠 때는 반복해서 알려주어야 하며, 치료자에 의한 모델링을 활용한다. 모델링은 치료자의 놀이 회기 동영상자료 시청이나 치료자가 진행하는 실제 놀이 회기 시범 또는 역할극을 통해 할 수 있다.

- 수용하기, 반영적 경청 및 주의집중하기
- 부모의 강점을 격려해 주기
- 반응 기술에 대해 상세하게 설명하기
- 놀이 회기에 대한 치료자의 경험을 명확하게 들려주기
- 아동의 행동에 대한 지식이나 놀이 기술에 대한 전문적인 지식 전달하기
- 역할놀이와 기술 연습을 격려해주기
- 부모역할에 있어 변화해야 할 부분에 대한 방향성 제시하기

• 특별한 놀이시간을 통해 무엇을 배웠는지 확인하기
• 아동 또는 부모의 행동 변화 확인하기
• 부모 스스로가 통찰력을 갖도록 촉진해 주기

Box 10-2

부모-자녀 관계치료에서 가르쳐야 할 기술과 개념

1. 부모-자녀 놀이시간의 목적

부모가 아동과 관계를 맺음으로써 적극적인 성장을 촉진하도록 아동의 내부 지향적 가능성을 키워주는 것

2. 특별 놀이시간 구조화하기

- 부모가 가정에서 아동과의 놀이를 계획하는 데 있어, 필요한 내용을 전달하는 것
- 놀이시간과 장소 정하기, 놀잇감 구비하기 등

3. 부모가 아동의 세계에 들어갈 수 있도록 도와주기

부모가 아동과 긍정적인 관계를 맺을 수 있도록 촉진적인 반응을 배울 수 있게 도와주는 것

- 아동과 '함께하기'를 전달하는 것 : 온전하게 아동과 함께 머물며, 아동의 관점으로 사물을 바라보도록 하는 것, 따라가기 반응(행동 추적하기)
- 아동의 세계를 이해하고 있다는 사실을 전해주기
- 수용하고 있음을 전달하기 : 공감적 반응

4. 아동이 인도하고 자기지시능력과 책임감을 갖도록 촉진하기

- 아동은 부모나 치료자에게서 지시와 허락을 받고 해답을 듣기를 바라지만, 선택의 몫은 아동에게 있음을 알려주는 것
- 아동에게 책임감 되돌려주기와 의사결정을 촉진시켜 주기 : 네가 결정하는거야, 네가 원하는 어떤 것이든지 될 수 있어, 네가 선택할 수 있어 등

  예) 아동 : 이거 뭐예요?

  부모 : 그것은 네가 원하는 무엇이든지 될 수 있어.

5. 아동의 비언어적 놀이행동을 반영하기(따라가기=추적반응=tracking)

- 부모는 아동의 행동과 비언어적 놀이에 대해 반응하는데, 아동이 보이는 행동에 대해 부모가 보고, 듣고, 관찰한 것을 말로 설명하는 것

  예) 네가 그것(자동차)을 그곳(선반)에 넣고 있구나.
- 너무 드물게, 너무 자주 반응하지 않으면서, 아동의 세계에 관심이 있음을 보여 주는 것

6. 아동이 말하는 것이나 놀이의 내용 반영하기

- 부모가 아동이 말하는 내용을 조금 다른 말로 반복해서 말하는 것
- 부모가 아동의 메시지 내용을 잘 듣고 이해하고 있음을 알려주는 것

예) 아동 : (블록들을 쌓으면서) 놀이터를 만들 거예요.

부모 : 너는 놀이터를 만들기로 했구나.

7. 아동의 감정/욕구/소망을 반영하기

- 아동의 감정과 욕구를 이해하고 수용한다는 것을 전달하는 것으로, 이를 통해 아동은 자신의 감정이나 감정을 표현하는 것이 받아들여질 수 있음을 이해하게 됨 : 네가 그것에 화가 났구나, 네가 그것을 좋아하는구나, 네가 슬프구나 등

예) 아동 : (선반에 있는 인형을 잡더니) 어, 이거 내가 좋아하는 건데….

부모 : 네가 좋아하는 것을 찾았구나.

8. 자아존중감 형성하기와 격려하기

- 부모가 아동에 대한 긍정적인 진술을 함으로써, 아동은 스스로에 대한 내면화하는 과정을 통해 존중감을 형성하게 됨
- 결과적이며 인성에 대한 평가(최고야, 잘했어, 착하네)가 아닌, 아동의 노력과 열심히 한 과정에 대한 인정은 아동의 자기개념과 믿음을 통합할 수 있게 함
- 격려하기는 아동의 노력을 인정해 주는 것 : 네가 열심히 했구나, 네가 어떻게 하는지 알고 있구나, 네가 그것을 여는 방법을 알아냈구나 등

예) 아동 : (나무와 집을 그린 그림을 보여 주며) 이거 어때요?

엄마 : 네가 나무와 집을 열심히 그렸구나.

9. 치료적 제한설정

- 부모의 일관성 있는 제한은 아동이 자신의 행동을 조절하고 책임감을 경험할 수 있는 기회를 제공하게 됨
- 치료적 제한설정의 A-C-T 단계

출처 : 김양순(2008).

4. 대상 부모의 선정

부모-자녀 관계치료는 반드시 아동이 문제를 가지고 있을 때에만 실시하는 것은

아니다. 아동에게 문제가 없다고 하더라도 부모가 아동의 건강한 발달에 관심이 있고, 이들의 정서발달을 돕기 위한 동기가 있다면 참여가 가능하다. 즉, **적응문제가 있는 아동의 부모뿐만이 아니라, 모든 아동의 부모에게 적합하다**. 잘 적응된 안정적 가정의 경우에도 부모-자녀 간 상호작용에서 일시적 문제가 생길 수 있고, 이러한 문제가 발생할 때 일반적으로 부모들은 아동을 이해하려 하기보다는 잘못된 행동을 하지 못하게 하려고 하기 때문이다. 이러한 관점에서 볼 때, 부모-자녀 관계치료는 아동의 문제행동을 예방하는 차원에서 큰 강점이 있다고 볼 수 있다.

부모-자녀 관계치료 훈련을 받고자 하는 이유는 매우 다양한데, 전형적인 아동의 적응문제, 부모-자녀 간 문제, 정서적 어려움을 경험하고 있는 아동들이 포함될 수 있다. 그러나 **집단에 참여할 수 없는 대상**(Guerney, 1976)**이 있는데**, 먼저 정신분열증, 정신지체 등과 같이 부모의 문제를 먼저 치료할 필요가 있는 부모들은 제외시킬 것을 추천한다. 또한 부모가 놀이치료 기술을 이해하고 습득하기에 지적 능력이 낮은 경우가 포함될 수 있다. 그러나 지적 능력이 낮은 부모라 하더라도 아동과 상호작용하는 데 어려움이 없다면 가능하지만, 치료적 관점에서 볼 때는 부모가 아동을 이해할 수 있도록 반응하는 데는 어려움이 있을 수 있다. 둘째, 부모가 자신의 욕구에 압도되어 있거나 부모 자신의 다른 정서적 문제우울, 자살 위험 등로 인해 아동의 욕구에 초점을 맞출 수 없는 경우이다. 이러한 경우에는 부모가 개별상담이나 치료를 통해서 부모들의 정서적인 문제를 해결하고 난 후에 부모-자녀 관계치료를 실시할 수 있다. 마지막으로 부모 중 한 명이 아동을 학대한 경우에도 학대받은 아동과 함께 부모-자녀 놀이치료를 진행하기에는 적절하지 않다. 이런 경우 아동은 자신의 정서적인 문제를 표현하는 데 어려움을 경험하게 된다.

5. 집단 구성

부모놀이치료FT 또는 부모-자녀 관계치료CPRT **훈련의 형태는 개별 또는 집단으로 운영이 가능**하다. 집단으로 운영하는 경우 슈퍼비전이나 집단의 효능성을 위해 6~8명 정도가 적당하며, 부부팀이나 개개 부모팀으로 구성할 수 있다. 개개 부모팀으로 운영하는 가운데 부부가 포함될 경우에는 나눔의 시간에 부부관계 문제가 나타나 지도자가 집단의 목표 외의 불필요한 일을 하게 될 수도 있다. 때로는 개인이나 한 쌍의 부부에게도 적용할 수 있는데, 자녀를 데려와서 실제 놀이 회기를 가지고 지도감독을 받을 수 있다. 그러나 개별 구성보다는 집단 구성이 선호된다. 그 이유로는 집단역동의 특징과 다른 부모들을 통한 대리학습이 가능하기 때문이다. 또한 참가자들끼리 집단 내에서 서로 간에 지지를 얻게 될 수도 있다. 집단으로 운영되는 경우, **보통 10회기로 주 1회 2시간 정도 진행**이 되며 이 시간 동안은 교육, 놀이 회기 동영상자료 시청, 역할놀이 및 지지적인 피드백이 포함된다.

부모들은 배운 **기술을 가정에서 특별 놀이시간을 진행하게 되는데, 주 1회 30분 정도가 적당**하다. 부모, 문제 아동부모가 놀이 회기를 가지고자 생각한 아동, 다른 형제자매 모두가 포함될 수 있는데, 훈련과정에서는 한 부모와 한 자녀가 시행하는 것이 좋다. 그러나 부모 모두가 훈련을 받는 경우, 자녀가 2명이라면 부모 각각이 한 명씩의 자녀와 함께 진행할 수 있다. 예를 들어, 부모 중 어머니가 훈련을 받고 있고 자녀는 2명인 경우라면, 어머니가 문제 아동과 놀이시간을 진행하고 다른 형제자매는 아버지와 다른 특별한 시간을 보낼 수도 있다.

6. 단계

부모-자녀 관계치료는 부모가 놀이 회기 기술에 대해 훈련 및 실습을 통해, 가정에서 독립적인 놀이시간을 실시하고 이를 일반화해 가는 단계를 거친다.

- 1단계 : 놀이 회기 기술의 교육 및 훈련
- 2단계 : 놀이 회기 기술 실습
- 3단계 : 가정 회기가정에서 놀이시간 갖기
- 4단계 : 전이 및 일반화
- 5단계 : 평가 및 추후 회기

1) 1단계 : 놀이 회기 기술의 교육 및 훈련

부모가 아동과 함께 놀이 회기를 가질 수 있도록 아동중심 놀이치료와 부모-자녀 관계치료에 대한 근거, 이론적 기반 및 기술에 대해 교육하고 훈련한다. 이 과정에서 치료자는 치료대상이 아닌 아동과 놀이 회기를 직접 진행하거나, 치료자가 진행한 놀이영상을 보여준 후, 부모가 직접 아동과 함께 놀이 회기를 진행해 보도록 한다. 이 단계에서 부모는 놀이 회기에 필요한 기술을 배우고, 실습하고, 놀이치료자 역할을 하게 된다.

2) 2단계 : 놀이 회기 기술 실습

치료자가 관찰하는 가운데 부모는 공감적 반응, 아동을 따라가기행동 읽어주기, 책임감 돌려주기 및 제한설정하기 등의 기술을 자신의 아동과 함께 실습하게 된다. 치료자는 일방경을 이용하거나 놀이치료실 한쪽에 조용히 앉아서, 부모가 대상 아동과 일대일로 놀이하는 것을 관찰하게 된다. 놀이 진행 후에 치료자는 부모에게 칭찬과 격려를 충분히 제공하고, 필요한 경우에는 더 나은 기술과 함께 체계적인 피드백을 제공하게 된다.

3) 3단계 : 가정 회기

부모가 놀이치료자로서의 기술을 익히게 되면 가정에서 특별한 놀이시간을 갖도록 한다. 가급적 한 명의 부모와 한 명의 대상아동이 가정에서 주 1회, 30분 동안 놀이 회기를 진행하게 된다. 치료자는 가정 회기의 원리를 미리 부모와 함께 논의해야 하고, 시간과 공간에 대한 구조화를 검토해야 한다. 이 과정에서 부모나 아동이 방해받지 않을 시간과 공간을 아동과 함께 정하는 것이 좋다. 그리고 부모들은 가정 회기에 대한 보고서를 작성하게 되는데, 회기 내용, 아동의 표현, 부모의 느낌, 부모의 걱정 등을 작성하여 치료자와의 다음 만남 시간에 가져오거나, 비디오로 촬영해서 집단 모임 시간에 치료자와 함께 볼 수 있다. 만약, 가정에서 놀이를 진행할 수 없는 경우에는 교육받는 곳에 설치된 치료실에서 진행하는 것도 가능하다.

4) 4단계 : 전이 및 일반화

부모로 하여금 놀이 회기의 원리와 삶에 대한 기술들을 자연스럽게 가정에 일반화시키도록 격려하는 과정으로, 많은 부모들이 이 시점이 되기 전에 자발적으로 일상생활 가운데 전이를 시작하게 된다. 치료자와 부모들은 자신의 감정, 아동의 감정, 목표 그리고 이루어야 할 목표의 세부사항들을 함께 분석하게 된다.

5) 5단계 : 평가 및 추후 회기

놀이 회기 동안 아동의 적응력이 향상되고 치료의 목적이 확인되면, 한 주에 한 번 진행하던 놀이를 격주 단위로 감소할 수도 있다. 치료자는 추후 회기를 통해 놀이 회기를 점차 줄여가는 과정에 대해 부모에게 교육하고, 이후에도 가정에서 놀이 회기를 진행할 수 있도록 격려한다.

7. 회기별 프로그램 구성

부모-자녀 관계치료Child-Parent Relation Therapy : CPRT 훈련 프로그램은 앞서 언급한 대로 랜드레스Landreth가 FTFilial Therapy, 부모놀이치료 기법을 10회기로 구조화한 프로그램이다(Bratton, Landreth, Kellam, & Blackard, 2006; Landreth & Bratton, 2006). 아동중심 놀이치료 기술을 부모에게 훈련시키고, 부모가 자녀의 삶에서 치료적 중재자가 될 수 있도록 하는 것이다. 부모-자녀 관계치료는 소그룹 형태로 주 1회, 2시간가량 이루어지는데, 부모들은 1주일에 30분씩 가정에서 아동과 특별한 놀이시간을 가진다. 구체적인 10회기의 구성은 다음과 같다.

표 10-1 CPRT의 회기별 구성

회기	내용
1회기	훈련목표와 반영적 반응
2회기	놀이세션의 기본 원칙
3회기	부모-자녀 놀이 회기 기술과 진행과정, 해야 할 것/하지 말아야 할 것(DO/DON'T)
4회기	슈퍼비전 형식과 제한설정, 가정 회기에 대한 슈퍼비전
5회기	슈퍼비전과 놀이 회기 기술 연습, 제한설정 복습
6회기	슈퍼비전과 선택권 주기
7회기	슈퍼비전과 자아존중감 형성 반응
8회기	슈퍼비전과 격려해주기 대 칭찬하기
9회기	슈퍼비전과 일반화하기 기술
10회기	평가 및 요약

1) 제1회기

1회기는 훈련의 목표를 설명하고, 자기소개, 가족 소개, 대상 아동의 특성을 이야기하는 회기이다. 훈련의 일관성을 유지하기 위해 부모는 훈련 동안은 단 한 명의 자녀에게 초점을 두는 것이 좋다. 훈련의 초점은 **아동에 대한 민감성을 발달시키는 것과 감정이입적 반응을 배우는 데 초점**을 둔다. 치료자는 부모들을 교육하거나 역할극을 시연하기도 한다. 본 회기의 과제로는 대상 아동의 행복감, 슬픔, 분노, 놀람 등과 같은 정서를 확인하고, 반영적 반응을 해보는 것으로 다음 회기에 발표한다.

Box 10-3

1회기 : 훈련 목표와 반영적 반응

1. 이름표와 부모용 교재를 나누어준다. 그리고 간단히 인사와 함께 집단을 환영한다

부모는 자신을 소개하고 여기에 오게 된 이유에 대해 이야기하는 시간을 가진다. 이를 통해 부모는 자신이 경험하는 문제가 혼자만의 문제가 아니라는 것을 느낄 수 있게 된다.

2. CPRT 훈련의 목표와 필수 개념에 대한 개관을 설명한다

- CPRT는 부모-자녀관계, 부모의 강점, 아동의 강점에 초점을 둔다.

- 아동의 놀이는 성인의 언어를 대신하기에, 아동은 놀이를 통해서 자신의 생각과 감정을 표현하게 된다. 이를 부모가 수용하고 이해하는 경험을 통해 아동의 문제를 예방할 수 있게 된다.
- 아동과 함께 할 놀이 회기에서 적용할 기술에 대해 배우게 될 것이고, 그 특별한 시간을 통해 부모와 아동에게 중요한 변화가 올 것이다.

3. 집단원들의 소개 시간을 가진다

- 부모는 자신과 가족 및 놀이 회기를 진행할 대상 아동에 대해 소개하는 시간을 가진다.
- 치료자는 부모의 노력을 인정하고 부모가 이미 가지고 있는 능력을 언급해 주면서 격려하는 시간을 가진다.

4. 반영적 반응에 대해 배운다

- 아동의 감정을 부모가 원하는 대로 바꾸려 하지 않고, 있는 그대로 이해하고 수용한다.
- 아동의 언어나 비언어적인 행동을 관찰함으로써 아동의 생각, 소망, 감정에 대해 반영해 준다.
- 감정 반영하기를 통해 부모의 민감성을 향상시킬 수 있고, 아동은 자신의 감정을 인식하고 언어로 표현하는 방법을 배우게 된다.

5. 감정 반영하기의 활동지를 통해 연습하는 시간을 가진다

다양한 상황에서 아동이 경험하는 감정이 무엇인지, 그리고 그 상황에서 아동에게 전달할 수 있는 부모의 반응을 연습한다.

6. 역할놀이를 진행한다

역할놀이와 시범을 보여 주는 것은 부모에게 결정적인 경험이 된다. 치료자가 먼저 보조지도자(또는 부모가 지원할 수 있음)와 함께 놀이에 대해 시연을 한 후, 부모들이 짝을 지어 아동과의 상호작용 상황에 대한 역할놀이를 진행한다.

7. 과제를 전달하며, 회기를 마무리한다

- 예전에 미처 보지 못했던 아동의 신체적 특징을 찾아본다.
- 활동지를 통해 반영적 반응에 대해 연습한다.
- 부모가 가장 좋아하고 가슴에 와 닿는 아동의 사진 한 장을 가져온다.
- 아동에게 30초 동안 순간적 주의집중하기를 연습한다.

출처 : Bratton et al.(2006) ; 최미경, 신나나, 김민정, 도현심(2013).

감정반영의 예

행복

아동 : 준영이는 할머니, 할아버지가 집에 오시면 무엇을 보여드릴지 부모에게 이야기한다.
아동의 느낌 : 흥분, 행복함, 기쁨
부모의 반응 : 네가 할머니, 할아버지가 오신다니까 기쁘구나.

슬픔

아동 : 나윤이가 키우던 햄스터가 죽었다. 나윤이는 자신이 햄스터의 먹이를 주었고, 햄스터가 자신을 쳐다보며 쳇바퀴를 돌았던 모습에 대해 이야기한다.
아동의 느낌 : 슬픔, 실망감
부모의 반응 : 네가 햄스터가 죽어서 슬프구나.

분노

아동 : 희서가 친구와 놀고 있을 때, 친구가 희서의 소방차 사다리를 부러뜨렸다. 희서는 울면서 부모에게 모든 일을 말하고, 이것이 모두 친구의 잘못이라고 설명한다.
아동의 느낌 : 분노, 화남, 흥분함
부모의 반응 : 네가 정말 친구에게 화가 많이 났구나.

두려움

아동 : 부모가 청소를 하는 동안 준성이가 방에서 놀고 있었다. 책을 담아 놓은 박스가 선반 위에서 준성이 뒤로 떨어져서, 깜짝 놀라 부모에게 달려 왔다.
아동의 느낌 : 두려움, 놀람(아동의 표정에 따라 다름)
부모의 반응 : 네가 많이 놀랐구나.

출처 : Bratton et al.(2006).

2) 제2회기

과제물을 검토하고, 반영적 반응에 대해 보다 상세히 설명한다. 반영적 반응을 부모들 중 지원자와 함께 시연한 다음, 치료자가 실시한 놀이 회기 영상을 시청한다. 다음에 부모들은 놀이실에 들어가서, 짝을 지어 역할극을 실시하는데, 부모역할과 자녀역할을 교대로 해 볼 수도 있다.

본 회기에는 **놀이 회기의 기본 원칙에 대해 설명**해주고, 부모들이 가정 회기를 진행할 수 있도록 구조화하는 방법에 대해 알려준다. 부모는 놀이 회기에 적합한방해받지 않을 시간과 장소의 선정, 놀잇감 상자와 함께 놀잇감 목록을 준비하기 위한 준비를 진행한다.

Box 10-4

2회기 : 놀이 회기의 기본 원칙

- 부모들에게 한 주간 있었던 일에 대해 물어보고 반영해 준다. 그리고 1회기에 내준 과제를 검토한다.
- 놀이 회기의 기본 원칙에 대해 설명한다.

놀이 회기의 기본 원칙

① 부모는 아동에게 질문을 하거나 제안하지 않고, 아동이 이끄는 대로 따라간다.
- 부모는 아동의 놀이를 주의 깊게 관찰하면서 민감하게 관심을 보여 준다.
- 아동이 놀이에 참여하면 부모도 정서적으로 적극적으로 참여한다.
- 30분 동안 부모는 '바보'가 되고, 해답을 주려고 하지 않는다.

② 부모의 주요 과제는 아동과 함께 공감하는 것이다.
- 아동의 놀이를 아동의 눈을 통하여 볼 수 있도록 경험한다.
- 아동의 욕구와 감정을 이해하고, 놀이에서 표현된 의미를 열심히 관찰한다.

③ 부모는 이해하고 있다는 것을 아동에게 전달한다.
- 아동이 무엇을 하고 있으며, 무슨 놀이를 하고 있는지를 언어로 반영한다.
- 아동이 말하는 것이 무엇인지 반영한다.
- 아동이 느끼고 있는 감정들을 반영한다.

④ 부모는 아동이 하는 행동에서 제한이 필요한 경우, 제한을 분명하고 일관성 있게 제시한다.
- 제한은 아동이 자신의 행동에 대한 책임을 질 수 있게 하는 방법으로 자기 통제력을 기를 수 있게 도와준다.
- 제한은 시간제한, 놀잇감 및 물품들을 파손하지 않는 것, 부모 혹은 아동에게 신체적으로 상처를 입히지 않는 것 등에 대하여 설정한다.
- 제한은 오직 필요한 경우에만 설정하고 일관성 있게 적용한다.

3. 놀이 회기의 놀잇감과 놀잇감 상자에 대해 설명한다.
   - 놀이 회기를 위한 놀잇감 목록을 나누어 주고, 놀잇감에 대해 설명한다.
   - 놀잇감 상자는 놀잇감을 넣어두는 공간으로, 가정 회기인 특별한 놀이시간에만 사용할 수 있도록 한다. 놀잇감은 새것일 필요가 없음을 강조한다.

놀잇감 상자와 놀이 공간 준비

4. 놀이 회기를 위한 시간과 장소를 선택한다.

   특별한 놀이시간을 가질 장소는 부모가 생각하기에 아동이 산만하지 않을 장소를 선택해야 한다. 또한 놀이시간은 여러 다양한 상황에 방해받지 않는 시간을 선택하는 것이 좋다. 특히, 놀이시간은 매주 같은 날짜와 시간에 실시할 수 있도록 전달한다.

놀잇감 목록

구분	내용
실제 생활/ 양육하기 놀잇감	작은 아기 인형, 우유병, 의사가방, 장난감 전화기 2대, 인형 가족, 가축 가족, 야생동물, 놀이용 돈, 자동차, 트럭, 플라스틱 접시(선택사항 : 꼭두각시, 인형 가구, 분장용 품목)
행동으로 표현하는 공격성 표출 놀잇감	다트 총, 고무칼, 밧줄, 공격적인 동물 1~2개, 작은 군인 인형(두 팀), 마스크(선택사항 : 장난감 수갑과 열쇠)
창의적/ 표현적 놀잇감	놀이용 반죽, 크레용, 단순한 종이, 아동용 가위, 투명 테이프, 달걀 상자, 고리 던지기, 놀이용 카드 한 벌, 부드러운 공, 풍선 2개(선택사항 : 미술, 공예 재료, 소형 블록, 망원경, 탬버린, 요술지팡이)

5. 역할놀이와 기본 놀이 회기 기술을 연습한다.

   치료자는 부모들에게 놀이시범을 보이고, 부모들이 서로 짝을 지어 역할놀이를 하도록 한다.

6. 과제를 전달하며, 회기를 마무리한다.
   - 놀잇감 목록에 나와 있는 놀잇감을 준비한다.
   - 부모에게 가정에서 놀이 회기를 진행하기 적합한 시간과 장소를 생각해 온다.

3) 제3회기

놀이 회기 동안 '해야 할 것'과 '하지 말아야 할 것'에 관한 놀이치료 기술을 가르쳐 준다. 그리고 치료자가 아동과 함께 한 놀이 회기 영상을 보여준 후, 놀이실에서 역할극을 시연해 본다. 3회기를 마치고 나서 부모들은 가정에서 놀이 회기를 직접 하게 되며, 이를 위한 준비 및 확인하는 시간을 가진다. 3회기가 끝난 후 부모는 아동과 함께 만든 **"특별한 놀이시간, 방해하지 마세요."**라는 팻말을 문에 걸어두고, 첫 번째 가정에서의 놀이 회기를 진행하게 된다. 놀이 회기 후의 정리는 부모의 몫이며, 아동이 원한다면 부모를 도울 수는 있으나, 회기가 끝난 후에 계속해서 놀지 않도록 한다. 그리고 부모는 놀이 회기가 끝난 직후 놀이 회기 동안 일어난 일에 대해 기록해 둔다.

Box 10-5

3회기 : 부모-자녀 놀이 회기 기술과 진행과정

1. 부모들에게 한 주간 있었던 일에 대해 물어보고 반영해 준다. 그리고 2회기에 내준 과제를 검토한다.
2. 놀이 회기 동안 '해야 할 것과 하지 말아야 할 것'을 설명한다.

'해야 할 것' 규칙

____ 무대를 만들어 주어라(구조화) : 놀이 회기 전에 놀이장소 준비
____ 아동이 주도하게 하라.
____ 아동의 놀이 활동에 따라가는 사람으로 참여하라.
____ 아동의 놀이에 언어적인 추적반응(tracking)을 하라.
____ 아동의 감정을 반영하라.
____ 단호하고 일관성 있는 제한을 설정하라.
____ 아동의 노력에 격려를 하라.
____ 수용적으로 반영하라.
____ 언어적으로 적극적이어라.

'하지 말아야 할 것' 규칙

____ 어떠한 행동도 비판하지 말라.
____ 아동을 칭찬하지 말라.

____ 주도적인 질문을 하지 말라.

____ 놀이시간을 방해하는 일이 일어나지 않게 하라.

____ 정보를 주거나 가르치지 말라.

____ 설교하지 말라.

____ 새로운 행동을 시작하지 말라.

____ 수동적이거나 조용해서는 안 된다.

3. '해야 할 것'의 동영상 시청과 함께 실제 시범을 보인다.

치료자는 자신의 놀이 회기 동영상을 보여 주거나 아니면 보조강사 또는 부모들과 함께 놀이상황에 대한 시범을 보인다.

4. 부모들이 짝을 이루어 역할놀이를 진행한다.

5. 이번 주에 동영상 녹화를 할 부모 1~2명을 선정한다.

- 다음 회기에 부모-자녀 놀이 영상을 보기 위해 부모에게 동영상 녹화를 요청한다. 부모가 가정에서 놀이 회기를 녹화하기 어려운 경우에는 교육이 끝나고 나서 놀이실이 있는 상담실이나 교육실에서 진행할 수도 있다(부모는 동영상 촬영을 위해 놀이를 진행하는 날에는 아동을 데리고 와야 함).
- 녹화된 자료는 슈퍼비전을 위해서만 공유되며, 부모의 완전한 모습을 기대하지 않는다는 것을 전달한다.

6. 과제를 전달하며, 회기를 마무리한다.

- 놀이 회기에 사용할 놀잇감 상자를 완성하고, 놀이시간 및 장소를 확인한다.
- 아동과 함께 "특별한 놀이시간-방해하지 마세요."라는 표지를 만들고, 1~3일 전에 아동에게 예약카드를 준다.

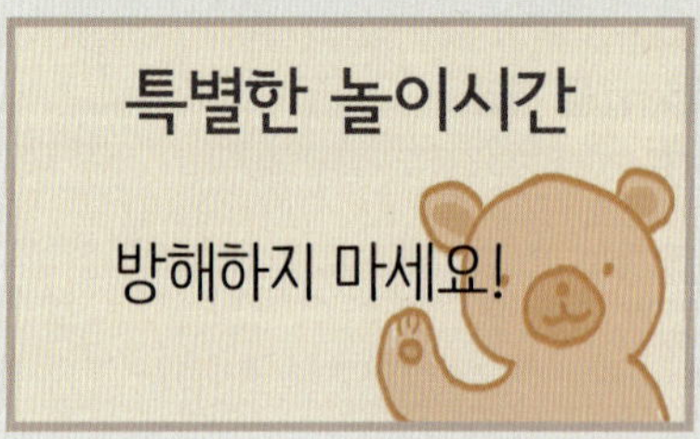

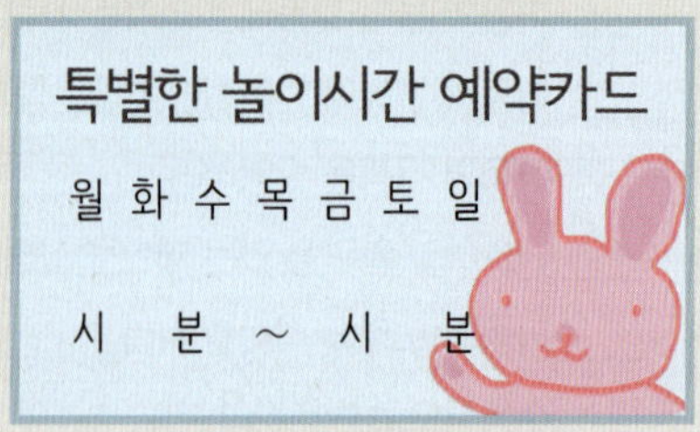

- 가정에서의 놀이 회기 전에 '놀이 회기 동안 해야 할 것과 하지 말아야 할 것'과 '놀이 회기 기술 체크리스트'를 확인하고 놀이 회기를 진행한다.
- 부모들에게 가정 회기를 동영상으로 녹화해야 한다는 사실을 알려주고, 녹화가 어려운 경우에는 놀이 회기에 대한 느낌을 적어온다.

4) 제4회기

부모들은 **첫 번째 가정에서의 놀이 회기에 대해 보고하고 어려웠던 점에 대해 이야기 나눈다**. 치료자는 부모가 경험한 감정에 대해 관심을 보여 주고, 부모의 놀이 영상을 보며 그에 대한 피드백을 해 준다. 부모의 놀이 영상을 보는 동안 치료자는 지적은 최소한으로 하고, 지지해줄 반응과 행동을 충분히 발견한 후 격려해 주어야 한다. 그리고 개개 참가자들은 자신의 놀이 회기에 대해 보고한다. 그리고 본 회기에는 **제한설정에 A-C-T 과정에 대해 설명**해 주고, 몇 가지 사례들을 통해 연습하는 시간을 가진다.

Box 10-6

4회기 : 슈퍼비전 형식과 제한설정

1. 부모들에게 한 주간 있었던 일에 대해 물어보고 반영해 준다. 그리고 과제를 검토한다.
2. 부모들이 진행한 가정에서의 첫 놀이 회기에 대해 이야기 나누고, 동영상 검토 및 슈퍼비전의 시간을 가진다.
   - 부모가 녹화해온 동영상을 보면서 부모의 강점과 노력에 대해 격려한다.
   - 놀이진행과정에서 궁금한 점이 있는지 또는 부모가 특별히 보여 주고 싶은 부분이 있는지를 물어보고 이야기 나눈다.
   - 부모가 변화해야 할 부분에 대해서 1~2가지 정도 언급한다.
3. 제한설정의 과정인 A-C-T에 대해 설명한다.
   - 놀이 동영상을 보면서 아동 행동에 대한 제한이 필요한 경우, 단호하고 일관성 있는 제한설정을 할 수 있도록 전달한다. 그리고 A-C-T 단계에 대해 설명한다.
   - 아동은 제한설정을 통해 선택과 결정에 대한 책임이 스스로에게 있음을 알게 된다.
4. 놀이 회기 기술과 제한설정에 대한 역할놀이를 진행한다.
   제한설정에 대한 치료자의 시범이나 부모들이 짝을 지어 연습해보는 시간을 가진다.
5. 이번 주에 동영상 녹화를 할 부모 1~2명을 선정한다.
6. 과제를 전달하며, 회기를 마무리한다.
   - 활동지를 통해 제한설정 단계에 대해 연습한다.
   - 가정에서 놀이 회기를 수행하고, 이를 기록한다.

A-C-T연습

예 민지는 보보인형(비닐로 만들어진 재질)을 나쁜 사람인 것처럼 때리면서 놀고 있다. 그리고 나서는 가위를 집어 들어서 보보인형을 찌르려고 한다. "(보보인형을 가리키며) 이 사람은 나쁜 사람이기 때문에, 내가 가위로 찌를 거예요!"라고 말한다.

A "민지야, 네가 보보인형을 찌르는 일이 재미있을 거라고 생각하고 있다는 것을 알고 있어."
C "하지만 보보인형은 가위로 찌르기 위한 것이 아니야."
T "넌 손으로 치거나 장난감 칼을 사용할 수 있어!"

연습) 놀이 회기 동안에 아동이 제한을 설정할 필요가 있다고 생각하는 상황을 떠올린다.

상황 :
A ______________________________
C ______________________________
T ______________________________

5) 제5회기

5회기에는 부모가 새로운 놀이 회기 기술을 배우고 연습할 때 그것을 지지하고 격려해 주는 것이다. 부모가 큰 부담을 가지지 않도록 새로운 자료를 제시하기보다, 가정에서 실시한 놀이 회기에 대해 보고하고 이야기 나누는 데 많은 시간을 가진다. 슈퍼비전을 실시하는 동안 치료자는 부모가 자신이나 아동과의 관계에서 느끼게 되는 감정에 민감할 수 있도록 반응한다.

Box 10-7

5회기 : 놀이 회기 기술 연습

1. 부모들에게 한 주간 있었던 일에 대해 물어보고 반영해 준다. 그리고 과제를 검토한다.
2. 부모의 놀이 회기 동영상을 검토하고 슈퍼비전 시간을 가진다.
   - 부모가 녹화해온 동영상을 보면서 부모의 강점과 노력에 대해 격려한다. 놀이영상에 대한 슈퍼비전은 CPRT 훈련을 성공적으로 이끌어 주는 필수적인 요소가 된다.
   - 놀이진행과정에서 궁금한 점이 있는지 또는 부모가 특별히 보여 주고 싶은 부분이 있는지를 물어보고 이야기 나눈다.
   - 부모가 잘했다고 생각하는 부분이 무엇인지, 더 연습하고 싶은 부분은 어떤 부분인지에 대해 물어본다.
   - 부모가 변화해야 할 부분에 대해서 1~2가지 정도 언급한다.
3. 제한설정 단계에 대해 복습하고, 역할놀이를 진행한다.
   - 동영상에서 제한설정하기에 관해 다룰 수 있는 부분이 있으면, 부모들과 공유하는 시간을 가진다.
   - 부모에게 제한설정 상황에 대한 활동지를 나누어 주고, 역할극을 통해 연습해 보도록 한다.
4. 이번 주에 동영상 녹화를 할 부모 1~2명을 선정한다.
5. 과제를 전달하며, 회기를 마무리한다.
   - 가족들과 함께 샌드위치 포옹을 한다.
   - 샌드위치 포옹 : 부모가 양쪽에 서서 빵이 되고, 아동은 잼이나 채소가 될 수 있다. 부모는 "우리는 샌드위치 포옹을 할거야. 엄마와 아빠는 빵이 될 건데, 너는 무엇이 되고 싶니?(또는 너는 잼이야)"라고 하며, 아동을 한껏 안아준다.
   - 가정에서 놀이 회기를 수행하고, 이를 기록한다.

6) 제6~9회기

6~9회기는 동일한 형식을 따르는데, 부모들이 놀이 회기에 대해 간단히 보고하고 이에 대해 치료자는 슈퍼비전과 교육을 진행한다. 부모들은 가정에서의 놀이 회기를 보고하고, 1~2명 부모의 놀이영상을 보며 슈퍼비전과 함께 토론을 진행한다. 또한 가정 놀이 회기 시 발생한 일에 대해 기록해온 부모의 반응에 대해 의견을 교

환한다. 치료자는 부모가 표현하는 감정에 주의를 기울이면서 CPRT 기술들을 언급해 준다. 놀이 회기 원칙 및 기술에 대한 훈련과 역할극은 매 회기 계속해야 하며, 부모의 대처 기술을 인정해 줌으로써 부모가 개인적인 유능감을 발달시킬 수 있도록 도와준다. **6회기에는 선택권 주기, 7회기에는 자아존중감 형성을 위한 반응, 8회기에는 격려하기와 칭찬하기**에 관한 반응에 초점을 둔다. 그리고 **9회기에는 부모가 그동안 배운 놀이 내용을 회기 밖에서도 일반화**할 수 있도록 돕는다.

Box 10-8

6회기 : 슈퍼비전과 선택권 주기

1. 부모들에게 한 주간 있었던 일에 대해 물어보고 반영해 준다. 그리고 과제를 검토한다.
2. 부모의 놀이 회기 동영상을 검토하고 슈퍼비전의 시간을 가진다.
   - 부모가 녹화해온 동영상을 보면서 부모의 강점과 노력에 대해 격려한다.
   - 놀이진행과정에서 궁금한 점이 있는지 또는 부모가 특별히 보여 주고 싶은 부분이 있는지를 물어보고 이야기 나눈다.
   - 부모가 잘했다고 생각하는 부분이 무엇인지, 더 연습하고 싶은 부분은 어떤 부분인지에 대해 물어본다.
   - 부모가 변화해야 할 부분에 대해서 1~2가지 정도 언급한다.
3. 선택권 주기를 연습한다.
   - 아동에게 의사결정을 하게 하고 문제를 해결할 수 있는 기회를 제공해 주는 것으로, 선택권 주기를 통해 아동의 잠재적인 문제 행동을 예방할 수 있다.
   - 선택권 주기는 아동에게 의사결정을 할 수 있는 권한을 길러주는 것으로, 놀이 회기 밖에서 힘겨루기의 갈등을 피할 수 있다.
   - 선택권은 아동의 발달단계에 적합한 것이어야 한다.

선택권 주기의 예

예 1) 3세 된 지윤이는 손에 사탕을 가득 움켜쥐고 모두 먹으려 한다.

- 부모의 반응 : "지윤아, 네가 사탕을 1개 먹고 나머지는 되돌려 놓거나, 아니면 모두 되돌려 놓을 수 있어. 어느 쪽을 선택하겠니?"

  만약, 지윤이가 사탕 2개 정도를 먹을 수 있는 경우라면,
- 부모의 반응 : "너는 사탕을 1개 아니면 2개 먹을 수 있어, 어느 쪽을 선택하겠니?"

예 2) 가족 규칙으로 저녁식사 전에 거실에 있는 장난감을 정리하기로 했다. 그리고 장난감을 정리하면 TV를 볼 수 있지만, 그렇지 않은 경우에는 TV를 볼 수 없다.

- 부모의 반응 : "네가 저녁식사 전에 장난감을 치우면 식사 후 30분 동안 TV를 볼 수 있지만, 장난감을 치우지 않는다면 TV 보는 것을 선택하지 않는 거란다."
- 장난감이 치워져 있지 않은 경우 : "네가 오늘 저녁에 TV를 보지 않기로 결정한 것 같구나."
- 장난감을 치우느라 바쁘거나 대부분 다 치운 경우 : "네가 오늘 저녁 TV를 보기로 선택한 것 같구나."

4. 놀이 회기 기술과 선택권 주기에 대한 역할놀이를 진행한다.
   시범이 끝난 후에는 부모들이 어렵다고 생각하는 몇몇 상황에 대해 그룹을 나누어서 연습해 보도록 한다.
5. 이번 주에 동영상 녹화를 할 부모 1~2명을 선정한다.
6. 과제를 전달하며, 회기를 마무리한다.
   - 놀이 회기 외의 시간에 적어도 한 가지의 선택권 주기를 연습한다.
   - 가정에서 놀이 회기를 수행하고, 이를 기록한다.

Box 10-9

7회기 : 슈퍼비전과 자아존중감 형성 반응

1. 부모들에게 한 주간 있었던 일에 대해 물어보고 반영해 준다. 그리고 과제를 검토한다.
2. 부모의 놀이 회기 동영상을 검토하고 슈퍼비전의 시간을 가진다.
3. 자아존중감 형성하기를 연습한다.
   - 아동이 유능감을 갖기 위해서는 스스로 발견하고, 이해하며, 문제를 해결하기 위한 경험을 해야 한다.
   - 부모가 아동의 노력과 강점에 대해 격려하고 인정해 줌으로써, 아동은 유능감과 자신에 대한 긍정적인 시각을 발달시킬 수 있다.

자아존중감 향상을 위한 반응의 예

예) 아동이 놀이용 반죽 통의 뚜껑을 열려고 여러 번 시도한 끝에 드디어 뚜껑을 열 때,

- 부모의 반응 : "네가 해냈구나!"

아동이 놀이용 반죽 통의 뚜껑을 열려고 여러 번 시도를 했으나 결국 뚜껑을 열지 못했을 때.

- 부모의 반응 : "너는 끈기 있게 그것을 해결하려고 하는구나."
  "너는 끝까지 해 보려고 애쓰는구나."
  "네가 알아냈구나!"
  "너는 그것을 정말 열심히 했구나."
  "너는 그것을 알아낼 때까지 포기하지 않았구나."
  "너는 계획이 있는 것 같구나."
  "너는 ~에 관해 많이 알고 있는 것 같구나."
  "네가 그렇게 만들어진 것이 좋은가 보구나."
  "네가 ~을 결정했구나."

4. 놀이 회기 기술과 자아존중감 형성 및 아동에게 책임감 돌려주기 반응에 대해 역할놀이를 진행한다. 시범이 끝난 후에는 부모들이 어렵다고 생각하는 몇몇 상황에 대해 그룹을 나누어서 연습해 보도록 한다.
5. 이번 주에 동영상 녹화를 할 부모 1~2명을 선정한다.
6. 과제를 전달하며, 회기를 마무리한다.
   - 자아존중감 형성반응에 대해 연습한다.
   - 아동에 대해 부모가 긍정적으로 생각하는 특성을 찾아서 기록한다.
   - 가정에서 놀이 회기를 수행하고, 이를 기록한다.

Box 10-10

8회기 : 슈퍼비전과 격려해주기 대 칭찬하기

1. 부모들에게 한 주간 있었던 일에 대해 물어보고 반영해 준다. 그리고 과제를 검토한다.
2. 부모의 놀이 회기 동영상을 검토하고, 슈퍼비전의 시간을 가진다.
3. 격려하기 반응에 대해 연습한다.
   - 격려반응은 칭찬하기의 개념과는 다르며, 아동을 있는 그대로 받아들이고 가치를 인정해 주는 것이다.
   - 아동이 기여한 일과 노력, 내적인 평가에 초점을 맞추어 줌으로써 자기동기화와 통제를 개발할 수 있게 된다.

- 노력을 인정하고 증진시킬 수 있는 격려반응
  "네가 해냈구나." 또는 "네가 알아냈구나."
  "네가 정말로 열심히 했구나."
  "네가 그것을 알아낼 때까지 포기하지 않았구나."
- 자신감을 보여 주기 위한 격려반응
  "그것은 힘든 일이야. 하지만 나는 네가 해낼 것이라고 믿어."
  "네가 계획이 있는 것 같구나."
  "네가 ~에 대해 많이 알고 있는 것 같구나."
- 기여하기, 장점, 감사하기에 초점을 두는 격려반응
  "고마워, 정말로 큰 도움이 되었어."
  "네가 ~한 것은 사려가 깊구나."
  "네가 ~를 해 줘서 정말로 고마워."

4. 놀이 회기 기술과 격려반응에 대해 역할놀이를 진행한다.
   시범이 끝난 후에는 부모들이 어렵다고 생각하는 몇몇 상황에 대해 그룹을 나누어서 연습해 보도록 한다.
5. 이번 주에 동영상 녹화를 할 부모 1~2명을 선정한다.
6. 과제를 전달하며, 회기를 마무리한다.
   - '격려하기'와 '칭찬하기'에 대해 연습한다.
   - 놀이 회기 외에 가장 힘들어하는 한 가지 문제에 대해 기록한다.
   - 가정에서 놀이 회기를 수행하고, 이를 기록한다.

Box 10-11

9회기 : 슈퍼비전과 일반화하기 기술

1. 부모들에게 한 주간 있었던 일에 대해 물어보고 반영해 준다. 그리고 과제를 검토한다.
2. 부모의 놀이 회기 동영상을 검토하고 슈퍼비전의 시간을 가진다.
3. 놀이 회기 외의 시간에 기술을 일반화할 수 있도록 하고 제한설정하기와 선택권 주기를 어떻게 사용할지에 대해 논의한다.

4. 놀이 회기 기술과 자녀 격려하기에 대해 역할놀이를 진행한다. 시범이 끝난 후에는 어렵다고 생각하는 몇몇 상황에 대해 그룹을 나누어서 연습해 보도록 한다.
5. 이번 주에 동영상 녹화를 할 부모 1~2명을 선정한다.
6. 과제를 전달하며, 회기를 마무리한다.
   - 놀이 회기 외 시간에 자녀와 상호작용하는 동안 신체적 접촉을 할 수 있도록 한다. 예를 들면, 자녀하고 레슬링하기는 좋은 놀이가 될 수 있다.
   - 놀이 회기 외에 가장 힘들어하는 한 가지 문제에 대해 기록한다.
   - 가정에서 놀이 회기를 수행하고, 이를 기록한다.

7) 제10회기

부모는 가정에서의 놀이 회기를 보고하고, 놀이 동영상을 시청하며, 놀이 경험에 대한 부모들의 평가, 부모 자신과 아동이 어떻게 변했는지 등에 대해 이야기를 나눈다. 각각의 부모들은 다른 부모들에게서 발견한 긍정적 변화에 대해 이야기 나누고, 치료자는 부모들이 1회기에 보고했던 부모나 아동의 특성을 언급하며, 긍정적으로 향상된 부분을 알려주고, 평가하는 시간을 가진다. 계속적인 도움이 필요한 부모혹은 아동는 도움을 받기 위한 일정을 정하기도 한다.

Box 10-12

10회기 : 평가 및 요약

1. 부모들에게 한 주간 있었던 일에 대해 물어보고 반영해 준다. 그리고 과제를 검토한다.
2. 부모의 마지막 놀이 회기 동영상을 검토하고 슈퍼비전하는 시간을 가진다.
   - 훈련의 어느 부분이 가장 도움이 되었는가?
   - 어느 부분이 가장 큰 관심사인가?
   - 그 밖의 관심사나 이슈들은 어떤 것이 있는가?
   - 부모와 아동의 행동은 어떻게 변화했는가?
3. 부모의 경험을 나눈다.
   - 부모에게 가장 의미 있는 경험에 대해 이야기 나눈다.

- 10주 전과 비교할 때 지금의 부모와 아동의 모습에 대해 이야기 나누고, 치료자는 변화를 위해 노력한 부모들을 지지해 준다.

4. 특별 놀이시간을 계속할 수 있도록 격려한다.
   - 특별 놀이시간을 계속하도록 격려하는 것은 아무리 강조해도 지나치지 않다.
   - 경우에 따라서는 그들이 추후 지속적인 만남을 이어갈 수 있도록 자조집단(지지집단)을 만들 수도 있다.
5. 참여한 부모들에게 이수증 또는 수료증을 나누어준다.

CHAPTER

11

아동상담에서의 부모상담

1. 부모상담의 필요성 및 특성 | 2. 부모상담의 기법 | 3. 부모상담의 과정 |
4. 부모 유형에 따른 상담전략 | 5. 부모상담 시 주의할 점

1. 부모상담의 필요성 및 특성

1) 부모상담의 필요성

부모는 아동이 최초로 관계를 맺는 대상으로 자녀의 심리 · 정서발달 및 행동에 지대한 영향을 미치는 매우 중요한 환경이라 할 수 있다. 특히, 생의 초기에 부모역할은 아동의 건강한 성장 및 발달을 유도하는 중요한 요인이라 볼 수 있다. 특히, 부모의 온정적이고 애정적인 양육은 아동의 건강한 발달에 영향을 미치지만, 거부적이고 통제적인 양육은 공격성과 같은 부정적인 행동에 영향을 주게 된다(도현심 외, 2013 ; Belsky, 1984 ; Kim et al., 2011). 따라서 아동의 심리 · 정서 및 행동적인 문제 행동을 개선하기 위해서는 부모를 대상으로 한 개입이 필수적이라고 볼 수 있다(김광웅 외, 2009). 실제로, **아동상담의 효과가 극대화되기 위해서 부모상담은 아동상담과정에 반드시 포함되어야 할 요소라고 볼 수 있다**. 부모상담을 통해 효율적인 부모역할을 수행할 수 있도록 지원함으로써 상담의 효과를 높이는 것 외에도, 상담자는 부모를 통해 아동의 일상생활에 대해 좀 더 잘 이해할 수 있는 정보를 얻고, 아동의 놀이가 의미하는 것을 이해할 수 있는 단서를 얻을 수 있다. 이러한 정보를 통해, 상담자는 아동에게 좀 더 민감해지고 감정이입을 더 잘할 수 있게 된다.

아동상담에서 부모상담은 매우 중요한데(신숙재 등, 2000), 먼저 부모상담을 통해 부모는 아동의 정서 및 사회적 발달에 도움을 주어 아동의 변화를 긍정적으로 도울 수 있다. 둘째, 부모상담을 통해 부모–자녀 간 갈등의 원인을 파악하고 깨닫게 되어 아동을 이해하는 데 도움을 줄 수 있다. 마지막으로 부모상담을 통해 상담을 종료한 이후에도 아동이 긍정적으로 성장하고 발달하기 위해서는 부모가 불안감을 느끼지 않고 지속적으로 안정된 환경을 유지하는 데 도움을 주게 된다.

따라서 아동의 심리적인 어려움은 물론 가족의 역기능적 기능을 개선시키기 위해서 부모상담은 반드시 필요하며, 부모가 건강한 역할을 할 수 있을 때 아동상담은 더욱 효과를 발휘할 수 있게 되는 것이다.

2) 부모상담의 특성

부모상담은 아동상담 장면에서 실시되는 것으로 아동상담 전후에 20분가량 진행되는 경우가 있고, 독립된 회기에 부모나 상담자의 요청에 의해 진행되는 경우가 있다. 보통은 아동상담 전후에 진행되는 경우가 많은데, 가급적 아동상담 전에 진행하는 경우가 더 바람직하다. 그 이유로는 아동과의 상담 후에 부모와 들어가서 상담을 하게 되면, 아동에게 불필요한 불안을 야기시킬 수가 있기 때문이다. 따라서 비밀유지를 통한 아동과의 신뢰로운 관계를 형성하기 위해서는 아동상담 전에 부모상담을 진행하는 것이 더 좋다. 부모상담의 시간이 더 필요한 경우나 매 회기 진행과정에서 부모상담의 진행이 어려운 경우는 독립된 회기로 진행할 수도 있다.

2. 부모상담의 기법

아동상담은 성인상담과는 달리, 아동이 자발적으로 상담센터에 찾아오는 경우보다 부모에 의해 시작되는 경우가 많다. 따라서 아동상담의 시작부터 종결까지가 성공적으로 이루어지기 위해서는 부모와의 건강한 관계를 형성하고, 이들을 **치료적 동반자로서 함께 하는 것이 무엇보다도 중요**하다. 특히, 부모상담을 통해 상담자와 부모 간에 신뢰로운 관계가 형성되는 것은 이후 상담의 진행과 더불어 상담의 목표를 달성하는 데도 중요한 역할을 한다. 이를 위해 부모상담과정에서 치료적 동맹을 맺기 위한 몇 가지 방법을 소개하고자 한다.

1) 신뢰관계 형성하기

상담자가 부모와의 성공적인 상담이나 이후 긍정적인 관계를 유지하기 위해서는 신뢰로운 관계 형성이 매우 중요하다. **신뢰는 건강한 관계 형성을 위한 필수적인 요소**로, 부모들이 자신의 의견을 상담자와 나누는 데 있어 안전하다고 느낄 수 있는 분위기를 형성하는 데서부터 시작된다. 상담자는 부모와 나누는 이야기가 비밀 유지가 되며, 열린 분위기에서 편안하게 이야기 나눌 수 있는 존중할 만한 모델이 될 필요가 있다.

> 예 부모와 이야기를 나누는 이 시간은 평가의 시간이 아닌 특별한 시간이며, 부모가 하는 말이나 행동은 모두 비밀로 할 것임을 알린다. 혹 부모가 필요하다면 이야기하는 것은 가능하지만, 상담자는 비밀로 할 것임을 알려준다. 경우에 따라서 부모가 불편하게 느끼는 내용이 있다면, 언제든 이야기하고 싶을 때 말할 수 있음을 함께 전달하는 것도 좋다.

2) 경청

경청은 상담에서 가장 흔히 사용되는 기술로 겉으로만 부모의 말을 듣는 것이 아니라, 부모의 말에 귀를 기울이고, 부모의 의견에 판단을 내리지 않으며, 인정하는 반응이다. 부모의 입장에서는 상담자가 부모의 이야기를 진지하게 들어주는 데 대한 감사함이 커, 이 자체만으로도 큰 힘을 얻게 되는 경우가 많다. 경험이 부족한 상담자는 가능하면 도움이 되는 말을 많이 해주어야 한다는 책임감이나 부담감 때문에 경청을 제대로 하지 못하는 경우가 많다.

> 예 상담자는 부모가 이야기를 할 때 집중하도록 하며, 부모를 쳐다보며 간간이 고개를 끄덕여줌으로써 부모의 말에 관심을 기울이고 있음을 보이도록 해야 한다. "음", "아, 그렇구나." 등의 반응을 하는 것도 도움이 된다.

3) 수용

상담자는 부모가 털어놓은 이야기를 잘 경청하여 부모의 정서를 이해해야 한다. 상담자는 상담을 요청한 부모의 마음과 현재의 어려움에 대해 판단하지 말고 있는 그대로 받아들여주는 자세가 필요하다. 즉, 부모가 어떤 문제가 있든, 결함이 있든, 잘못이 있든 관계없이 한 인간으로 존중하는 마음으로 받아들여야 한다. 그 사람의 행동에 대해 칭찬하거나 승인하지도 않으면서 과장하거나 왜곡하지도 않으면서 있는 그대로의 사실로 인정하고 받아들이는 것을 수용이라 한다(안영진, 장선철, 2005). 진정한 수용의 자세를 갖추지 않은 상담자는 부모의 이야기를 경청하거나 이야기 속의 숨은 의도나 속뜻을 놓칠 수도 있다.

> 예 상담자는 언어적으로나 비언어적으로 부모가 느끼는 정서를 판단하거나 비판하지 않고, 무조건적으로 받아들여주는 자세가 필요하다.

4) 질문

부모가 일단 어떤 이야기를 했을 때 상담자가 거기에 대해서 그 이상의 정보를 얻고자 할 때 사용한다. 상담자가 더 알고자 하는 내용을 직접 물어볼 수도 있고 부모가 한 이야기를 좀 더 자세하게 말해 달라고 할 수도 있다. 질문은 일상생활에서도 흔히 사용되지만, 상담에서는 상담 상황이나 부모 및 상담자의 입장을 고려할 필요가 있다. 즉, 같은 내용이라도 어느 시점에서 질문을 던질 것인지, 어느 수준으로 질문할 것인지, 직접적으로 물을 것인지, 돌려서 물을 것인지 등에 대한 고려가 필요하다.

> 예 어머니 : 인우가 동생을 자주 때리네요.
> 상담자 : 일주일이나 하루 기준으로 몇 번 정도 그런 일이 일어나나요?
> 어머니 : 매일 아침에 눈뜨자마자 그래요.
> 상담자 : 인우가 그런 행동을 할 때, 어머니는 주로 어떻게 반응을 하시나요?

5) 공감적 반응

공감은 동감이나 동정과는 다른 것이며 상담자가 느끼기만 해서는 안 되고 반응으로 보여야 하는 것이다. 즉, 부모의 감정을 상담자의 입장에서 느낀 대로 다시 부모에게 말로 표현해 주는 것이다. 하지만 반드시 언어적 표현일 필요는 없으며, 언어의 내용보다는 상담자가 보이는 어투, 목소리 톤, 시선, 표정, 미소, 손 움직임 등과 같은 비언어적인 요소가 더욱 중요할 수 있음을 기억할 필요가 있다. 한 예로, 부모의 이야기에 상담자가 "저는 모두 이해할 수 있어요."라는 언어적 메시지를 전달했지만, 상담자의 표정이나 어투가 진심으로 전달되지 않는다면, 언어의 내용적 전달은 의미가 없어지게 되는 것이다. 공감은 항상 언어와 비언어가 일치할 때, 그 힘이 배가 될 수 있다.

> 예 어머니 : 우리 경수는 친구들과 사이좋게 지내지를 못해요. 어쩌죠?
> 상담자 : (속상한 마음을 담아) 그랬군요. 친구들과 사이좋게 지냈으면 하는데, 그러지 못해서 많이 속상하셨겠어요.

6) 명료화

부모는 보통 자녀의 문제에 대해 객관적인 입장에서 이야기할 수 없으며, 안정된 감정상태를 유지하기 어려우므로 이야기가 장황하거나 두서가 없을 수 있고, 때로는 반복되거나 생략되는 등 분명하지 않은 경우가 많다. 이런 경우 상담자는 자신이 경청한 내용에 대해 객관적인 입장에서 문제의 요지를 단순하게 정리해줄 필요가 있다. 이렇게 함으로써 부모는 자녀의 문제에 대해 통찰을 얻게 될 수 있다.

> 예 어머니 : 서윤이는 글자에는 관심이 있는데, 통 숫자에는 관심을 보이지 않아요. 제가 매일 숫자공부를 시켜주는데… 지금 어느 정도 숫자를 세야 정상인지… 옆집 민수는 숫자는 잘하는데, 글자는 우리 서윤이만 못한 것 같고….
> 상담자 : 서윤이가 숫자에 관심이 없는 것 같아 걱정하셨군요. 연령에 따른 글자나 숫자의 이해 정도도 궁금하셨고요. 보통 학교 가기 전에 간단한 글자를 읽고 쓸 수 있으면 돼요. 숫자는 50까지 세고 10단위 이하의 간단한 덧셈이나 뺄셈을 할 수 있으면 충분하고요.

7) 해석

상담을 하다 보면 자녀가 현재 겪고 있는 어려움이 어떤 과정을 거쳐서 어떤 요인들에 의해서 발생하게 되었는가를 부모보다 상담자가 먼저 알게 되는 경우가 많다. 이런 경우 상담자는 나름대로의 추리를 부모에게 설명해줌으로써 부모의 이해를 돕는 것이 문제해결에 큰 도움이 된다. 해석은 부모가 여태까지 의식하지 못했던 것을 의식할 수 있게 한다는 점에서 매우 큰 힘을 발휘하게 된다. 그러나 주의할 점은 부모가 아직 받아들일 수 있는 준비가 되어 있지 않은데, 너무 성급하게 해석을 하면 오히려 부모에게 해를 미칠 수 있다. 한꺼번에 여러 가지를 해석하는 것도 주의하여야 한다. 또한 상담자의 해석은 진실이라기보다는 추리라는 점도 잊지 말아야 한다. 따라서 해석의 경우는 상담의 초기 과정이 지나고 부모와의 관계 형성이 어느 정도 된 이후에 실시하는 것이 더 긍정적일 수 있다.

예 어머니 : 요사이 아이들에게 자주 짜증을 내게 돼요. 남편은 아이들 돌보는 일에 참여하지도 않고. 제가 힘이 드니까… 아이들이 자꾸 눈치보고 그래요. 걱정이 돼요.

상담자 : 남편분과 어려움을 겪게 되면 마음이 혼란되고 그러다 보면 자녀에게 친절하게 할 여유가 없어질 수 있죠.

8) 지도 및 교육

상담자와의 상담을 통해 부모 스스로 답을 얻어갈 수 있도록 도와주는 것이 가장 효과적인 상담이지만 경우에 따라 그렇지 못할 때가 있다. 부모가 올바른 선택과 결정을 하기 어려운 경우에 상담자는 가장 적극적인 상담 기술을 사용하여 부모에게 도움이 되는 내용을 지도하거나 교육할 수 있다.

예 어머니 : 준호가 요즘 자신감이 너무 없어지고 의존적으로 된 것 같아요. 뭔가를 할 때는 제 눈치를 보는 것 같기도 하구요. 그래도 나중을 위해서는 엄하게 하는 게 나을 것 같아요.

상담자 : 아이들은 자신이 계획한 것을 성취해 보는 경험을 통해서 자신감을 경험할 수 있습니다. 평상시에 준호가 보이는 작은 일에 관심을 보여 주시고, 격려해 주시면 좋을 것 같아요. 더불어 부모가 자녀의 일에 지나치게 간섭하고 권위주의적인 태도를 보이는 것은 자녀를 더욱 의존적이게 할 수가 있습니다. 따라서 자녀가 보이는 행동 이면의 마음을 먼저 공감해 주시고, 정말 안 되는 행동에 있어서는 일관된 단호함을 보여 주실 필요가 있습니다.

3. 부모상담의 과정

1) 첫 만남

부모상담의 과정에서 상담자는 부모와 첫 만남을 하게 되는데, 첫 만남에서의 목표는 부모의 이야기를 잘 들어주고 공감해 주는 것이다. 부모에게 아동에 대한 지나친 조언은 금해야 하는데, 그 이유는 상담자와 부모 간의 아직 라포르rapport 형성이 이루어지지 않았으며, 또한 부모가 제안을 좋아하지 않는다면 부모의 감정이 상하여 치료를 시도하지 않을 가능성이 있기 때문이다. 따라서 상담자는 경청과 공감을 통해 부모 자신이 능력 있는 존재임을 느끼도록 돕는 것이 첫 만남에 있어서 상담자에게 가장 중요한 과제라고 할 수 있다.

2) 의뢰하기

상담자가 자신의 전문영역을 벗어난다고 판단하는 경우에는 주의 깊게 타 기관에 의뢰할 필요가 있다. 자신이 아동과 부모의 문제를 해결할 수 있다고 생각하여 치료에 임하는 것보다는 자신의 전문적인 경계boundary에 대해 인식하고 타 기관에 의뢰하는 것이 치료과정에서 긍정적인 결과를 얻을 수 있는 좋은 기회를 마련해준다.

3) 접수면접

접수면접의 주요 목적은 의뢰한 이유, 현재 나타나는 문제, 그리고 현재 문제와 관련된 변화에 관한 자료를 얻는 것이다. 이는 아동에게 사용하는 훈육방식이 어떤지, 가족의 문제를 부모들은 어떻게 인식하는지 등등의 정보를 얻기 위함이다. 이런 정보들은 전체적인 치료 목표를 설정할 때에도 도움이 되기 때문에 접수면접을 통해 세부 정보들을 얻는 것은 치료에 있어서 중요한 과정이다. 상담자는 접수면접을 위한 약속을 정할 때 가능하다면 양육자 모두가 초기 세션에 참여하게 하면 좋다. 부모가 아동에 대해 가지고 있는 각자의 개인적인 생각이나 공통적인 인식, 부모들 서로의 관계에 관한 정보를 얻을 수 있기 때문이다.

4) 부모의 감정 반영하기

부모와 상담하는 과정에서 상담자가 사용해야 할 기본적이고 가장 강력한 기법은 반영하기reflecting와 공감하기empathizing이다. 부모의 감정을 반영하고 공감하기를 통해서 부모와 상담자 간의 라포르 형성이 확장되며 이런 확장을 통해 부모는 부모로서 한 개인으로서 자기-수용, 자기-인식, 그리고 자기-확신을 가질 수 있다.

5) 정보 얻기 : 부모가 사용하는 표현 명확하게 하기

구체적인 정보 얻기는 반영이나 공감기법과 마찬가지로 중요하다. 하지만 어떠한 질문이나 패턴, 형식으로 정보를 얻을 것인지는 상담자가 전문적인 판단을 해서 실행하여야 한다. 이 과정에서 부모가 이야기하는 정보가 명확하지 않을 때, 상담자는 더 구체적인 표현을 통해서 부모가 사용하는 의미를 명확하게 할 필요가 있다.

6) 부모의 치료 목표 정하기

상담자는 부모에게 치료를 통해 얻고자 하는 구체적인 목표와 결과에 대해 정확히 물어봐야 한다. 이는 부모가 그들 자신이 원하는 것이 무엇인지 명확하게 인식하지 못할 수도 있기 때문이다. 치료 목표를 구체적으로 정해야 하는 이유는 부모가 원하는 목표가 무엇인지 명확하게 알아보는 것만으로도 달성 가능한 목표로 수정해 볼 수 있는 기회가 주어지기 때문이다. 이 과정에서 상담자는 부모의 치료 목표뿐만 아니라 아동이 원하는 치료 목표도 생각해 보아야 한다. 아동이 원하는 치료 목표가 부모와는 크게 다를 수 있기 때문이다.

7) 부모의 노력 지지하기

부모의 노력을 지지하는 것은 치료 결과를 극대화시키는 데 필수적이다. 부모들에게 치료의 목표, 놀이 회기의 전반적인 특성, 그리고 치료진행과정에 관해 설명해 주어야 한다. 아동이 치료가 끝나고 돌아가는 곳은 부모들이 있는 가정이고, 그 부모들은 아동의 생활과 환경 전반에 중요한 영향을 미치기 때문에 부모의 도움을 얻지 못한다면 치료는 실패로 끝날 가능성이 크다. 그렇기 때문에 상담자는 부모의 기술, 노력 그리고 특히 그들의 성공 가능성에 대한 많은 긍정적인 측면을 인정하고 지지해야 한다.

8) 부모교육

부모교육 훈련은 아동 놀이치료에서 필수적이다. 교육과 훈련을 통해 부모는 아동이 무엇을 어떻게 생각하고 느끼는지에 대해 배운다. 상담자는 부모교육을 통해 아동의 복잡한 특성, 개성 그리고 발달적 문제를 더 효과적이고 적절하게 다루는 방법을 알려주어야 한다. 또한 아동을 대하는 적절하고 일반적인 행동이 어떤 것인지에 관한 정보도 제공해야 한다.

9) 부모에게 놀이치료 설명하기

부모는 자녀가 경험하는 놀이치료에 대해 이해해야 한다. 치료자는 치료 절차, 위험성, 예후, 이상적이고 현실적인 결과 등의 정보를 부모에게 제공해야 한다.

4. 부모 유형에 따른 상담전략

부모상담 시 상담자는 개별 부모의 특성을 잘 파악하고, 신뢰관계를 형성하는 것이 필요하다. 상담현장에서 자주 접하게 되는 부모의 유형별로 상담자가 대처할 수 있는 방법을 제시하면 다음과 같다(김광웅, 김은주, 진화숙, 2008).

1) 저항적인 부모

상담을 반대하는 부모의 한 유형으로, 대부분 아버지가 이 역할을 하는 경우가 많다. 상담과정에는 가족에 대해 상세하고 예민한 정보를 나누는 것이 필요한데, 부모가 치료가 필요 없다고 믿고, '우리는 우리 문제를 해결할 수 있어요' 또는 '어느 누구도 내 아이를 키우는 방법에 대해 나에게 말할 수 없어요'라고 생각하는 경우에는 상담에 어려움이 발생하게 된다. 이런 부모들의 경우는 다른 사람을 수용하지 못하고 신뢰하는 능력이 부족한 경우라고 볼 수 있다. 따라서 상담자는 이런 부모의 마음을 충분히 반영하고 공감해 줄 필요가 있으며, 힘겨루기는 피해야 한다. 예를 들면, **"당신은 당신이 생각할 수 있는 다양한 방법으로 노력해 보았지만, 해결이 잘 되지 않았다는 거군요. 또한 가족이 아닌 다른 사람으로부터 도움을 청한다는 것이 당황스럽기도 하고요."**라고 반영해줄 필요가 있다.

2) 하나의 직업으로서의 부모역할

밖에서의 직업을 가지지 않은 부모들은 가정 내에서의 행복과 조화를 성취하고 유지하는 건강한 가정을 만드는 것이 일job이 될 수 있다. 만약 가족에게, 특히 아동에게 문제가 생기면 실패한 것처럼 느껴, 의기소침해지기도 하고, 아동을 도와줄 외부전문가를 찾아가기를 어려워한다. 이런 경우, 상담자는 하나의 직업으로서의 부모역할을 해온 부모에게 지금까지의 부모역할을 위해 얼마나 애를 써 왔는지에 대해 충분히 격려해 주어야 하며, 부모가 느끼는 감정을 잘 반영해 줄 필요가 있다. 또한 부모 한 사람으로서의 정체성과 부모라는 존재감을 만들어 가는 노력이 중요하다는 것을 전달할 필요가 있다.

3) 맞벌이 부모

부모 모두가 맞벌이를 하는 경우에 부모는 아동이 경험하고 있는 문제를 다루어야 한다는 사실에 당황해하기도 한다. 그리고 아동이 경험하고 있는 어려움에 대해 죄책감과 책임감을 느끼고 스스로를 비난하기도 한다. 이런 경우 상담자는 부모의 일상생활양식을 바꾸지 않고 동시에 도움이 될 만한 방법을 제안할 필요가 있다. 예를 들면, **"모든 것에 균형을 맞추는 것은 어렵지요. 당신에게 자녀와 직업은 둘 다 매우 중요하죠. 나는 당신의 스케줄을 크게 방해하지 않으면서 작은 변화를 시도하여**

당신을 도울 거예요."라고 이야기할 수 있다. 그리고 '작은 변화 기술'은 아동과 짧은 시간 함께 하는 질적인 시간으로, 아동은 부모와의 질적인 시간을 통해 건강하게 성장할 수가 있다. 작은 변화 기술로는 잠들기 전에 30분 정도 자녀와 특별한 시간 가지기, 자녀에게 '30초간 관심 기울이기' 등의 방법이 있다.

4) 한 부모

한 부모는 양부모가 있는 경우보다 늘 부적절감을 느끼고, 아동에게 부정적인 영향이 있을 것에 대한 매우 높은 수준의 불안을 가지기가 쉽다. 이런 불안은 아동에게도 전달되기가 쉽다는 점에서, 가장 먼저 부모를 안심시킬 필요가 있다. 이때도 작은 변화 기술이 요구되는데, "우리는 당신이 자녀와 함께 지속적으로 할 수 있는 방법에 대해 이해하도록 노력하고, 큰 차이를 느끼도록 작은 변화를 이끌어 나갈 거예요."라고 설명해준다. 그리고 **부모 자신을 먼저 돌볼 필요가 있음을 전달할 필요**가 있는데, 부모에게 '15분간 자신만을 위한 특별한 시간 가지기'를 알려준다. 부모가 건강하지 않은 상태에서는 아동에게 더 부정적인 영향이 전해질 수 있기 때문이다. 또한 부모가 아동과 함께 많은 시간을 보내야 한다는 생각으로 무력감과 죄책감을 경험할 수가 있는데, 아동은 실제로 부모와 많은 시간을 함께 보낸 것보다 부모와 함께 경험했던 질적인 시간의 중요성과 그때의 감정을 기억한다는 것을 알려줄 필요가 있다.

5) 별거나 이혼한 부모

최근 별거나 이혼의 과정을 경험한 부모의 경우는 높은 수준의 불안을 경험하게 되고, 정서적으로도 큰 위기를 경험한 상태라는 것을 상담자는 염두에 둘 필요가 있다. **충격, 고통, 우울 그리고 슬픔의 감정을 경험하고 있는 부모에게 상담자는 이런 감정을 인정하고 수용해 주어야 한다**. 또한 절망감과 무력감을 느끼는 부모에게 실제로 삶을 개선시킬 수 있다는 확신을 줄 필요가 있다. 예를 들면, "저는 당신이 당신과 자녀의 생활이 더 좋아질 수 있다고 스스로 믿을 수 있을 때까지 당신을 믿을 거예요."라는 말을 건네는 것도 도움이 된다. 또한 최근 변화된 상황에 대해 부모나 아동이 느끼는 감정이나 행동을 건강하게 표현할 필요가 있다. 이 과정에서 놀이치료는 아동이 편안하게 자신을 표현할 수 있는 기회가 된다는 것을 알려준다.

6) 상담을 구하지 않는 부모

부모 스스로가 상담을 필요로 하지 않고, 외부기관이나 사람들에 의해 강요된 경우를 들 수 있다. 이런 경우 부모가 아동을 상담기관에 데리고 온 것이 얼마나 유익한지 알도록 도와야 한다. 예를 들면, 아동을 시설에 맡긴 부모에게 "나는 당신의 자녀가 시설에 있다는 것을 알고 있고, 두 번씩이나 퇴소했다는 것도 알아요. 이것은 자녀를 데리고 오기 위해 일을 중단하라는 것이 아니에요. 자녀의 행동을 향상시킬 방법이 있으며, 또한 나는 진심으로 당신을 돕기 위해 노력할 수 있다는 거예요."라고 전달하는 것이다. 또한 **상담자와 부모 사이에 라포르 형성을 위해 아주 작은 것이라도 진심으로 관심을 가지고 격려할 필요**가 있다. 예를 들면, "당신은 때때로 자녀를 주의 깊게 바라보는 모습이 있어요. 주의를 기울이는 것은 부모들이 자녀에게 줄 수 있는 최고의 선물 중 하나죠. 나는 우리가 당신 자녀에게 조금 더 많은 시간 동안 주의할 수 있는 방법을 찾도록 도움을 줄 수 있다고 생각해요."라고 이야기할 수 있다. 그러나 부모 자신이 아동에 대해 관심이 없거나 양육에 대해 회피하려고 할 때, 상담자는 역전이의 문제에 빠질 수가 있다. 이런 경우 상담자는 자신의 표면으로 드러나는 감정을 모니터링해야 하고, 상담자 자신의 감정을 객관적으로 유지하며 아동에게 초점이 맞추어지도록 노력해야 한다.

5. 부모상담 시 주의할 점

부모는 아동에게 도움이 필요하다는 것을 인정하고도, 상담센터를 찾아오기까지는 오랜 시간이 걸릴 수 있다. 따라서 상담자는 부모가 특별히 도움을 청하기까지 겪어온 갈등과 노력에 민감해야 하고, 아동이 겪고 있는 현재의 문제에 바로 들어가기보다는, 이해심을 가지고 그러한 어려움에 대해 대화를 시작하도록 해야 한다. 즉, 상담자는 부모의 반응 아래 깔려 있는 정서적인 역동에 대해 민감하고 반응적이어야 한다.

부모상담과정에서 상담자가 지켜야 할 몇 가지 주의사항을 소개하면 다음과 같다.

첫째, **비밀 보장을 지킬 의무**가 있다. 부모와의 상담과정에서 아동, 부모 및 가족의 내외부적인 사정이나 사적인 정보를 알게 되는 경우가 있다. 이런 경우, 전문기관과의 연계를 위한 경우가 아니라면, 절대적인 비밀을 유지할 필요가 있다. 아동의 절대적인 위험 상황예 : 학대이 아니라면, 비밀 보장의 원칙은 우선시되어야 한다.

둘째, 모든 문제를 부모의 탓으로만 돌리는 경우는 부모 또한 죄책감으로 인해 긍정적인 역할을 하기가 어렵다. 아동의 문제 행동이 부모로부터 기인한 경우가 대부분이기는 하지만, 에너지가 없는 부모에게 모든 문제를 부모에게 돌리거나 부모의 노력을 과도하게 요구하는 경우는 부모가 적절한 기능을 상실할 수도 있다. 이런 경우는 부모의 역할이 매우 중요하지만, 양육에 대한 지식이나 기술보다는 **부모 자신의 정서적인 안정감이 더 우선시되어야 함을 알려줄 필요**가 있다. '부모가 가지지 않은 것을 자녀에게 줄 수는 없다'는 말은 부모 자신이 건강하게 서 있지 않은 상태에서는 자녀에게 바람직한 양육을 할 수 없다는 것이다. 특히, 지나친 개입이나 정보를 주는 것은 부모를 무력하게 만들 수 있으므로 이에 대한 주의도 필요하다. 이런 경우에는 부모의 긍정적인 에너지를 발휘할 수 있는 방법에 대해 함께 고민하고 격려하는 것이 필요하다.

셋째, **최종 결정권은 부모에게 있음을 인식시킬 필요**가 있다. 상담을 진행하다 보면 부모는 상담자에게 의존하여 아동의 문제행동에 대해 모든 것을 상담자가 알려주기를 원하는 경우가 있다. 상담자는 아동과 부모와의 관계에서 일시적인 중재자가 되는 것이지, 영구적으로 모든 것을 함께 해줄 수는 없는 존재이다. 부모는 아동이 성장해 가는 과정에서 양육자, 교육자, 상담자 및 상담자가 되어야 하는 것이다. 따라서 부모 자신이 아동과의 관계에서 문제해결방법을 찾아갈 수 있도록 격려해야 하는데, 이 과정에서 적합한 반응법이나 조언을 줄 수는 있지만, 아동 지도에 대한 책임은 부모가 느낄 수 있도록 하는 것이 바람직하다.

넷째, **상담자 자신의 한계를 알고 필요한 경우에는 다른 전문상담기관을 소개하거나 의뢰하는 것이 필요하다**. 부모상담과정에서 상담자 자신의 능력이나 지식으로는 해결도움이 불가능할 것으로 판단된다면 다른 전문기관으로 의뢰하는 것이 효과적이다. 자신의 한계를 인정하지 못하고 아동과 부모 모두를 해결할 수 있다고 유보하는 것은 아동, 부모 및 상담자에게 전혀 도움이 되지 못한다. 따라서 자신의 한계를 수용하고 다른 전문적인 기관으로 의뢰할 수 있는 윤리적인 의식을 가질 필요가 있다.

참고문헌

국내문헌

강문희, 김매희, 현태옥(2014). **아동상담의 이론과 실제–사례 중심–**. 공동체.

강문희, 손승아, 안경숙, 김승경(2008). **아동상담**. 교문사.

고영남, 박선영(2013). **상담의 이론과 적용**. 양서원.

권석만 역(1993). **인지치료의 창시자 아론 벡**. 학지사.

김동민, 강태훈, 김명식, 박소연, 배주미, 선혜연, 이기정, 이수현, 최정윤(2013). **심리검사와 상담**. 학지사.

김양순 역(2008). **놀이치료를 통한 부모–자녀 관계치료 : 10세션 부모–자녀 놀이치료 모델**. 학지사.

김영환, 문수백, 홍상황(2005). **심리검사의 이론과 실제**. 학지사.

김정민 역(2009). **인지행동치료**. 학지사.

김춘경(2004). **아동상담**. 학지사.

김춘경(2006). **아동상담 : 이론과 실제**. 학지사.

도현심, 김민정, 신나나, 최미경, 박보경(2013). 아동문제행동 예방을 위한 부모교육 프로그램의 효과 : 부모존경–자녀존중 부모교육을 기초로. **아동학회지, 34**(3), 151–177.

박경, 최순영(2009). **심리검사의 이론과 활용**(제2판). 학지사.

박경애(1997). **인지 · 정서 · 행동치료**. 학지사.

박경애(2011). **상담심리학**. 공동체.

박경애(2014). **상담심리학–상담과 심리치료의 주요 이론과 실제**. 공동체.

박선영(2004a). 멜라니 클라인 정신분석과 아동정신분석의 역사 : 클라인과 안나 프로이트를 중심으로. **라캉과 현대정신분석, 6**(1).

박선영(2004b). 클라인의 '우울적 위치'와 그 정신분석적 고찰 : 애도와 회복을 통한 주체의 탄생. **라캉과 현대정신분석, 6**(2).

박선영(2005). 환상에 대한 정신분석적 고찰 : 프로이트와 클라인을 중심으로. **감성과학, 8**(2).

박선영(2005b). 생후 초기 주체의 심리 구조화에 관한 연구 : 클라인의 망상–분열적 위치와 빅의 피부 이론을 중심으로. **라캉과 현대정신분석, 7**(1).

박선영(2006). 시기심과 감사–타자의 부정과 수용 : 멜라니 클라인을 중심으로. **라캉과 현대정신분석, 8**(1).

박선영(2006). Le génie féminin, tome II. Melanie Klein ou le matricide comme douleur et créativité. J. Kristeva, 박선영 역. **정신병, 모친살해, 그리고 창조성 : 멜라니 클라인**. 아난케.

박선영(2009). 멜라니 클라인, 낯선 어머니의 이름. **현대 비평과 이론, 16**(2).

설영환 역(2015). **아들러 심리학 해설**(What life should mean to you). 도서출판 선영사.

신숙재, 이영미, 한정원(2000). **아동 중심 놀이치료**. 동서문화원.

안창규(1995). 인지치료이론의 원리. 연구보 : 부산대학교 학생생활연구소, 30(1), 19.

원호택 외 공역(1997). **우울증의 인지치료**. 학지사.

위영희, 장현숙, 전숙영, 정윤주, 진민경, 한미현, 한유진(2016). **아동상담**. 학지사.

이장호, 정남운, 조성호(2014). **상담심리학의 기초**. 학지사.

이향숙, 박성옥, 정영선, 류진아, 황미영, 이기영, 서명원, 강은주(2015). **아동상담-이론과 기법**. 양서원.

제석봉 역(1988). **사랑만으로 살 수 없다**. 학지사.

조수철, 신민섭, 김붕년, 김재원(2011). **아동청소년 임상면담**. 학지사.

최미경, 신나나, 김민정, 도현심 역(2013). **부모-자녀 관계치료(CPRT) 매뉴얼 : 10회기 부모-자녀 놀이치료 모델**. S. Bratton, G. Landreth, T. Kellam, & Blackard(2006). Child Parent Relationship Therapy(CPRT) Treatment Manual: A 10-Session Filial Therapy Model for Training Parents. 학지사.

최영희, 김영희, 심희옥, 심미경(2009). **아동상담**. 창지사.

최영희, 이정흠 공역(1999). **인지치료 : 이론과 실제**. 하나의학사.

최정윤(2016). **심리검사의 이해**(제3판). 시그마프레스.

하승민, 서지영, 강현아, 마주리, 서혜전, 장정백(2008). **아동상담**. 공동체.

황명숙(2002). **아동중심놀이치료**. 창지사.

국외문헌

Axline, V.(1947). *Play therapy: The inner dynamics of childhood*. Cambridge, MA: Houghton Mifflin.

Belsky, J.(1984). The determination of parenting: A process model. *Child Development*, 55, 83-96.

Bratton, S., Landreth, G., Kellam, T., & Blackard, S.(2006). Child Parent Relationship Therapy (CPRT) Treatment Manual: A 10-Session Filial Therapy Model for Training Parents. New York, NY: Routledge.

Corey, G.(2001). *Theory and practice of counseling and psychotherapy*(6th ed.). 조현춘, 조현재 역(2006). **심리상담의 이론과 실제**. 시그마프레스.

Deborah, K. M. & Donald, E. M.(2001). Linking parenting to play therapy: A practical guide with applications, interventions, and case studies. 김광웅, 강은주, 진화숙 역(2008). **놀이치료에서의 부모상담**. 시그마프레스.

Freud, A.(1929). On the Theory of Analysis of Children. *International Journal of Psycho-Analysis, 10*, 29–38.

Freud, A.(1948). *The ego and the mechanism of defence*(C. Baines, trans.). New York: International University Press.

Freud, S.(1899). Screen Memories. SE, Vol. 3. Hogarth Press, London.

Freud, S.(1905). Three Essays on the Theory of Sexuality. SE, Vol. 7.

Freud, S.(1909). Analysis of a Phobia in Five-Year-Old Boy. SE, Vol. 10.

Freud, S.(1913). Totem and Taboo. SE, Vol. 13.

Freud, S.(1915). The Unconscious. SE, Vol. 14.

Freud, S.(1920). Beyond the Pleasure Principle. SE, Vol. 18.

Freud, S.(1923). The Ego and the Id. SE, Vol. 19, Horgarth Press, London.

Freud, S.(1933[1932]). New Introductory Lectures on Psycho-Analysis. SE, Vol. 22.

George, R. L. & Cristiani, T. S.(1995). Counseling: Theory and practice. Boston: Allyn & Bacon.

George, R. L., & Cristiani, T. S.(1995). *Counseling: Theory and practice*. Boston: Allyn & Bacon.

Gordon, T.(1970). P. E. T.: Parent Effective Training. New York: Peter H. Wyden.

Gurney, B. G.(1964). Filial Therapy: Description and rationale. *Journal of Counseling Psychology, 28*, 303–310.

Hug-Hellmuth, H.(1920). Child Psychology and Education. *International Journal of Psycho-Analysis, 1*, 316–318.

Hug-Hellmuth, H.(1921). On the Technique of Child-Analysis. *International Journal of Psycho-Analysis, 2*, 287-305.

Kim, M., Doh, H., Hong, J., & Choi, M.(2011). Social skills training and parent education programs for aggressive preschoolers and their parents in South Korea. *Children and Youth Services Review, 33*(6), 838-845.

Kitchner, K. S.(1984). Intuition, critical evaluation and ethical principles: The foundation for ethical decisions in counseling psychology. *Counseling Psychology, 12*, 43-55.

Klein, M.(1930). The Importance of Symbol-Formation in the Development of the Ego, in M. Klein, *Contributions to Psycho-analysis: 1921-1945*. London: Hogarth Press(1950).

Klein, M.(1932). *The Psycho-Analysis of Children*. London: Hogarth Press. **아동정신분석**. 이만우 역(2012). 새물결

Klein, M.(1935). A Contribution to the Psychogenesis of Manic-Depressive States, in M. Klein, *Contributions to Psycho-analysis: 1921-1945*. London: Hogarth Press(1950).

Klein, M.(1940). Mourning and Its Relation to Manic-Depressive States, in M. Klein, *Contributions to Psycho-analysis: 1921-1945*. London: Hogarth Press(1950).

Klein, M.(1945). The Oedipus Complex in the Light of Early Anxieties, in M. Klein, *Contributions to Psycho-analysis: 1921-1945*. London: Hogarth Press(1950).

Klein, M.(1946). Notes on Some Schizoid Mechanisms, in M. Klein, *The Selected Melanie Klein*.(Ed.), J. Mitchell. New York: Penguin Books(1986).

Klein, M.(1957). Envy and Gratitude. *Envy and Gratitude & Other Works: 1946-1963*. New York: A Delta Book.

Landreth, G. L., & Bratton, S.(2006). Child parent relationship therapy: A 10-session filial therapy model. New York, NY: Routledge.

Landreth, G.(1991). Play therapy: The art of the relationship. Bristol, PA: Accelerated Development.

Landreth, G.(2002). *Play therapy: The art of the relationship*(2nd ed.). New York:

Brunner Routledge. 유미숙 역(2009). **놀이치료 : 치료관계의 기술**. 학지사.

Maslow, A. H.(1968). Toward a psychology of being. New York: D. Van Nostrand Company.

Moustakas, C.(1959). Psychotherapy with children: The living relationship. New York: Harper & Row Colophon.

Peterson, L. E. & Nisenholz, B.(1995). *Orientation to counseling*(3nd eds.). Allyn and Bacon.

Raskin, N. J., & Rogers, C. R.(1989). Person-centered therapy. In R. J. Corsini and D. Wedding (Eds.), *Current psychotherapies*. Itasca, IL: F. E. Peacock.

Rogers, C. R.(1957). The necessary and sufficient conditions of therapeutic personality change. *Journal of Consulting Psychology, 21*, 95−103.

Rogers, C. R.(1986). Carl Rogers on the development of the person−centered approach. *Person-Centered Review, 1*, 257−259.

Rogers, C.(1942). *Counseling and psychotherapy*. Boston: Houghton Mifflin.

Santrock, J. W.(2002). *Adolescence*(9th ed.). New York: McGraw-Hill.

Seligman, L.(2006). *Theories of counseling and psychotherapy: systems, strategies, and skills*(2nd ed.). Upper Saddle River, New Jersey: Pearson Education.

Thomas J. Sweeney(1998). Adlerian Counseling a Practitioner's Approach, Paterson Marsh Ltd. 노안영, 강만철, 오익수, 김광운, 송현종, 강영신, 오명자 공역(2005). **아들러 상담이론과 실제**. 학지사.

Thompson, C. L. & Henderson, D. A.(2008). *Counseling children*(7th ed.). 김택호 외 공역(2009). **아동상담**. 시그마프레스.

Winnicott, D. W.(1953). Transitional objects and transitional phenomena, *International Journal of Psychoanalysis, 34*, 89−97.

Winnicott, D. W.(1960). *The theory of parent-infant relationship, in the maturational process and the facilitating environment*. New York, International University Press.

Winnicott, D. W.(1965). *The maturational process and the facilitating environment: studies in the theory of emotional development*. London: Hogarth press.

Winnicott, D.(1982/1971). *Playing and Reality*, Free Press.

Zimring, F. M. & Raskin, N. J.(1992). Carl Rogers and client/person centered therapy. In D. K. Freedheim(Ed.), *History of psychotherapy: A century of change*. Washington, D,C, Americian Psychological Association.

찾아보기

ㅅ

ㅈ

ㅊ

저자소개

김민정 이화여자대학교 문학박사(아동학 및 아동상담 전공)
부모존경-자녀존중 부모교육협회 부모교육전문가 수련감독자
한국아동학회 아동상담사 자격관리위원
현 남서울대학교 아동복지학과 교수

박선영 이화여자대학교 학사, 석사, 박사(아동학 및 정신분석학 전공)
(사)한국예술치료학회 예술치료전문가
현 충청대학교 아동보육과 교수

강향숙 이화여자대학교 사회복지학 박사(임상사회복지 전공)
한국중독전문가협회 슈퍼바이저
한국심리학회 중독심리전문가
현 남서울대학교 아동복지학과 교수

아동상담

2017년 9월 1일 초판 인쇄
2017년 9월 5일 초판 발행

지은이 | 김민정 박선영 강향숙
발행인 | 유제구
발행처 | 도서출판 파워북
주 소 | 경기도 고양시 일산동구 호수로 358-25
동문타워2차 529호
전 화 | (02) 730-1412
F A X | (031) 908-1410
등 록 | 1997. 1. 31 제 2014-000067호
편 집 | 북스북스(hynho3196@nate.com)

정가 20,000원
ISBN 978-89-8160-350-2 (93370)